KB233599

한국여성의 노동과 섹슈얼리티

풀빛 신서 167

한국여성의 노동과 섹슈얼리티

-여자 팔자 뒤웅박 팔자-

김 경 애

풀빛

학문적 엄정성과 도덕적·정치적인 힘을 가진 연구

　세계의 많은 국가에서 지난 몇 십년 동안 여성의 경제참여율이 증가되어왔다. 특히 유급 고용노동부문에서 기혼여성의 노동참여는 상당한 수준이다. 김경애 박사의 연구는 한국도 세계적 추세에서 예외가 아니라는 점을 밝히고 있다. 1970년대에서 1990년 사이 기혼여성은 가족종사자에서 벗어나 임금노동과 자영업 부문으로 진출하였다. 표면적으로는 더 말할 나위 없이 정상적이다. 한국경제가 현대화되고 도시화되면서 취업기회가 증대되고 경제적 필요성 또한 확대되면서 기혼여성의 노동참여는 확대되기 시작했다.

　이 통계수치들과 추세의 이면에는 가족 내 관계를 둘러싼 투쟁과 시련 그리고 재협상에 관한 수많은 사연들이 숨어 있다. 김경애 박사는 이러한 과정들을 분석하면서 기혼여성의 노동참여와 가족간 관계에 대한 다양한 이론들을 조명해보고 있다. 가내노동을 할 것인가, 가정 밖에서 임금노동을 할 것인가를 둘러싼 가족관계를 비교함으로써 이 연구는 가족간 관계 분석에 뚜렷한 공헌을 하고 있다.

　그러나 이 연구의 가장 큰 장점은 빈곤가정의 성별관계를 비추어 본 방식에 있다. 이 책을 통해서 우리는 가난한 여성들의 생생한 목소리를 들을 수 있고 그들이 겪어온 삶의 투쟁을 심층적으로 관찰할 수 있다. 빈민가정의 부부관계가 이 연구에서 아주 섬세하고 복합적으로 나타나 있기 때문이다. 기혼여성들은 남편의 잦은 반대에도 불구하고 어떻게 노동시장에 접근하여 적극적으로 노동을 유지하는가? 또한 남편의 반대에 봉착한 경우 그들은 어떻게 행동하는가? 그리고 남편에게 의지할 수 없는 상황이 되어 가정 밖에서 어쩔 수 없이 임금노동을 해야 하는 상황은 어떤 것일까? 이 연구에서 밝혀지는 부분들이다.

이 연구는 질적 방법과 양적 방법을 병행하였다. 예를 들면 연령과 노동의 상이한 형태간의 관계 규명에는 사회학적인 양적 분석을, 복합적 관계를 규명하는 데는 인류학적인 질적 방법을 사용하였다. 시련과 불의의 상황을 목도하면서 그것을 바꾸기 위해 노력하는 활동가적인 통찰과 관심 또한 이 연구에 보태졌다. 활동가적인 관심은 이 책이 학문의 세계에서는 좀처럼 볼 수 없는 방식으로 개인적 관계들을 분석하는 데 도움이 되었다. 다양한 관점으로 이 책에서 묘사한 상황과 관계들은 비참하기까지 하다. 가난한 여성들이 자신의 고통을 되살려 기억해내고 또 이야기하는 것이 얼마나 힘들었겠는가? 그리고 아웃사이더가 어떻게 그들의 이야기를 끌어낼 수 있었는가? 저자는 열정과 연민에 차 있다. 이 두 가지 덕목은 이 책에서 연구된 여성들의 삶을 보여주는 데 여실히 드러나고 있다. 또한 이 덕목들은 변혁에 대한 관심과 열정이 내재되어 있는 학문적 분석에서도 드러나고 있다.

　나는 이 책이 나오기까지 기울인 김경애 박사의 노력에 커다란 찬사를 보낸다. 이 책을 쓰기까지 긴 시간에 걸쳐 노고를 기울였다. 인천의 한 구석에 사는 가난한 여성들에 대한 심층적 시각을 제시함으로써 다양한 방법론적 접근들을 결합시켰다. 학문적인 엄정성을 고수하면서도 도덕적이며 정치적인 힘 또한 잃지 않았다. 이 책이 많은 독자들을 만날 수 있기를 바란다.

존 험프리
영국 써섹스대학교 개발학연구소

책을 펴내며

이 책에서는 여성의 전통적인 역할이 빈민여성의 사회적 노동에 미치는 영향과 그러한 노동참여를 둘러싸고 야기되는 아내와 남편 사이의 갈등을 살펴보고자 한다. 자녀양육과 가사노동이 여성의 노동참여를 제약하는 요인으로 작용하지만 그것이 노동력 공급의 측면에서 기혼여성의 노동참여를 전적으로 제약하는 요인이 되는 것은 아니며, 오히려 여성의 노동참여는 남편에 의한 아내의 섹슈얼리티에 대한 통제와 관련이 있다는 것을 밝힐 것이다. 다시 말해 부부간의 관계에서 명시적으로나 묵시적으로 깔려 있는 중요한 기제는 아내의 부정에 대한 두려움 때문에 남편이 아내의 섹슈얼리티를 통제한다는 것이다. 이와 동시에 아내에 대한 남편의 노동통제로 인하여 여성의 노동조건 또한 남편에 의해 규정되고 있다.

그러나 이렇게 남편이 아내의 노동참여를 둘러싸고 아내를 통제하고자 하지만 아내는 남편의 통제에 복종하는 단순한 순종자가 아니라 남편의 통제에 저항하는 전략가임을 동시에 밝힌다. 즉 여성의 노동시장 참여를 둘러싸고 남편과 아내 사이에는 역동적인 관계가 성립된다.

또한 이를 토대로 여성의 가정 내의 지위에 관해 여성의 관점에서 논하였는데, 즉 여성의 가정 내 지위는 여성의 노동시장 참여로 인해 결정되는 것이 아니라 여성의 가정 내 지위가 노동시장 참여를 결정짓는다고 논증하고자 한다. 다만 높은 임금을 받는 여성들 중 남편과의 좋은 관계를 맺고 있는 경우만이 그 지위를 강화해줄 뿐이라는 점도 지적할 것이다.

1960년대부터 시작한 산업화 이후 우리 사회는 급변하였고 특히 1997년 말 닥친 경제위기로 인해 또 다른 격변의 소용돌이로 내몰리고 있다. 경제 발전과 더불어 우리 사회는 국민소득 1만달러 시대를 구가하면서 소비생활에 몰두하였고 더 이상 빈민은 없는 것처럼 이들은 일반인들의 관심 밖으로 멀어졌다. 빈민에 대한 낮은 관심과 더불어 빈민가족 내의 갈등과 부부간의 문제는 가정폭력 외에는 문제시되지 못했다. 그러나 1990년대 말 불어닥친 경제위기는 빈민층의 삶을 강타하였고 이로 인한 빈민가족의 곤경에 대한 사회적 관심이 증폭되면서 중요한 쟁점이 되고 있다.

빈민가족의 위기를 이해하고 그 해체를 예방하기 위해서는 그들의 부부관계를 이해해야 한다. 특히 남편의 실직으로 인해 일자리를 찾아 나서는 아내에 대한 남편의 태도를 이해해야만 부부간의 갈등을 해소하고 이를 통해 가족 해체를 막을 수 있는 방안을 마련할 수 있을 것이다. '여자 팔자 뒤웅박 팔자'라는 속담에서도 나타나듯이 전통적으로 우리 사회에서는 남편이 여성의 운명을 좌우하며 여성은 어떤 사람을 남편으로 만나느냐에 따라 자신의 운명이 결정된다고 생각해왔다. 불행히도 우리나라 여성들 대부분은 자신의 삶을 스스로 결정하거나 설계하지 못하고 남편의 가부장적 지배 속에서 살아왔다.

가부장적인 사회문화로 인해 아직 많은 여성들은 참기도 하고 남편을 설득하기도 하고 또 타협하기도 하면서 가정을 유지하고 있다. 그러나 마음속으로는 반란을 꿈꾸고 있고 실지로 반란을 감행하여 가족을 버리고 떠나기도 한다. 변화하고 있는 여성들에 대한 이해를 바탕으로 남성들도 전지전능한 가부장이 아니라 거대한 바퀴 속의 하나의 톱니에 불과함을 인식하고 아내와 진정한 동반자로서의 위치를 찾아가야 할 것이다.

이 책은 필자가 영국 써섹스 대학교 박사학위를 받기 위해 제출한 논문을 기초로 한 것이다. 원고가 완성된 지 5년 가까이 지났고 현장조사를 한 지는 8년이 되었다. 사회환경의 급격한 변화와 더불어 우리나라 빈민가족 내의 남녀들도 변했음에는 틀림이 없다. 이를 보완하기 위해 8년 만인 1999년 봄에 다시 현장을 찾아 그후의 빈민여성과 그 남편의 관계, 그 가족들의 변화 등을 부분적으로 추적하였다. 이와 함께 1994년 이후 발표된 논문을 통하여 우리나라 여성의 노동참여를 둘러싼 가족 내의 역할변화와 부부간의 관계에 관해 그동안 변화한 것과 변화하지 않은 것을 점검하였다.

그 결과 필자는 지금도 빈민가족과 그 속에서 살고 있는 여성과 남성들간의 관계와 역할은 기본적으로는 크게 변화하지 않았음을 확인하였다. 다만 여성들이 조금씩 변화하고 있음을 발견할 수 있었다. 다시 말해 점점 더 많은 여성들이 참지만 않고 마음속으로 꿈꾸던 반란을 감행하고 있다는 것이다. 이에 따라 가출한 여성과 이로 인한 가족 해체가 심각한 사회문제로 등장하게 되었다.

이 책은 현재 빈민가족의 문제와 부부관계를 이해하는 데 기여하리라고 생각한다. 또한 이 책이 빈민여성과 빈민가족의 부부관계를 연구대상으로 하고 있으나 중산층 및 상층 여성과 그들의 부부관계 또한 이들과 크게 다르지는 않으리라 생각한다. 따라서 이 책은 우리나라의 전 계층에 걸친 부부관계를 이해하고 그 가족을 이해하는 데도 도움이 되리라고 생각한다.

여성의 노동시장 참여에 관해서 기존의 연구들은 노동시장의 성차별적인 성별분업 구조를 비판하였고 가사노동과 자녀양육이라는 여성의 전통적 역할이 주요 걸림돌이라 지적하였으며 이에 따라 여성정책도 이를 시정하는 데 초점이 모아져왔다. 그러나 이 책은 기존의 연구에서 거론된 문제뿐 아니라 여성 노동시장 참여에 있어서 부부관계도 주요한 요인이라는 것을 밝혔다. 여성의 노동참여 확대를 위한 정책 수립에 관심을 가진 독자들에게도 이러한 관점이 우리나라 여성을 이해하는 데 있어서나 정책 수립의 방향을 모색하는 데 있어서 도움을 주리라 생각된다.

여성의 섹슈얼리티는 1990년대 여성학자들의 주요한 관심 영역이 되어 왔다. 여성의 섹슈얼리티에 대한 연구는 이에 대한 착취와 왜곡에 대해 비판하면서 이를 시정할 것을 요구하는 것이었다. 여성의 섹슈얼리티가 일상생활에서 어떻게 여성을 통제하며 노동과 가족 등의 분야와 어떠한 관련성을 가지고 있는지에 대한 관심은 충분하지 못했다. 이 책은 여성의 섹슈얼리티가 여성의 일상에서 어떻게 여성을 억압하는지를 이해하는 데 기여하리라고 믿는다.

이 책이 완성되어 나오기까지는 오랜 세월이 흘렀고 또 많은 사람들의 도움과 격려가 있었다. 필자가 이화여자대학교의 한국여성연구소 연구원 으로서 빈민여성과 그 자녀들을 위한 참여 연구에 가담하여 약 4년 가량 을 빈민여성들과 함께 했던 세월과 경험이 이 연구의 기본 바탕이 되었 다. 그리고 1년여의 문헌 연구가 뒤따랐고 또 다른 1년 동안 인천의 한 빈민촌에서 현장조사를 하였으며, 쓰는 데 다시 3년여가 걸렸으며 번역 하고 자료와 현장조사를 보완하는 데 또 다시 상당 기간이 흘렀다. 이 기 간 동안 함께 시간을 보냈던 수많은 빈민여성들을 기억하고 싶으며 이 책이 무엇보다도 그들의 삶이 나아지는 데 기여할 수 있기를 기원한다.

지도교수 존 험프리, 모교 이화여대의 윤후정 명예총장님과 이효재 교 수님, 김영정 교수님, 정세화 교수님, 조형 교수님을 비롯한 여러 교수님, 그리고 연구와 조사에 도움을 주었고 격려를 아끼시지 않은 많은 분들에 게 감사드린다. 특히 인천 현장조사에 도움을 주었던 홍미영 인천시의원, 빈민활동가 신소영 씨는 15여년이 넘게 아직도 현장을 떠나지 않고 그 자리에서 삶의 터전을 잡고 살아가면서 활동을 계속하고 있다. 이 기회에 그녀들에게 보내는 깊은 애정의 속내를 공개하고 싶다.

경제위기의 어려움을 출판사가 가장 심하게 겪고 있음은 누구나 잘 알고 있다. 이 어려운 시기에 책을 출판해주기로 결정한 작은 체구에 태평양 같이 넓은 마음을 가진 오랜 친구인 풀빛출판사의 김순진 주간에게 깊은 감사를 드린다.

이 책의 3장은 1995년 책 Barbara Einhorn and Eileen Yeo(eds.), *Women and Market Societies, Crisis and Opportunity*(Aldershot. U. K. Edward Elgar)에 수록되었으며 1·5·6·7·8·9·11장의 주요 부문 요약은 필자의 모교 영국 써섹스 대학의 개발학연구소(Institute of Development Studies) 출판부를 통해 *A Woman's Fate is a Gourd's Fate: Labour and Sexuality of Korean Married Women*이라는 제목으로 출간된 바 있음을 밝힌다.

1999년 5월

김경애

제1장
서론

1. 들어가는 말

1997년 말 불어닥친 경제위기는 우리 사회 곳곳에 영향을 미치지 않은 데가 거의 없을 정도로 그 파장은 넓고도 깊다. 실업사태로 인해서 기존의 빈민층은 물론 중산층이 무너져서 하층으로 전락하는 등 경제위기의 충격은 실로 크다. 이에 따라 빈민가족이 겪는 고통과 위기에 대한 관심이 높아지고 있다. 공공근로사업이 대대적으로 펼쳐지고 '저소득 실직 여성가장 돕기', '겨울나기'사업 등 저소득층 실직자와 그 가족구성원이 생계를 이어갈 수 있도록 도움을 주는 사업이 전개되고 있다.

이와 함께 가족 해체를 막기 위한 이데올로기의 전파도 대대적으로 행해졌다. 한 여성잡지는 '고개 숙인 남편 기 살리기 5계명'에서 남편을 왕으로 대접하자고 주장하는 등(『여성동아』, 1998년 2월호) 대중매체는 남편들의 기 살리기 운동을 벌였고 『아버지』라는 소설이 베스트셀러가 되면서 가부장으로서의 아버지의 권위를 자녀들이 재인식하도록 하는 계기가 조성되었다.

가부장적 이데올로기는 사업장의 구조조정에 따른 정리해고에 있어서 기혼여성들을 일차적인 대상자가 되는 것을 당연시하도록 기본 논리를 제공하고 있다. 가부장적 이데올로기가 여성들에게 한편 노동시장으로부터의 퇴출을 강요하고 다른 한편으로 기혼여성 노동력을 유연화된 노동시장에 저임금으로 다시 끌어들이고 있다. 기혼여성들은 실직하거나 고용상태가 불안정한 남편을 대신하여 가족의 생계를 책임지기 위해 열악한 노동조건을 감수하면서 노동시장에 재진입을 시도하고 있다. 그러나 기혼여성들이 노동시장에 참여하는 데 있어서는 전통적으로 맡아온 역할, 즉 가사노동과 자녀양육의 책임을 어떻게 할 것인가가 중요한 문제가 된다. 가부장적 이데올로기가 강화되면서 남성이 가정의 중심이고 여성은 남편을 모시는 존재라는 전통적인 역할관이 다시 강조되기 때문이다.

가부장적 이데올로기가 강화되는 가운데 기혼여성의 노동시장 참여와 가사노동 및 자녀양육과의 조화는 여성에게 커다란 과제가 되며, 여성의 노동시장 참여에 있어서 여성의 자율성, 여성의 가정경제에 대한 기여가 여성의 지위에 미치는 영향 등에 관하여 의문을 갖게 된다. 여성의 노동시장 참여가 여성의 지위 향상에 기여하기보다는 이중적인 부담만을 안겨주고 과도한 노동에 시달리는 희생이 당연시될 가능성이 있다.

이러한 가운데 여성들이 이중적 부담을 지면서 어떻게 가부장적인 이데올로기를 수용할 것인가가 문제이다. 경제적 지원과 가부장적 이데올로기의 전파에도 불구하고 실업가정을 비롯하여 가족의 해체는 계속되고 있다. 이러한 가족의 해체가 과중한 이중적 부담과 가부장적 이데올로기에 의거한 일방적인 희생의 강요를 여성들이 거부하기 때문에 더 빠르게 진행되고 있는 것은 아닌가?

가족 해체의 원인 규명과 이에 대한 대책 수립을 위해서는 이들 가족, 특히 가족 내의 부부간의 관계와 여성들을 이해하는 것이 중요하다. 이 책은 빈민여성들의 노동참여를 부부간의 관계에 비추어서 설명하고자 한다. 더 나아가 여성의 노동참여가 가정 내 여성의 지위와 부부관계에 어떠한 영향을 미치는지도 밝히고자 한다.

기혼여성의 노동시장 참여에 있어서의 제약이나 여성의 경제적 기여

와 여성의 지위 사이의 관계에 관해서 우리나라에서는 주로 서구에서 생
성한 이론을 바탕으로 여성의 전통적 역할인 자녀양육과 가사노동을 중
심으로 논의하여왔다. 그러나 필자는 자녀양육과 가사노동보다는 가부장
의 통제가 여성의 노동시장 참여에 더 큰 영향을 미치는 것이 아닐까 하
는 의문을 오래 전부터 가지게 되었다.

필자가 1985년 이화여자대학교의 한국여성연구소 연구원으로서 동 연
구소가 수행하고 있던 학교 근처에 있는 빈민촌을 중심으로 한 현장여성
연구[1]의 책임자로 일을 시작하자마자 의문이 생겼다. 그 연구는 빈민여
성들의 의식을 높이고 생활조건을 향상시키기 위해서 빈민여성을 활성화
하는 것을 목표로 설정하였으며 이에 따라 지역 여성주민들의 적극적인
참여를 유도하여 연구자와 여성들간의 상호 작용을 통해 수행되도록 설
계되었다. 연구원으로서 연구를 효과적으로 수행하기 위해서는 지역 여
성들과 친밀한 관계를 유지하는 것이 밑바탕이 되어야 한다고 생각했다.
따라서 연구를 본격적으로 수행하기 전에 여성주민들과 하루 나들이를
가기로 했다.

나들이 가는 날짜가 여성주민들의 요구에 따라 평일로 정해졌고 나들
이 가는 날 아침에 동네 근처로 모두 모이기 시작했다. 당시 연구원인 필
자와 여성주민들은 친밀한 사이가 아니었으나 한 여성주민이 필자에게
다가와 자신이 얼마나 어려운 상황에서 이 나들이에 참여하게 되었는지
설명했다. 자신의 남편이 집에 있음에도 불구하고 남편을 홀로 두고 나들
이에 참여하러 나왔다고 자랑하면서 자신의 어려운 결단을 칭찬해주기를
바랐다.

그러나 필자로서는 여성들이 아이를 집에 홀로 두고 나온 것에 대해서
는 대수롭지 않게 생각하면서 남편이 집에 있을 때 외출하는 것을 그렇
게도 어려운 일로 여기는가, 그리고 남편이 집에 있으면 남편이 아이들을

---

1) 정세화·김경애·이수자·허향(1987).

돌볼 수 있으니까 훨씬 마음 편하게 나들이를 갈 수 있을 텐데 왜 그러한 결정이 더 어려운 것인지에 대해 의문을 갖지 않을 수 없었다.

그러나 그 의문은 곧 잊혀졌다. 빈민촌에 살고 있는 여성 주민들의 문제를 발굴하여 도울 수 있는 방법을 찾아내기 위해 열린 워크숍에서 여성주민들은 자신들의 문제를 발표하였는데, 이 발표에서 자신들은 가난하고 따라서 돈을 벌기를 원하지만 어린 자녀들을 돌봐야 하고 기술이 부족하며 일자리에 대한 정보 부족으로 돈 벌기가 어렵다고 호소하였다.

이러한 문제 해결을 위한 활동이 시작되었다. 연구원들과 지역 빈민여성들은 함께 여성회를 조직하여 6세 이하의 어린 자녀들을 위해서는 반일제 탁아소를 열었고 7세에서 12세의 초등학교 아동들을 위해서는 방과후에 돌봐줄 공부방을 마련하였으며, 이 탁아소와 공부방은 연구소의 연구원들의 도움을 받아 지역 여성들이 스스로 운영하였다.

그러나 탁아소가 설립되고 난 후 6세 이하 아동의 어머니 중에서 두 사람만이 집 밖에서 직장을 구했다. 연구원들이 탁아시간을 연장하여 여성들의 노동시간과 직장에의 출퇴근시간 동안 아이들을 봐주도록 하자고 제안하였으나 어머니들은 크게 반대를 하였다.

ㅁ 구청에서 실시하는 직업훈련 프로그램과 취업 정보를 제공해 주었을 때도 46명의 여성이 참가신청서를 내었지만 단 5명만이 파출부를 위한 단기 훈련 프로그램에 연구소 측으로부터 하루 일당으로 벌 수 있는 돈을 받으면서 참여하였다. 결국 파출부로 실제 취업한 사람은 겨우 두 명뿐이었다. 그리고 ㄱ 공단의 직원이 취업 정보를 제공하였으나 아무도 취업하기를 원하지 않았다.

또 연구원들은 일요일에 회의를 열거나 야외 나들이를 가는 등 휴일에도 활동을 벌임으로써 가외 노동여성을 그 여성 조직에 더 많이 참여시키자고 제의하였으나 대부분의 회원들이 강력하게 반대하였다. 그 이유는 일요일에는 남편들이 집에 있게 되는데 남편들은 자신들이 집에 있을 때 아내가 집을 비우는 것을 매우 싫어한다는 것이었다. 남편에게 점심을 차려 주어야 한다는 이유로 주중이라도 점심시간에는 회의를 열지 못했다. 여성들이 스스로 구성한 자치회 회장으로 어떤 여성을 선출해 놓아도 그 다음날 남편의 반대로 못하겠다고 사의를 표하면 아무도 이의를 제기하지 못하고 새 회장을 뽑아야 했다.

이러한 경험은 여러 가지 의문을 낳았다. ① 왜 여성들은 종일제 탁아소를 원하지 않는가, 그리고 왜 대부분의 여성들은 탁아소가 설립되었는데도 집 밖에서 일자리를 갖지 못하는 것일까? ② 왜 여성들은 자녀들보다 남편 걱정을 더 많이 하는가? ③ 왜 여성들은 그들이 가난함에도 불구하고 수입이 더 많은 일을 하지 않고 임금이 가장 낮은 가내 하청일을 하는 것일까? 그것은 자녀양육 때문인가 아니면 남편의 태도 때문인가?

이러한 의문을 바탕으로 세 가지 연구문제를 설정하였다. 첫째, 여성의 가정 내 책임이 여성의 노동참여에 미치는 영향은 무엇인가? 둘째, 여성의 노동참여에 있어서 남편의 역할은 무엇인가? 남편은 아내의 노동 선택에 영향을 미치는가? 남편은 아내의 노동을 통제[2]하는가? 이러한 문제들은 여성의 노동참여가 여성의 가정 내 지위에 미치는 영향에 대한 문제로 이어진다. 따라서 셋째 연구문제는 여성의 노동시장 참여가 가정 내 여성의 지위에 어떠한 영향을 끼치는가 하는 것이다.

이러한 연구문제의 탐색을 통해 이 책은 우리나라 노동자계급에서 기혼여성의 노동참여에 미치는 공급측 요인들을 밝혀내고 전통적인 여성의 가정 내 역할인 가사노동과 자녀양육의 책임의 관련성을 논의하고자 한다. 나아가 여성의 노동참여를 둘러싼 부부간의 관계와 가정 내 여성의 지위에 관해 논의하고자 한다.

경제위기 이후 기혼여성의 노동참여는 사회적으로 용인되고 권장되어

---

2) 통제한다는 것은 여성들의 노동력 사용 결정에 대해 직접적으로 영향을 끼치는 것으로 정의될 수 있다.

있는 가운데 가족의 해체는 심각한 사회문제로 등장하고 있다. 가족문제를 이해하기 위해서 부부간의 관계를 이해하는 것이 중요하다. 이 책은 여성의 취업을 둘러싼 부부간의 관계를 통해 우리나라 가족문제를 이해하는 데 일단의 단서를 제공하고자 한다. 남편의 실직 이후 남편을 대신하여 생계를 부양하기 위해 기혼여성들이 노동시장에 진입하고 또 진입하기 위해 시도하고 있는데 특히 여성의 취업을 둘러싼 부부간의 관계를 이해한다면 우리나라 가족의 문제를 보다 정확하게 인식할 수 있으며 이에 따라 그 해결방안을 도출할 수 있을 것이다.

2. 문헌 연구

각 장에서는 각 장과 관련된 쟁점과 기존 연구를 살펴볼 것이다. 서론에서는 이 책의 주장과 광범하게 관련되는 여성노동참여에 관한 주요 논의와 가구에 대한 시각에 대해서만 다루려고 한다.

첫째, 여성 노동참여와 가부장제 및 자본주의에 관한 이론을 검토한다. 둘째, 가구에 대한 논쟁을 분석하고, 여성의 노동참여에 관한 가구 내의 결정에 관한 이론을 검토하고자 한다.

1) 여성 노동시장 참여와 가부장제에 관한 이론

페미니스트들은 여성의 노동참여에 대해 커다란 관심을 보여왔다. 특히 노동시장에서의 여성의 지위는 페미니스트들의 연구물에서 주요 쟁점이었다. 이는 페미니스트 이론에서뿐만 아니라 노동경제학 이론에서도 그러하다. 인간자본론, 이중 노동시장이론, 노동시장 분절론, 맑시스트 페미니스트 이론에서 모두 노동과정의 자본주의적 형태에서 여성의 독특한 지위에 대하여 관심을 가져왔다.

신고전학파와 맑시스트 이론 모두가 여성의 가정 내 역할과 관련하여 이론을 전개시킨다. 신고전학파는 여성이 자본주의하에서 차별받는 것을 인적 자본―주로 교육, 훈련 및 직업경력―이 낮아 생산성이 낮은 것으로 설명한다(Mincer and Polachek, 1974). 그리하여 여성들은 가정 내에 머무를 수밖에 없다. 비치(Beechy)와 같은 맑시스트 페미니스트들은 여성이 노동시장에서 축출되더라도 집에서 하는 가사일이 있고, 또 남편의 수입으로 생계를 유지할 수 있다는 것 때문에 자본가들은 여성을 잠재적인 산업예비군으로 이용한다고 주장했다.

반면에 성 불평등을 설명함에 있어 노동시장의 구조와 연관된 요소에 초점을 두는 급진적인 견해들도 있다. 바론과 노리스는 노동시장이 1차와 2차의 두 부문으로 분절되어 있으며 여성은 주로 2차부문의 노동자라고 지적한다(Barron and Norris, 1976). 그러나 바론과 노리스가 여성이 왜 낮은 부분에 몰리는 경향이 있는지를 설명하지 않은 반면, 크래그는 여성이 분할된 노동시장에서 가장 열악한 일을 맡게 되는 것은 여성이 가정 내에서 하는 가사일과 관련되어 있다는 것을 설명하고자 했다(Craig et. al., 1982: 91). 그들은 노동시장에서의 성적 불평등의 원인은 여성의 가정 내에서의 위치, 특히 여성의 가사일에 대한 책임 때문이라고 주장한다.

이러한 이론들은 모두 노동시장에의 여성 참여와 여성의 가정(가구) 내에서의 무보수 가사노동이 관련성을 갖고 있다는 입장을 취하고 있으며 가정이나 노동시장에서의 가부장제의 역할, 여성의 노동참여와 여성의 성에 대한 가부장적 통제 사이의 상관성을 간과하고 있다.

가부장제3)는 페미니스트들이 여성의 노동참여와 관련하여 중요하게 생각하는 개념이다. 노동시장에서의 여성 차별에 미치는 가부장제의 역

---

3) 왈비는 가부장제는 '남성이 여성을 착취하는 상호 관련되어 있는 사회구조체계'라고 정의하고 있다(Walby, 1986: 51).

할에 관한 논의에서 남성들이 여성을 희생으로 하여 자신들의 직업을 보호한 것으로 밝혀졌다(Hartmann, 1976; Brayon, 1981: 68-82; Cockburn, 1983; Walby, 1986; 1990). 예를 들면, 하트만은 남성-보통 남성, 남성으로서의 남성, 노동자로서의 남성-이 여성의 노동을 통제하는 역할을 하는 것을 강조했다. 특히 그녀는 노동자로서의 남성은 노동과정에서 성별분업을 유지하는 데 중대한 역할을 했고 또 계속하고 있다고 주장했다. 그녀는 다음과 같이 지적한다.

> 예를 들면, 남성지배의 노동조합과 전문직 단체가 여성들을 숙련직에서 배제시키고 여성들의 취업 기회를 감소시켰다. 비슷하게 제도화된 많은 단체들, 집단으로서의 남성들은 이런저런 방법으로 여성노동력을 계속 통제할 수 있으며 이렇게 하여 그들의 지배를 영속화시켰다(Hartmann, 1981: 372).

하트만은 여성을 노동시장에서 배제하고 직업 분할과 가족 임금을 통해 여성들을 집에 묶어두는 데 있어서 남성지배의 노동조합이 행한 역할을 매우 강조하고 있다. 또한 왈비는 다음과 같이 주장한다.

> 남성들은 함께 조직적으로 성별 직업 분할이라는 장치를 통해…여성을 기본적으로 임노동에서 축출하였다. 이는 여성에게 아직 열려 있는 직업에서 여성의 임금을 낮추는 데 기여하고 이렇게 하여 가정 내에서 남성의 피부양자로 남아 있도록 여성에게 압력을 가하는 것이 된다. 남성은 여성을 임노동에서 축출하여 남성에게 도움이 되는 무보수 가사노동을 하도록 하는 악순환구조를 완결시키기 위하여 가족임금을 요구한다(Walby, 1986: 43).

왈비는 하트만의 분석의 주요 부분에 대하여 전폭적으로 동의하면서,

남성 노동자들이 여성과 자본의 양자를 희생하면서 자신의 이익을 추구하고자 여성을 고용으로부터 배제하고 분리시키는 데 책임이 있다고 주장한다(1986: 43).

그러나 직장에서의 남성조직의 역할에 관한 이러한 주장은 1980년대 말까지만 해도 노동조합의 힘이 약했던 우리나라와 같은 곳에서는 받아들이기가 어렵다. 파인도 이러한 주장에 대해 비판하면서, 서구 사회에서조차도 특히 남성 노동자들이 여성을 직장에서 축출하고 남성과 분리시키는데 주요한 역할을 하고 있음을 입증하기란 불가능하다고 말한다(Fine, 1992: 55-56). 그는 자본가의 역할을 강조하는데(Fine, 1992: 63), 이는 하트만에 의해서도 이미 지적된 바 있다(Hartmann, 1976: 139). 파인은 남성은 자본가로서 노동시장을 특히 인종, 성, 종족에 따라 분할하고, 노동자들을 서로 대결시켜 어부지리를 취함으로써 여성의 노동을 통제하고 있음을 시사한다. 그는 더 나아가 "가부장제의 결과로 초래된 노동시장의 불평등은 거대한 재산소유자로서의 남성 자본가들이 누리고 있는 지위에서 찾는 것이 더욱 유용할지 모른다"(Fine, 1992: 64)고 한다.

그러나 이 책에서는 다른 점이 강조된다. 즉, 아내의 노동을 통제하는 데 있어서 남편으로서의 남성의 역할에 초점이 모아진다. 아내와 자녀에 대한 남편의 개인적인 지배가 아직 가부장제의 중요한 형태이며 노동시장에의 여성의 참여에 영향을 미치며, 사적 가부장제는 여성의 주요 영역이 가정 내에 머물고 있는 한 여성에게는 여전히 중요하며 이는 우리나라에서 특히 중요하다.

하트만은 여성의 노동력에 대한 남편의 통제와 노동시장에서의 여성의 배제와 분리에 관하여 언급했다. "남편으로서의 남성은 여성으로부터 개인적 서비스를 받고 가사노동에 참여하지 않고 자녀를 돌보지 않도록…그들의 통제력을 발휘"(Hartmann, 1981a: 18)하며, "여성이 수행하는 남편에 대한 개인적 서비스나 가정 전체에 대한 서비스에서 혜택을 받는다"는 것이다.

가사노동은 이에 관한 논쟁에서 자본주의와 관련하여 여성을 억압하는 본래적이고 근본적인 원인으로 인식되고 있는데 하트만은 가사노동을 통해 남편은 아내를 착취하고 있다는 것이다. 그는 여성을 노동시장으로부터 배제함으로써 여성은 남편을 위해서 집안의 허드렛일을 하고 남성은 가사노동의 분담을 통하여 이익을 얻는다고 지적한다. 가부장제에 관한 이론은 맑시스트 페미니스트, 신고전학파 및 급진적 이론에서와 같이 노동시장에서의 여성의 불평등한 대우를 주로 여성의 가사노동과 관련하여 설명하고자 했다.

나아가 하트만은 남성이 일부 주요 생산자원(예를 들면 자본주의사회에서 생계 유지가 가능한 직업)에 대한 여성의 접근을 차단하는 것과 마찬가지로 여성의 성을 제한함으로써 여성의 노동력에 대한 통제를 계속하고 있다고 지적한다.

이성간의 일부일처제는 비교적 최근의 현상인데 이러한 두 분야에서 남성이 효과적으로 통제하도록 해주는 효과적인 형태이다(Hartmann, 1981a: 15).

왈비도 성(Sexuality)이 가부장제를 구성하는 다섯 가지 요소 중의 하나라고 하면서 강제적인 이성애와 마찬가지로 성에 관한 이중 기준이 가부장제 구조의 주요 형태라고 주장했다(Walby, 1990: 15). 그럼에도 하트만이나 왈비 모두 어떻게 남성이 여성의 성을 통제하는가, 그리고 어떻게 이성간의 일부일처제 결혼이 여성의 노동시장 참여를 통제하는가에 대한 주장을 구체적으로 전개하지는 못했다.

여성의 노동참여와 관련하여 남성이 그들의 아내의 성을 통제하는 것에 더 많은 관심을 기울여야 할 것이다. 기혼 남성은 여성을 집안에 가두어서 가사노동을 하게 할 뿐만 아니라 그들을 성적으로 통제함으로써 이득을 얻는다. 이 책에서는 남편으로서의 남성과 아내의 성에 대한 남편의 통제가 우리나라 여성의 노동참여에 있어서 매우 중요한 요소라는 것을 밝힐 것이다.

2) 가구[4]에 대한 논쟁

다양한 학문적 배경을 가진 학자들이 연구의 중심 주제로서 가구가 갖는 잠재성에 대해 점차 크게 인식해왔다. 모리스는 다음과 같이 주장했다.

가정생활에서 무엇이 일어나고 있느냐 하는 문제는 보다 높은 수준에서의 변화를 이해하는 데 있어서 중심적인 것이 되었고 남녀관계의 가장 근본적인 면이 표출되는 무대로서의 가구가 연구의 분명한 초점이었다(Morris, 1990: 80).

특히 페미니스트들은 가구를 생산과 소비에서 이해를 함께 하는 불가분적 단위로 간주하는 관점을 비판하면서 가구에 대해 주목한다. 화이트헤드는 가구가 본질적으로 민주적이고 협동적인 단위로서 자족과 나눔의 이데올로기에 기반을 두고 모든 구성원의 이익을 위하여 움직이고 있다는 생각을 비판했다(Whitehead, 1981: 92). 그녀는 가구란 지배와 복종으로 이루어지는 여러 종류의 성적 위계의 장이고 구성원들, 특히 부부간의 이해가 충돌하는 곳이라고 주장한다.

---

4) "가구는 일반적으로 가정경제를 함께 책임지는 사람들을 의미하고, 같은 솥에서 밥을 지어 나누어 먹는 사람들이라고 흔히 규정된다.… 대부분의 경우 가구의 개념은 혼인에 의한 부부에 기초하며 함께 거주하는 집단을 의미한다"(Moser and Young, 1981: 57). 반면 가족은 친척(kinship)과 결혼, 부모, 자녀에 기반한 사회적 단위이다.

폴브르는 신고전주의와 맑시스트 경제이론들5)이 가정을 '홈 스위트 홈'이라고 장밋빛으로 그리는 것을 비판했으며(Folbre, 1986a: 246) 가정 내 이해의 반목을 '갈등'이라고 개념화했다.

전통적인 신고전주의의 입장은 공동이익 기능 속에 가족 구성원 개인의 이해를 함몰시킨다. 전통적인 맑스주의자들의 견해는 가족은 내부의 갈등으로 문제가 생기지 않는 이상적인 사회주의 사회의 축소판으로 다룬다. 많은 비판자들은, 부분적으로 페미니스트의 관심에서 출발하여, 가구가 이타주의와 이기주의 사이에서 완전히 어느 한 쪽에 놓여 있다고 가정하는 것은 모순되고 독단적인 것이라고 본다(Folbre, 1986b: 6).

그녀는 신고전주의와 맑스주의 경제학자들이 가구에 관하여 쓰는 '공동복지의 극대화 형식', '이타적 협동' '독재자적인 관용' 그리고 '원시공산양식'이라는 용어들을 배척하면서, 그 대안으로서 가구 내의 갈등, 불평등, 그리고 협상력을 강조했다(Folbre, 1986a: 248, 252). 그녀는 협동보다도 오히려 갈등을 강조하였으나 또한 가족 내의 갈등과 함께 생산에서의 협동을 동시에 주장하였다(Folbre, 1986a: 253).

폴브르의 '협동과 갈등'의 무대로서의 가구에 대한 통찰은 센의 '협동적 갈등' 모델로 발전했다. 센은 다음과 같이 주장했다.

가구의 구성원들은 동시에 두 가지 다른 형태의 문제에 봉착하는데 하나는 (전체 유용성을 높이는) 협동에 관한 것이고 다른 하나는 (전체 유용성을 가구 구성원 사이에 나누는) 갈등이다. 누가 무엇을 하고, 누가 무엇을 소비하게 되는가, 누가 어떤 결정을 하는가에 관한 사회적 협정

---

5) Folbre, 1986a; Evans, 1989; Stichter, 1990:29-39; Kabeer, 1991 등에서 신고전경제학과 맑시즘 경제학의 가구 이론에 대한 비평 참조.

은 이와 같은 협동과 갈등의 복합적인 문제에 대한 대응책으로 보여진
다(Sen, 1986b: 12-13).

'협동적 갈등'의 무대로서 가구에 관한 센의 모델은 경제이론에 큰 영
향을 미쳤다(Wilson, 1991: 31; Young, 1991: 7). 윌슨은 그 이유를 다음과
같이 주장했다.

> 그것은 가구가 획일적인 단위는 분명 아니라는 것을 의미한다. 또한
> 협동적 갈등의 상태는 모든 것을 똑같이 나누는 것이 결코 아니라는 것
> 이다. 그리하여 협동적 갈등모델은 가구가 하나의 단일체로서 모든 구성
> 원이 똑같이 나눈다고 하는 경제이론의 보통의 가정보다 훨씬 더 일상
> 의 현실에 가깝다고 보여진다.… 그리하여 신고전주의 경제이론과는 대
> 조적으로 협동적 갈등모델은 남녀관계를 무시하기 어렵게 만든다(Wil-
> son, 1991:7).

영도 또한 센의 주장은 남녀간의 관계를 고정된 역할에 기초한 것이라
기보다는 오히려 역동적이고 변화하는 것으로 관찰함으로써 이 문제의
접근방법에 상당히 유용한 지침을 제공하고 있다고 말한다.

> 센은 본질적으로 부부는 공동이익과 마찬가지로 자신의 발전을 도모
> 하고자 노력하므로 서로간에 협상을 한다고 말한다(Young, 1991: 7).

그럼에도 센은 폴브르(Folbre, 1984: 304)와 마찬가지로 생산에서의 협동
을 인정하는 한편, 분배를 둘러싸고는 이해충돌이 일어난다고 본다. 따라
서 생산에서 가족의 공동 유용 기능이 극대화한다는 신고전주의 경제학
자들의 주장이 근본적으로 도전받는 것은 아니다. 생산에서의 협동은 카

비어에 의해 다음과 같이 비판받았다.

센의 설명은 생산상의 협동과 분배상의 갈등을 동일시하는 의미가 강하다. 생산상의 협동과 분배상의 갈등을 동일시하는 것은 지나치게 제한적이며, 어느 한 쪽이 가구의 생산과 분배의 어느 단계에서 일어날 가능성을 막아 버린다. 어느 정도 센의 협동적 갈등 공식은 사실상 신고전주의적 가구의 능력－이타심 이분법－의 역이다. 분배에서의 이타심과 동일선상에 놓이는 생산에서의 능률에 대신하여, 센의 모델은 생산에서의 협동(전체 유용성을 높이는)을 분배에서의 갈등(전체 유용성을 나누는)과 동일선상에 놓는다(Kabeer, 1991: 15).

그녀는 비록 "성원이 같은 단위 내에 남아 있는 한에서는 가구관계에서 어느 정도의 최소한의 협동은 이루어지지만"(Kabeer, 1991: 24) 생산에서 협동이 언제나 일어나는 것은 아니다라고 주장한다. 가구 내의 갈등은 소비에서뿐만 아니라 생산에서도 일어나며 생산에서의 이해 갈등은 가구 성원간에 지배와 복종을 가져온다.

카비어는 농촌 가구 내에서의 생산을 둘러싼 갈등을 논의했으나 이 책은 우리나라 노동자계급 가구의 생산에 있어서, 특히 여성의 유급노동참여와 관련하여 가구 내에서 갈등이 일어난다는 것을 보여줄 것이다. 힘을 가진 사람은 힘이 적거나 없는 사람(들)을 착취하고 통제하며 후자들은 그러한 착취와 지배에 저항하고 투쟁한다. 가구는 하트만이 주장한 바와 같이 투쟁의 장소6)라는 것을 논할 것이다.

---

6) 하트만은 그녀의 논문에서 가족 구성원 특히 가사를 둘러싼 남녀간 갈등의 소지에 초점을 맞추었다(Hartmann, 1981b: 393).

3. 책의 구성

이 책은 11개의 장으로 구성된다.

제1장에 이어 제2장에서는 조사 현장과 방법론을 서술하는데, 우리나라 주요 산업지역의 하나인 인천의 한 빈민지역에서 행해진 현장조사 과정에 대해 기술한다. 구체적으로 질적 자료를 얻기 위한 심층인터뷰, 양적 자료를 얻기 위한 질문지조사, 참여관찰, 정보제공자 활용 등 사용한 연구방법을 어떤 이유로 어떻게 사용하게 되었는지를 설명하였다.

제3장에서는 이 책의 주요 논의의 배경에 관한 것으로 첫 부분에서는 여성의 삶과 관련된 유교이념을 논의하였는데 이는 아직도 우리나라에서 남녀간의 관계에 커다란 영향을 끼치고 있고 따라서 우리나라 여성의 일반적인 상황을 이해하는 데 극히 중요하기 때문이다. 두번째 절에서는 기혼여성의 노동참여의 경향을, 특히 기혼여성의 노동시장 참여의 구체적 특징에 대해서 정부의 공식 통계를 주로 사용하여 성에 의해서뿐만 아니라 혼인상태에 의해서 분업이 이루어진다는 것을 논의하였다.

제4장에서는 연구대상 지역 여성들의 일반적인 특징과 연구대상자들의 배경 자료를 분석하였다.

현장조사에서 다양한 방법으로 수집된 자료들은 제5장부터 제9장에 걸쳐 분석된다. 제5장과 제6장에서는 자녀양육 및 가사노동에 있어서의 여성의 책임과 노동시장에의 여성 참여와의 관련성을 살폈다. 제5장에서 여성의 자녀양육 책임은 여성의 노동참여에 미치는 중요한 요소이지만 전부는 아니다라는 것을 밝혔다. 제6장에서는 여성들은 취업에서의 어려움과 고생 때문에 여성들은 가사노동을 그다지 힘들게 생각하지 않아 가사노동이 여성의 취업을 제약하지는 않음을 주장하였다. 조사대상자들의 경우 생활수준이 낮고 가족 구성이 핵가족이기 때문에 가사노동 자체가 많지 않고 가정 설비, 가정용품 및 편의시설의 보급의 혜택을 받고 있는 등의 이유로 가사노동은 여성들에게 큰 부담이 되지 않았음을 밝혔다.

아내의 일에 미치는 남편의 영향과 남편이 아내를 통제하는 이유에 대해서는 제7장에서 분석하였다. 제7장에서는 조사대상자 남편들 중 대부분이 아내가 집안이나 집 밖에서 노동하는 것을 반대하였는데 그 이유는 아내가 자녀양육과 가사노동 책임을 소홀히 할까 하는 염려 외에도 남편은 아내가 부정을 저지르지 않을까 하는 두려움이 있으며, 가족 부양자로서의 남성의 권위를 지키려 하고, 아내의 시중을 받고 싶어하는 것 때문이라고 밝혔는데, 특히 여성 성에 대한 통제는 가장 중요한 요소임을 밝혔다. 아내가 노동하는 것을 남편이 찬성한 경우에도 여성의 일과 직업의 종류, 노동시간 그리고 그 결과인 수입을 규제한다는 것을 밝혔다.

제8장에서는 여성이 남편으로부터 유급노동참여를 허락받은 사정과 남편으로부터 허락을 받기 위해 여성들이 벌이는 노력과 저항에 대해 논의하였다. 우리나라 남편들 대부분은 아내의 노동참여를 반대하는 것을 이상으로 하지만 경제적 필요나 어려움 때문에 아내의 취업, 특히 가외노동을 어쩔 수 없이 받아들이고 있다는 것을 밝혔다. 그러나 남편이 경제적으로 무능하고 다른 수입이 필요하다고 해서 남편이 아내의 취업을 곧바로 허락하는 것이 아니었고 또한 여성들은 남편에 순종하지도 않았으며 아내들은 남편의 통제력 행사에 대항하고 있음을 주장하였다.

제9장은 유급노동이 여성의 가정 내 지위에 미치는 영향에 관한 것이다. 수입을 얻는 여성 누구나 그 수입을 힘으로 바꾼다는 것은 사실이 아니며 높은 수입을 얻는 경우에도 남편과의 관계에 따라 여성들은 가정 내의 자신의 위치를 향상시키기도 하고 별다른 영향을 미치지 않기도 한다는 것을 밝혔다. 기혼여성의 노동력과 그들의 노동조건이 남편에 의하여 통제되기 때문에 가정 내 여성의 지위는 노동참여로 기인한 결과라기보다는 오히려 원인이다. 가정 내 여성의 지위는 남편이 아내의 노동력을 통제하는 한 경제활동 참여가 여성의 지위에 미치는 영향은 제한된 범위

에 그친다는 것을 밝혔다.

제10장은 1994년 이 책의 원문이 완성되고 난 이후에 논의된 우리나라 기혼여성의 노동참여와 전통적인 책무와 부부간의 관계 등에 관한 연구를 분석, 이 연구의 결과와 비교 논의하고, 1999년 3월과 4월 현장을 다시 방문하고 수집한 자료를 바탕으로 조사대상자들의 변화하거나 변화하지 않은 삶의 모습을 논의하였다.

마지막 장에서는 결론으로서 연구의 요약과 이러한 연구의 이론적 의미를 분석하였다.

제2장
연구 현장과 방법론

이 책을 위한 기본적인 자료는 인천의 ㅅ 1동에서 1990년 10월부터 1991년 8월까지 행해진 현장조사에서 수집되었다. 10여년이 지난 1999년 3월에서 4월에 걸쳐 그후의 변화를 추적하기 위해 현장조사가 다시 실시되었다. 이 장은 조사 현장, 방법과 현지 조사과정에 대한 것이다. 이 연구는 기혼노동여성집단을 가내노동여성과 가외노동여성으로 나누어 비교하였는데 이 장에서는 먼저 이에 관한 이유를 밝힌다. 두번째로, 조사현장에 대한 간단한 설명과 이 지역을 조사 현장으로 선택한 이유가 이어진다. 세번째로 페미니스트 방법론에 비추어서 자료 수집방법에 관해 논의하며 네번째로 현장조사의 과정을 설명하였다.

1. 가내노동여성과 가외노동여성의 비교 이유

여성노동참여에 영향을 미치는 요소에 관한 연구를 위해서 전업가정주부와 돈벌이를 위해 노동에 참여하는 취업여성 두 집단을 비교할 수도 있다. 그러나 가정주부들 가운데에는 수입을 위해서 일하고 싶어하지만 하지 못하는 사람이 있는 반면에 일하기를 원하지 않거나 돈벌이할 생각을 해본 적이 없는 사람도 있어 동일 성향의 집단으로 볼 수 없다. 따라서 가내노동여성과 가외노동여성을 비교하는 것이 더욱 분명한 대비를 보여줄 것이라고 본다.

여성의 유급노동을 둘러싼 가정 내의 갈등과 노력은 기혼여성들이 가정 내의 현존하는 성별분업을 받아들이지 않고 집안이나 밖에서 유급의 노동을 하려고 할 때 보다 명확하게 드러나기 때문이다. 그러므로 가내노동여성과 가외노동여성을 비교하는 것이 여성의 노동참여와 여성의 가정 내 지위에 영향을 미치는 요소를 설명하는 데 가장 적합하다고 생각되었다. 이러한 대비는 여성의 취업에 대한 남성의 반대가 여성의 노동시장 참여의 수준뿐만 아니라 여성노동의 성격에 어떠한 영향을 미치는가 하는 것을 보여주는 데 특히 중요하다.

2. 조사 현장

1) 조사 현장의 개관

항구도시 인천은 수도 서울에서 서쪽으로 40km 떨어진 서해안에 위치한 주요 산업지역이다. 『인천연감』에 따르면 1991년 현재 310.83km²에 약 200만명의 시민이 살고 있었으며 1998년 말 현재는 약 250만명으로 그 인구가 늘어났다. 인천시에는 8개의 공단과 4개의 준공단이 주거지역과 혼재되어 있는데 여기에는 1991년 현재 3,539개의 공장이 들어서 있다. 1990년 현재 이 지역의 경제활동인구는 71만 7천명이었다(경제기획원, 1991: 20).

조사 지역인 ㅅ 1동은 제5·6 수출공단 가까이에 위치하고 있다. 이 공단에는 『인천연감』에 의하면 1993년 현재 1,136km²에 114개의 공장이 있으며 여기에서 1만 8,965명의 노동자가 일했다. 제5·6 공단은 1997년 1월

인근의 남동공단과 부평4공단 등과 함께 한국산업단지공단으로 통합되었으나 여전히 5단지·6단지로 불린다. 1999년 3월 현재 제5·제6 수출공단에는 129개 업체에 9,795명의 근로자가 일하고 있어 공장수는 늘어났지만 1997년 경제위기 이후 노동자 수가 현격히 줄어든 것을 알 수 있다.

ㅅ 1동은 동 이름 그대로는 10개의 우물이라는 뜻을 가졌는데 1.77km^{2}의 넓이로 38개통으로 나누어져 있다. 동사무소에 의하면 인구는 1991년 현재 남자 1만 5,383명이고 여자 1만 4,226명으로 8,818가구를 이루면서 살고 있었다. 1999년 5월 현재로는 남자 1만 3,234명, 여자 1만 2,218명이 거주하여 인구가 줄어든 것을 알 수 있다. 이 동네에 주거하는 사람들은 주로 주변 공단의 일자리에 취업하였는데 경제위기로 일자리가 줄어들자 세입자들은 이 동네를 빠져나가는 대신 들어오는 사람이 없어 비워둔 방과 집들이 많다.

ㅅ 1동에는 1991년 현재 4,400개의 집이나 연립주택이 있으며 평균 2가구가 한 집을 나누어 쓰고 있다. 이 지역에는 42개의 소규모 공장이 있으며 여기에 약 5,400명의 노동자가 고용되어 있다. 이 지역의 대다수 사람들은 공단내의 공장에서 일하거나 수공업자로서 일하고 있다.

ㅅ 1동에서는 교육시설, 종교기관이 있다. 구체적으로 3개의 학교가 있는데, 중등학교 하나와 초등학교 둘이 있으며 5개의 개신교회가 있으며 카톨릭 교회 하나, 절이 하나 있으며 남묘호랑교회가 하나, 대순진리회하나와 무당이 6명 있었다. 2명의 청각장애인 안마사가 있었으나 1992년 현재 병원이나 보건소는 없으며 경찰서나 파출소도 없었다. 1999년 현재 주변 환경은 별로 변화하지 않았다.

ㅅ 1동은 1970년대까지는 논농사를 짓거나 과일(주로 배와 포도)이나 꽃을 재배하고 닭을 기르는 농촌이었다. 정부는 공단을 조성하기 위하여 ㅅ 1동 근처에서 고기잡이로 생계를 유지하던 가난한 주민들을 강제적으로 이 지역으로 이주시켰다. 그들은 처음에는 텐트를 치고 살았는데 후에

정부가 작은 땅을 불하하여 스스로 조그마한 집을 지어 살게 되었다. 계속 정부가 공단을 짓거나, 빈민촌에서 무허가 건물을 철거하여 재개발을 하기 위해 가난한 사람들을 자신이 살고 있는 집에서 몰아내자 이들은 이곳으로 계속 이주해왔다. 이리하여 이 지역은 철거민촌이라고 불렸다. 이주해온 주민들은 현재의 4·5·6·8·9·10·11·12·13·20·29통에 몰려서 정착했는데 이 지역은 이들이 그 전에 살고 있던 지역이름, 즉 안성촌, 율도촌, 도화촌, 신덕촌 등으로 불리고 있다.

처음에는 전기나 수도, 하수 처리시설이 없었고 집에 화장실도 없었다. 대부분은 국수나 수제비로 끼니를 때웠고 많은 사람들이 배고픔에 시달렸다. 정부와 지역주민 모두 함께 생활조건을 개선하기 위해 노력하였는데, 정부는 한편으로는 주거를 위해서 땅을 불하했고 이주할 때 정착금을 지급했고 밀가루를 배급했으며 상수도를 설치하고 공중화장실을 지어 주었다. 그후에도 정부는 각 세대가 자신의 집에 화장실을 만들도록 지원하였고 도로에 아스팔트를 깔거나 시멘트로 덮었다. 다른 한편으로는 1972년과 1973년에 공단이 설립되고 공장이 들어서자 지역주민들은 일자리를 얻게 되었다.

1980년대 초 ㅅ1동은 정부의 도시계획에 따라 주거지역으로 계속 발전했다. 집과 연립주택이 새롭게 건설되었고 중·하층 사람들이 그 지역으로 이주했다. 동시에 취업 기회를 따라 젊은 남성과 여성 노동력이 유입하였고, 그후 그들의 가족들이 농촌에서 이주해왔다. 결과적으로 이 지역은 계속 확대되었고 인구는 증가하였다. 새로 개발된 지역은 도로가 넓고 보다 깨끗하고 잘 지어진 집들이 들어서게 되었다.

ㅅ1동에서 조사지역으로 8·9·10·11·12·13·29통 선정되었는데 이 지역은 개인 주택과 연립주택의 규모가 아주 작고 누추하며 도로는 좁고 꼬불꼬불하다. 주민들은 오염된 공기와 공장에서 나오는 냄새와 연탄 냄새, 그리고 쓰레기 썩는 냄새 때문에 고통을 받는다. 겨울에는 연탄가스 중독

사망 사고가 가끔 일어났다. 7살 난 초등학교 어린이 박경옥은 「연탄」이
라는 글에서 다음과 같이 썼다.

> …나는 매일 저녁 연탄 냄새 때문에 잠 잘 수가 없다. 그래도 나는 그
> 냥 방에서 잠을 잔다(박경옥, 1989: 16).

열악한 환경문제는 1991년 4월에 있었던 지방자치 선거에서 제기된 주
요 쟁점이었다. 이 지역의 주민들이 겪고 있는 다른 문제들도 지방자치
선거에 출마한 후보들의 선거 홍보물에 잘 나타나 있는데, 탁아소와 노인
정의 설립, 쓰레기 수거방식의 문제, 교통 불편, 청소년 범죄와 여성들에
대한 성폭행 등 빈번하게 일어나는 범죄 예방을 위한 파출소 설치 등이
지역 주거환경을 개선하기 위한 문제들이 제기되었다. 그러나 이러한 어
려움에도 불구하고 대부분의 주민들은 서로 돕고, 또 서로의 어려움을 위
로하고 즐거움을 나누면서 살아가고 있었다.

1991년 현장조사 이후 현재까지(1999년 3월) ㅅ 1동이 외형적으로 크게
변화한 부분은 소방도로 하나가 동네 중심부를 가로지르면서 크게 뚫리
고 좁은 거리에 세워 둔 차들이 늘어났다는 점이다. 또 동네 맞은 편에
있던 논바닥에 15층짜리 고층아파트 1채가 동그마니 새로 세워져 있다.
그리고 동네에도 새로 지은 단독주택들이 몇 집 보인다. 길거리의 구멍가
게도 그대로 장사를 하고 있지만 동네 안에 있었던 가장 큰 시장은 반찬
파는 두 가게와 옷가게 하나, 정육점 하나를 제외하고는 가게들이 큰 도
로 건너편에 생긴 새 시장으로 다 옮겨 가버려 번화하던 거리가 한산하
였다. 쓰레기 수거방식이 이 지역 출신 여성지방의원의 노력으로 타종식
에서 수거식으로 바뀌었다.

그러나 이 동네의 가난한 아이들을 돌봐주면서 동네의 중심적인 역할
을 하던 ㅎ 공부방은 16년째 그대로 계속되고 있었다. 아이들이 커서 지역

주민들의 요청에 의해 고등학생을 위한 과외교실을 운영한다는 것과 집 밖 벽에 벽화를 그려놓은 것이 달라진 점이다. 나머지 다닥다닥 붙어 있는 집들은 거의 그대로 남아 있으며 울퉁불퉁 패인 길도 그대로였다.

이 동네의 주택 등 외양이 크게 변화하지 않은 큰 이유는 주거환경 개선지구로 지정되어 주택공사가 이 지역을 헐고 아파트를 짓기로 되어 있어 이에 대한 기대가 큰 때문인 것 같았다. 이 지역은 주민들의 의견 수렴과정을 거쳐 주민들의 80%의 찬성으로 1997년 주거환경 개선지구로 선정되었다. 그러나 주택공사는 곧이어 불어닥친 경제위기와 수익성이 없다는 이유로 사업을 시행하지 않고 미루고 있다.

주민들은 이 동네가 전철역과 가까워서 지리적으로 유리하다고 보지만 주택공사 측에서는 경사진 좁은 땅에 너무 많은 세대가 살고 있기 때문에 가옥 소유주와 세입자에게 아파트를 무상으로 주거나 임대주택으로 대여를 하고 남은 세대를 팔아서는 수익을 맞추기가 어렵다고 보고 있다. 동네 교회 목사, 공부방의 교사 등이 주축이 되어 주민회를 조직하고 재개발사업이 조속히 이루어지도록 추진하고 있었다. 주거환경 개선사업에 기대를 걸고 있으나 일부 세입자들과 주택 소유자들은 이 사업이 언제 시행될지 몰라 그 권리를 포기하고 이 동네를 빠져나가고 있다.

이 동네 가난한 사람들은 1997년 말에 불어닥친 경제위기의 한파를 가장 먼저 겪었으며 그 고통은 아직도 계속되고 있었다. 이 지역의 주민들의 대부분은 건설노동자, 중소기업 공장의 말단 사원, 식당의 파출부 등인데 이 분야의 불경기는 이 지역 주민의 실업사태를 야기했다. 1998년 말부터 1999년 초까지 시행된 실직여성가장 돕기와 실직자 겨울나기운동이 이 지역에서도 벌어져 약 30여세대가 혜택을 받았다. 실업가정은 공공근로로 생계를 지탱하고 있다. 공공근로의 효율성에 대해 많은 논란을 불러 일으켰으나 가난한 사람들이 그나마 생계를 유지하는 데는 큰 도움을 주었다고 한다. 동네에 있는 공부방도 공공근로의 혜택을 받았는데 동사무소가 공공근로자를 동원하여 낡은 집을 수리하여 주었다.

이 지역의 어려운 경제사정으로 인하여 헌 물건을 파는 바자회도 또다시 활기를 띠기 시작했다. 이 지역에서 1990년대 초반까지 활발하게 운영되던 헌옷가게가 1991년 말 폐쇄되었는데 그것은 당시 국민소득 1만 달러 시대라고 외치면서 과소비에 열중하던 사회풍조가 이 가난한 동네까지 들어와 더 이상 주민들이 헌 물건을 쓰지 않게 되었기 때문이었다. 1997년 불경기가 심화되자 다시 공부방 교사들이 주축이 되어 헌옷과 책 등 헌 물건을 외지에서 들여와 주민을 위한 바자회가 간헐적으로 개최되기 시작했다.

2) 조사 지역의 선정 이유

ㅅ 1동이 조사 지역으로 선정된 것은 첫째, 우리나라에서 가장 큰 수출공단인 제5·6 수출공단이 가까이에 위치하고 있어서 기혼노동여성의 두 집단인 가내노동여성과 가외노동여성을 비교하여 조사하기에 적당했기 때문이다. 둘째, 필자가 이 지역을 잘 알고 있었기 때문이다. 필자는 한국여성민우회의 회원으로 이 지역에서 빈민들을 위한 사회복지시설을 운영하는 자원봉사활동에 3년간 운영위원을 맡았었다. 이 지역에서 한국여성민우회는 탁아소와 공부방, 도서실, 헌옷가게 등을 운영해왔다. 세번째로는 지역활동가들로부터 여러 가지 정보를 얻을 수 있었기 때문이다. 16년 동안 이 지역에서 사회복지시설을 만들고 운영해온 활동가들로부터 자료수집에 도움을 얻을 수 있었다.

3. 연구 방법론

1) 자료 수집방법

이 책은 가능한 한 연구 방법과 과정이 페미니스트의 관점에서 이루어
지도록 계획되었다. 페미니스트 방법론은 "앞으로의 연구는 여성에 관한
여성을 위한 여성에 의한 연구가 되어야 한다"(Stanley and Wise, 1983: 17)[1]
고 주장한다. 이러한 주장은 사회과학이 성차별적이라는 페미니스트들의
비판과 함께 전개되었다.[2] 연구를 수행하는 데 있어서 필자 자신의 존재
가 모든 연구에 중심이 되어야 하며(Stanley and Wise, 1983: 162), 연구는
필자 개인의 경험의 맥락에서 시작되어야 한다(Bowles and Klein, 1983:22).

이 책은 한국여성으로서, 한국남자의 아내로서, 그리고 아이들의 어머
니로서 필자와 빈민지역의 여성들이 가족생활에서 느끼는 유사한 경험과
상이점에서 시작되었다. 따라서 이 책은 필자가 여성 필자로서의 경험에
서부터 출발된다는 점에서 페미니스트 연구라고 할 수 있을 것이다.

페미니스트들은 또한 연구과정에서 연구자와 조사대상자간의 힘의 관
계에 깊은 관심을 가진다. 이 연구에서 연구자와 조사대상자들은 같은 종
족집단에 속하면서 아이의 어머니로서 그리고 한국남성의 아내로서 비슷
한 경험을 공유한다. 이러한 사실은 연구자와 조사대상자를 묶는 역할을
한다.

---

1) '여성에 관한 여성을 위한 여성에 의한' 연구는 Gelsthorpe(1990)에 의해 비판
   되었는데 Stanley와 Wise는 다시 이를 반박했다(1993: 11-13).
2) 페미니스트의 연구와 방법론은 사회과학이 성차별적이며 가부장적 가치로
   부패되고 편견에 사로잡혀 있으며(Stanley and Wise, 1983: 12), 오로지 남성들
   의 이해와 활동에만 관심을 가지고 있다(Oakley, 19745)는 비판에서부터 시작
   되었다. 그러므로 사회과학의 이론과 실제는 여성의 경험을 간과하고 왜곡하
   고 있다는 것이다(Stanley and Wise, 1983: 13).

　그러나 교육과 계층의 차이가 연구자와 조사대상자들 사이를 갈라놓는다. 연구자와 조사대상자들은 동일한 집단이 아니다. 페미니스트들은 이러한 차이가 연구과정에서 힘의 차이로 나타난다고 보고 이러한 힘의 차이를 어떻게 줄일 것인가에 대해 특별한 관심을 갖는다. 이에 따라 조사대상자가 연구에 관여하도록 권장되는데, 다시 말해 "연구의 '대상자'는 연구의 방법을 선택하고 연구가 어디에 초점을 맞추어야 할 것인지를 결정하는 데 도와주고 결과의 해석과 이용에 관련을 가져야 한다"(Stanley and Wise, 1983: 19)는 것이다.

　그러나 실제 모든 조사대상자들을 연구과정에 개입시키는 것은 불가능하다. 필자가 연구에 조사대상자들을 관여시키기 위해 일부 조사대상자들과 접촉을 한다 할지라도 이들이 다른 여성들의 이해나 관심을 대변하는지에 대해 확신할 수가 없다. 페미니스트 방법론은 조사대상자들이 동질적이며 불평등의 죄 없는 희생자라는 전제에 근거를 두고 있다. 그러나 실제로 그들은 자신의 이해와 관심에 따라 분열되어 있다. 다른 여성들보다 더 활동적인 여성들은 때로는 연구자들의 힘을 알고 이를 자신들을 위해 이용하려고 하기 때문에 연구를 오도할 수 있다. 만약 연구자가 모든 조사대상자들을 연구 과정에 관여하게 한다면 훨씬 많은 연구비와 시간이 연구자뿐 아니라 조사대상자들에게도 소요된다. 페미니스트들이 이상으로 삼는 연구자와 조사대상자 사이에서의 모순을 완전히 없애는 연구과정을 창출하기란 실제적으로는 불가능한 것 같다.

　그러나 필자와 조사대상자 사이의 불평등한 힘을 줄이기 위해 가능한 한 노력했다. 무엇보다도 먼저 필자는 빈민지역에서의 활동 경험으로부터 조사대상자들이 말하고 표현하는 방법을 잘 알고 있기 때문에 그들이 쓰는 용어와 표현을 사용하면서 공손하고 친근하게 대하려고 노력했다. 두번째로는 필자는 계층과 교육의 차이를 느끼지 않게 하도록 외모에서 빈민여성들과 비슷하게 보이도록 노력했다. 옷차림에 조심했고 화장을

하지 않았으며 장식물도 착용하지 않았다. 셋째로는 필자의 사생활을 가
능한 한 솔직히 말함으로써 어느 정도 상호신뢰성을 확보하고자 하였다.

그럼에도 필자는 연구에 있어서 쟁점이 되는 사항에 대해서는 개인적
인 의견을 표시하는 것을 피했다. 더구나 여성에 관한 정보를 수집하고
조사하는 과정이 조사대상자들을 의식화하는 과정이어야 한다(Mies, 1983:
126)는 관점을 채택하지 않았다. 필자는 피조사자가 쟁점에 관한 필자의
의견에 따라 '정답'을 말할지도 모른다는 점에 유의하였다.

페미니스트 방법론의 주장과 한계를 인식하면서 다음과 같은 방법으
로 자료를 수집하였다.

① 정보제공자로부터의 정보 획득.

② 지역여성 259명을 대상으로 한 여성들의 일과 가족 배경에 관한 짧
은 질문지 조사. 이는 45명의 가내노동기혼여성과 45명의 가외노동기혼여
성을 심층인터뷰하기 위한 대상자 선정에 이용되었다.

③ 45명의 가내노동기혼여성과 45명의 가외노동기혼여성을 대상으로 체
계적으로 진행된 심층인터뷰 실시와 이 중에 13명에 대해서 첫 인터뷰
이후 10여년이 지난 후에 재인터뷰 및 자료 수집.

④ 비체계적인 집단토론.

⑤ 관찰.

페미니스트들은 연구자뿐 아니라 피조사자들의 개인적인 경험이 유용
하다고 강조함으로써 남성 학자들이 경험의 객관화를 강조하는 것을 거
부한다. 일부 페미니스트들은 '객관성'과 '주관성' 사이의 전통적 구별은
거짓이라고 주장한다(Stanley and Wise, 1983: 53). 이들은 양적 방법론을 매
우 의문시하고 싫어하는데, 이 방법이 여성의 진정한 경험을 은폐시켜왔
다고 생각한다. 그 결과 그들은 여성이 자신의 경험을 충분히 그리고 모
두 자신의 용어로 표현할 수 있는 질적 방법을 선호한다(Stanley and Wise,
1983: 89).

　페미니스트들이 강한 의문을 제기함에도 불구하고 양적 방법을 사용하여 어느 정도의 객관성을 확보하는 것은 여성 차별에 대한 페미니스트들의 믿음을 강화시켜줄 수 있고 여러 형태의 편견으로부터 방어해줄 수 있는 가능성을 가지기 때문에(Jayaratne and Stewart, 1991: 98), '객관적'인 도구 사용이 필요하다. 그러므로 양적 방법과 질적 방법은 모두 사용되어야 한다. 양적 방법과 질적 방법을 병행시키는 '혼합 방법'은 한 방법이 다른 방법이 결여하고 있는 점을 보완하고 그럼으로써 보다 강력한 연구 결과를 도출하여 이론을 효과적으로 검증할 수 있을 뿐만 아니라 설득력도 가지는 결과를 가져 올 수 있기 때문이다(Jayaratne and Stewart, 1991: 102).

　이 책에서는 심층인터뷰로부터 얻어진 질적 자료가 광범하게 이용되었으며, 짧은 질문지를 이용한 양적 방법으로 조사된 자료는 부분적으로 사용되었다. 또한 질문지조사에서 얻은 자료는 심층인터뷰의 대상자를 선정하는 데에도 이용되었다. 인터뷰 대상자를 선정하는 과정에서는 객관성과 대표성을 높이는 데 유의하였는데, 양적 방법의 질문지조사와 비교하여 대상자가 비교적 적다는 점에서 초래될지 모를 오류를 보완하기 위해서였다.

　인터뷰와 질문지조사에 덧붙여, 비체계적인 집단토론이 때로는 매우 유용하였다. 조사대상자들이 가까운 이웃들로서 집단의 대다수를 형성하게 된다면, 연구자와 조사대상자들 사이의 힘의 차이가 깨트려질 수 있기 때문이다. 그래서 그들은 개인적인 인터뷰보다 집단토론에서 더욱 자유롭게 말할 수 있었다. 더 나아가 이웃끼리는 서로의 형편에 대해 잘 알기 때문에 보다 솔직한 경향이 있다. 페미니스트들은 '함께 한다'는 것을 강조하여 개인적 경험과 느낌을 나누고 집단화하기 위하여 소그룹의 모임과 토론해야 한다는 것을 주장한다(Mies, 1983: 127-128; Stanley and Wise, 1983: 53).

　그러나 집단토론은 페미니스트들의 적극적인 권유에도 불구하고 그 한계는 불가피하다. 여성들 특히 자존심이 강한 여성들은 자신의 문제, 예를 들면 경제적 형편이나 남편의 폭력 같은 것을 한동안이 지나면 자신들로부터 떠나가게 될 연구자에게는 말할 수 있어도 자신의 이웃 또는 아주 가까운 친구들에게는 말하기를 꺼린다. 여성들이 조직화된 집단토론에서 솔직히 말할 것인지가 확실치 않았고 다른 한편으로는 조직하기도 쉽지 않았기 때문에 이 연구에서는 집단토론을 공식적으로 조직화하지 않았다. 그러므로 현장조사에서 특별한 노력을 들이지 않았고 자연스럽게 이루어진 집단토론은 이 연구에서는 라포를 형성하거나 다른 방법으로 모은 정보를 확인하는 데 이용되었다. 관찰도 심층인터뷰를 통해서 수집한 정보의 정확성을 높이는 데 이용되었다. 일상생활과 관광여행, 마을 잔치 그리고 모임에서 관찰이 이루어졌다.

위에 든 방법 외에도 지역활동가와 사회복지시설을 이용하는 어린이의 어머니들, 동사무소 직원들, 노인들이 정보제공자로서 필자에게 그 지역과 주민들에 관한 정보를 제공해주었다. 인터뷰가 끝난 후 친하게 된 조사 대상자인 일부 가내노동여성들은 정보제공자로서, 다른 조사대상자에 대한 인터뷰 전후에 그에 관한 정보를 제공하거나 확인해주었다. 정보제공자가 알려준 지역과 주민에 대한 정보도 인터뷰 대상자가 솔직히 대답하였는지 여부를 검증하는 데 도움이 되었다.

이러한 노력과 더불어 남편들에 대한 인터뷰가 시도되었다. 아내와 좋은 관계를 유지하는 남편들의 경우 만나기가 쉬웠고 또 매우 친절하게 응답해주었다. 그러나 권위적이고 폭력적인 남편을 둔 여성들은 필자에게 자신들의 사정을 털어놓은 것이 남편에게 알려질까봐 매우 두려워했다. 이 여성들은 그들 남편과의 인터뷰를 강하게 거부했다. 또한 결혼한 여성인 필자가 결혼한 남성과 그 부인이 없는 데에서 그들 부부관계에 대해 인터뷰하는 것이 매우 어려웠다. 결국 이 책에서는 남편의 견해와 경험이 반영되지 못하는 한계를 가진다.

심층인터뷰, 집단토론, 관찰, 정보제공자 등 질적 방법에 의해서 수집된 자료들이 이 책의 주요 근거가 되었다. SPSSPC+는 심층인터뷰로 얻어진 자료와 259개 가정을 대상으로 한 질문지조사 자료를 계량화하는데 사용되었다. 시행한 연구방법을 돌이켜 보면 페미니스트 방법론의 모순으로 인하여 전통적인 비페미니스트 방법과 많이 다르지 않는다는 것을 알 수 있다. 페미니스트 방법론은 부분적으로 밖에 적용할 수 없었다.

2) 현장조사 진행 과정

현장조사는 4단계로 나누어진다. 즉, 첫단계는 준비를 위한 단계이며 둘째 단계에서는 259명의 여성에 대한 질문지조사와 259명 중에서 45명의 가내노동기혼여성과 45명의 가외노동기혼여성을 선정하였다. 셋째 단계에서는 선정된 90명의 여성과 심층인터뷰를 진행하였다. 넷째 단계에서는 첫째에서 셋째 단계까지의 조사가 진행된 지 10여년이 지난 1999년 3월에서 4월 사이에 90명의 심층인터뷰 조사대상자의 변화를 알아보기 위해 다시 인터뷰를 시도하였다. 이에 따라 13사례를 다시 만나거나 소식을 들을 수 있었다.

준비 단계에서는 동사무소를 3차례 방문하여 그 지역에 대한 정보를 수집하였다. 동사무소에 의하면 ㅅ 1동에는 38개통에 8,818세대가 살고 있으며 8·9·10·11·12·13·29통은 ㅅ 1동 중에서도 가장 가난한 사람들이 살고 있는 전형적인 빈민촌으로 1,700여세대가 살고 있었다. 노동자계급 여성에 연구의 초점을 두기 위해 가장 가난한 주민이 살고 있는 7개통이 연구 지역으로 선정되었다.

이와 동시에 지역 주민과의 라포를 형성하기 위한 노력이 시작되었다. 그 지역에서 1986년부터 열심히 활동해왔고 1991년 구의회 의원이 된 ㅎ씨가 지역의 여성 주민에게 필자를 소개하였고 그 지역 주민은 다시 자신의 친구에게 필자를 소개하였다. ㅎ씨는 한국여성민우회와 독일 EZE 재단의 후원으로 이 지역에서 지역 탁아소와 공부방, 도서실, 헌옷가게 설립에 주역을 담당했으며 그 지방에 소재한 의과대학의 지원을 받아 의료 봉사활동을 전개하는 등 지역과 주민을 위해서 헌신적인 봉사활동을 펼쳐 지역 주민으로부터 존경을 받고 있었다.

필자는 알게 된 여성들의 집을 여러 차례 방문하여 살아가는 일상적인 이야기를 나누거나 그들이 집에서 하는 부업을 도왔으며 때로는 주민 여성들로부터 따뜻한 식사를 대접받기도 하였다. 필자는 그 외에도 지역 여성조직 모임이나 마을 잔치에 참여하였고 관광여행에 동행하기도 하였다. 이 지역 여성과 만나면서 이 지역과 지역 여성들에 대한 이해와 지식을 넓혀나갔으며 한편으로는 필자는 지역 여성들에게 점차 지역사회의 일원으로서 받아들여져 갔다. 그 지역에 필자가 나타난 것은 여성들 사이에서 또 그들의 남편들과의 대화에서 작은 화젯거리가 되었다. 한 여성— 나중에는 정보제공자로 되었음—은 필자가 이 지역에 와서 자신들과 친해지고 있는 것에 대해 자신의 남편에게 말했더니, 남편은 자기가 거짓말을 하고 있다고 말하더라고 필자에게 전했다.

빈민촌의 주민들은 자신들이 살고 있는 곳이 너무 더럽고 누추하다고 생각하는 것 같았다. 여성 주민들은 연구자가 결혼을 해서 아이들도 있다는 사실에 대해 매우 놀라워했으며 자녀교육이라든가 남편이 어떤 사람인지를 알고 싶어했고 필자는 이들의 질문에 기꺼이 응해 주었다. 상호 교류를 통하여 라포는 형성되어 갔다.

이 지역에는 ㅅ1동 여성회와 새마을여성회 등 두 개의 여성조직이 있었다. 전자는 탁아소와 공부방에 자녀를 보내는 어머니들이 주축이 되어 만들어진 민주적으로 운영되는 조직으로서 탁아소와 공부방을 자치적으로 운영하며 지역의 문제를 논의했다. 필자는 이 모임에서 논의되는 지역 문제와 시설의 운영에 관한 토론을 참여 관찰하고 이 모임에서 매월 발간하는 회지 『해님』을 수집하였다. 새마을여성회는 정부 정책을 홍보하기 위해 관의 지원을 받아 조직된 것으로 ㅅ 1동 여성회와는 별로 연계가 없었고 서로 무관하게 각자 활동했다. 새마을여성회원들은 ㅅ 1동 여성회를 탁아소와 공부방 관련 어머니들로 구성된 보다 가난한 여성들의 모임이라고 생각했고, 반면에 ㅅ 1동 여성회는 새마을여성회가 정부 정책을 지지하기 위한 관변조직으로서 주민들을 위해서는 실제 하는 일이 없다고 생각하고 있었다.

그럼에도 1990년 11월 새마을여성회가 관광여행을 주선하자 ㅅ 1동 여성회는 처음으로 그 여행에 함께 가기로 하였다. 독재정권이 무너지고 정치적으로 민주화가 이루어지자 양 단체는 서로 알고 도울 필요가 있다는 것을 인식했던 것이다. 충청도의 어느 호수로 떠나는 이 관광여행에 지역 활동가 ㅎ씨의 언니 자격으로 참여하여 41명의 주부들과 함께 어울렸다. 관광여행 도중 참여 관찰을 하였고 연구와 관련하여 그들 자신의 일과 남편의 관계, 그리고 이에 관한 자신들의 생각에 대해서 대화 형식으로 알아보았다.

여행 후에는 대부분의 여성들과 친하게 되었고 특히 7~8명과는 매우 친밀하게 되었으며, 필자가 관광여행 도중 찍은 사진을 주기 위해 그 여성들의 집을 방문하기도 하였다. 이러한 활동과 더불어 필자는 1990년 10월에는 일주일에 2~3번, 11월에는 일주일에 한 번 정도 ㅅ 1동 여성회가 문을 연 헌옷가게에서 옷을 팔기도 하였다.

또한 1990년 말 ㅅ 1동 여성회가 회원 가족들을 위해 마련한 망년회에 참석하여 주민들과 즐거운 분위기 속에서 어울리면서 정보를 수집하고 또한 관찰하였다. 이 망년회에는 어린이들의 촌극, 가족 노래자랑 등의 프로그램이 진행되었다.

현장조사 기간 중 주민들과 라포를 형성하여 그들의 행동을 관찰하기 위해 계속 노력하였다. 현장조사가 끝나갈 무렵인 1991년 6월에 단오제

가 모든 주민들을 위해서 ㅅ 1동 여성회 주최로 동네의 한 초등학교 운동
장에서 열렸다. 남녀노소를 불문한 모든 주민들을 위해 게임과 장기자랑
의 프로그램이 있었다. 새마을여성회 회원과 ㅅ 1동 여성회 회원은 활동
기금을 마련하기 위해 음식을 만들어 팔거나 헌 물건을 팔았는데, 필자도
이에 동참하여 거들었다.

라포를 형성해가면서 연구는 진행되었다. 현장조사의 첫단계로 인터뷰
항목을 정하였고 1990년 12월에는 탐색연구로서 가내노동여성과 가외노
동여성 각각 4명씩을 대상으로 인터뷰를 하였다. 이러한 과정을 거쳐 인
터뷰 항목을 조정하였다. 둘째 단계에서는 가족구성원, 그들의 직업, 수
입 등 인구학적 배경을 묻는 간단한 질문지를 만들었고, 이어 1991년 3월
18일에서 29일까지 6명의 대학생과 공부방교사들의 도움을 받아 7개통의
가구 중 5분의 1에 해당하는 가구의 주부를 만나 조사하였다. 주부들을
만나 조사하는 데 있어서 집에 없는 여성들도 있었고 답변을 거부하여
어려움을 겪었다.

이러한 어려움 때문에 조사 표본수는 처음 계획했던 것보다 적은 259
명의 기혼여성들이었다. 이중에서 70명은 가내 하청일(부업), 10명은 집
근처에서 자영업,3) 96명은 가외노동자4)였다. 또한 13명이 무보수의 가업
종사자였고, 그리고 70명이 직업이 없는 가정주부들이었다. 이 조사는 낮
에 집을 비우는 여성들 때문에 토·일요일과 밤에 진행되었지만 응답 여
성 중 가외노동여성은 실제보다 적은 수일 가능성이 있다.

심층인터뷰 대상자는 초등학교 어린이인 12살 이하의 자녀를 적어도
한 명 이상 둔 기혼여성들로 제한하였다.5) 이는 자녀의 존재가 가내노동

---

3) 자기 집의 일부 또는 집을 빌려서 조그마한 가게를 운영하는 여성들이다.
4) 자기집 밖에서 작은 가게를 운영하는 여성 포함.
5) 12살까지 어린이를 가진 여성으로 제한한 것은 일반적으로 초등학생들까지
   를 어린이로 간주하며 중고등학생과 대학생을 청소년으로 간주하기 때문이다.

<표> 조사대상자의 직업별 분포

		질문지조사 대상자		12세 이하 자녀를 가진 조사대상자	인터뷰 대상자
집 또는 집 근처에서 일하는 여성	가내노동자	80	70	65	45
	자영업자		10		
가외노동자		96		58	45
가업종사자		13			
전업주부		70			
계		259		123	90

여성과 가외노동여성에게 각각 어떠한 영향을 미치는가를 분석할 수 있기 때문이다. 따라서 70명의 가내하청노동자 중 65명이, 96명의 가외노동자 중 58명이 각각 12살 이하의 자녀를 적어도 한 명 이상 둔 것으로 밝혀져 심층인터뷰의 대상자로 확정되었다(<표> 참조). 모든 대상자에게 인터뷰에 응해 주도록 요청하였다. 한 여성이 거절하거나 만날 수 없으면 또 다른 여성을 선택하였다. 그리하여 두 집단 각각 45명의 여성을 무작위로 선택하였다. 세번째 단계에서는 가내노동여성과 가외노동여성 45명씩에 대해 체계화된 인터뷰 항목을 중심으로 한국여성민우회가 운영하는 지역 도서실 책임을 맡은 간사의 도움을 받아 심층인터뷰를 실시하였다.

가내노동여성은 질문에 응답하면서 대개 하청일을 계속하였고 필자는 인터뷰하면서 하청일을 돕기도 하였다. 가외노동여성은 일요일에 빨래한다든지 하는 가사일을 하면서 인터뷰에 응했다. 인터뷰하는 동안 라포가 성립되어 보통 주요 질문에 대한 대답이 끝난 후에 여성들은 자신에 관해 보다 자유롭게 이야기했으며 필자와 편안한 마음으로 수다 떨었다.

인터뷰는 가내노동여성의 경우 보통 4~5시간이 소요되었으며, 가외노동여성의 경우는 2~3시간이 소요되었다. 가내노동여성의 경우는 노동조건을 구체적으로 물어볼 필요가 있어서 보다 긴 시간이 필요했다. 필자는 인터뷰 후에도 쉬어가거나 점심이나 저녁을 얻어먹으러 또는 수다 떨기 위해 가내노동여성들을 여러 차례 방문하였다. 가내노동여성과는 달리 가외노동여성의 경우는 대부분 집에 없었고, 있다 해도 밀린 집안일을 하느라 바쁘고 또 쉬고 싶어하기 때문에 3명에 대해서만 다시 방문하였다. 9명에 대한 인터뷰는 한국여성민우회가 운영하는 지역 도서실 책임자가 실시했고, 나머지 81명은 필자가 직접 인터뷰를 하였다.

집단토론은 가내 하청일을 하면서, 관광여행을 하면서, 또는 단오제나 모임을 준비하면서 이루어졌다. 여성들은 연애, 자녀, 노동조건, 이웃 등에 대해 이야기하였다. 그러나 가외노동여성의 경우 주중에는 물론 때로는 토요일과 일요일에도 집에 없는 일이 많기 때문에 집단토론은 이루어지기 어려웠다. 따라서 집단토론에서 가외노동여성은 참여도가 낮았다.

현장조사의 셋째 단계가 시작됐을 무렵, 중요한 정보제공자이고 조력자인 ㅎ 씨가 구의원에 출마하여 압도적 다수 표로 특히 빈민촌 주민들의 지지로 당선되었다. 필자는 그 선거에서 선거연설문을 썼고 주민들과 지역문제를 토론하고 이를 바탕으로 선거홍보물의 제작에 관해 조언하였다. 이 선거운동에 참여함으로써 지역문제를 보다 분명하게 인식하게 되었고 지역의 영향력 있는 주민들과 라포를 형성하였다. 선거에서 ㅎ 씨가 압도적으로 승리하자 인터뷰를 하는 것이 보다 용이해졌다. 주민들은 ㅎ 씨를 구의원으로 뽑은 것을 자랑스러워했고 또 자신과 자신의 문제를 ㅎ 씨에게 말하고 싶어하였다. 주민들은 ㅎ 씨 대신으로 필자를 기꺼이 만나고 또 자신들의 문제를 털어놓았다.

현장조사를 진행하면서 한편 1970년대 정부에 의해 강제로 이 지역에 이주해온 부동산 소개업자를 인터뷰하여 이 지역의 내력에 관한 정보를 수집하였다. 동시에 한국여성개발원의 도움으로 기존 연구와 우리나라 기혼여성의 경제활동에 관한 통계자료를 수집하였다.

넷째 단계는 첫째에서 셋째 단계까지 현장조사가 실시된 지 10여년 만인 1999년 3월에서 4월에 다시 현장을 방문하여 심층인터뷰 대상자 90명의 소재 파악을 실시하였고 이중 13명의 소재 파악을 하였다. 1990년과 1991년 사이의 현장조사에서 조사보조원으로 일했고 조사 현장에서 살면서 14년째 공부방의 책임자로 일하는 선생님이 조사 보조자가 되어 필자와 함께 이들을 대상으로 심층인터뷰를 시도하여 8명은 직접 만났으며 그 외에 5명은 다시 만난 조사대상자나 조사보조원과 이 지역에서 구의원으로 출발하여 현재 인천시의회 의원인 ㅎ 씨를 통해 간접적으로 소식을 들을 수 있었다. 이 지역의 특성상 인구 이동이 잦기 때문에 소수에 대해서만 근황을 추적할 수 있었던 것은 한계로 남는다.

제3장
여성에 관한 유교이념과 여성노동참여

여성들이 산업화된 우리나라의 노동시장에 참여함에 있어서 겪는 갈등을 이해하기 위해서는 유교이념을 살펴보는 것은 중요하다. 우리나라에 있어서 여성의 노동참여와 가정 내 지위에 관해서 논의하기 전에, 이 장에서는 유교이념과 우리나라 여성, 특히 기혼여성의 노동참여의 추세를 고찰하고자 한다.

유교이념은 조선조(1393~1910)의 국가 통치이념으로 채택되었고 그 후반기(17세기)부터 조선인들 사이에 광범위하게 수용되었다. 비록 경제발전과 서구의 영향에 따라 부분적으로 행동양식에 변화를 가져왔으나 사회규범의 근본적인 변화는 일어나지 않은 것으로 보인다. 전통적인 유교이념은 우리나라에서는 아직 지속되고 있고 행동양식의 근간을 이루고 있으며 서서히 변화하고 있는 것으로 보인다(Palley, 1990: 1137). 특히 여성은 유교의 전통적 이념에 의해 아직도 지배받고 있다. 그러므로 한국 기혼여성의 노동참여 상황에 대한 이해를 높이기 위해서는 유교이념에 있어 여성에 관한 부분을 검토할 필요가 있다. 따라서 이 장의 전반부는 유교이념상의 여성과 남성의 관계에 대해 논의하였다.

비록 유교이념에 근거를 둔 전통적 규범과 행동 그리고 기혼여성의 취업 사이에 모순이 있음에도 불구하고 노동시장에 참여하는 기혼여성들의 수는 최근 눈에 띄게 증가하고 있다. 기혼여성들은, 보다 나은 일자리를 가지게 된 미혼여성과 남자들이 남기고 간 자리를 메꿨다. 기혼여성들은 경제발전의 결과로 생긴 노동력 부족으로 인해 관심의 대상이 되었는데, 이 장의 후반부는 첫째로 우리나라에서의 노동력 부족과 기혼여성 노동력에 대한 수요를 분석하고, 둘째로 기혼여성의 노동시장 참여의 추세와 특징을 정부 공식 통계를 사용하여 논의하려고 한다. 이 논의에서 기혼여성과 미혼여성의 노동참여에 대한 최근 통계자료가 없어 분석에 한계가 있음을 밝힌다. 또한 공식 통계에 잡히지 않은 것으로 보이는 가내노동자(부업자)의 수를 추정하여 보고자 한다.

1. 여성 예속의 유교이념 - 남녀의 분리

유교이념은 인간 사이의 위계적 관계에 초점을 둔 규범이자 가치체계이다. 이는 도덕적 선과 인간 사이에 조화로운 관계를 어떻게 확립할 것인가에 관심을 둔다(Kim, Young-ock, 1987: 33). 여성에 대한 유교의 주요한 가르침은 오륜 중의 하나로 남녀관계를 규정한 '부부유별'에 기반한다(박용옥, 1976: 8). 유교 경전 『예기』에 의하면, 부부유별은 구체적으로 내외법을 규정하는데, 이는 첫째 생활과 사회적 공간의 분리, 둘째 남녀 사이의 행동 차이, 셋째 남녀 사이에 엄격한 노동분업을 규정한다(한명숙, 1985: 5-6, 35).

내외법에 의한 남녀간의 생활과 사회적 공간 분리의 규범에 의하면, 여성은 '안사람'으로 규정되고 남성은 '바깥주인' 또는 '바깥양반'[1]이다. 여성은 자신의 대부분의 삶을 외부 세계와는 격리되어 집에서 보내야 하는 것으로 생각되었다. 양반의 집에는 남성의 영역인 사랑채와 여성의 영

---

1) 여성은 단지 '사람'이지만 남성은 '주인'과 '양반'이라는 어미를 붙여 '사람'인 여성보다 높다는 뜻을 가진다.

역인 안채로 나누어져 있다. 방 두 개와 부엌 하나밖에 없는 가난한 서민
들의 집에도 방 두 개는 남성과 여성의 분리를 위해 남녀가 각각 사용했
는데 남성은 사랑, 여성과 어린이는 안방을 사용했다(조혜정, 1986: 151).
　　남녀간의 공간의 분리는 남녀에게 각각 다른 활동영역을 부과하는 성
별 노동분업을 내포하였다. 여성은 어머니로서 아내로서 매일매일의 가
정생활을 꾸려 나갔으며, 남성은 공적인 영역과 가계 부양자로서 지역사
회 일이나 집 밖의 친족에 대해 그 가구를 대표하였다. 여성은 가문의 계
승을 위해 남편의 아들을 낳고 키우며 남편과 시집식구 그리고 아이들의
뒷바라지를 하며 제사를 준비하는 역할을 해야 했다. 여성은 헌신적인 부
인이고 며느리이며 희생적인 어머니가 되어야 했다.
　　부부유별에 기반한 내외법은 성별 노동분업을 강조할 뿐 아니라 남녀
의 행동과 가치의 차이도 강조한다. 즉 여성은 약하고 부드럽고 순종적이
어야 하고 남성은 강해야 하며(한명숙, 1985: 6), 남자는 귀하고 여자는 천
하다[男尊女卑]는 것이다. 부드럽고 순종적인 여성은 남성보다 열등하고
천하기 때문에 자신의 삶을 통해 세 사람의 권위자에게 복종해야 하는데
어려서는 아버지, 결혼해서는 남편, 나이 들어서는 아들에게 순종하고 따
라야 한다[三從之道]는 것이다.
　　이러한 순종의 의무는, 여성은 단지 남성보다 열등한 존재로서 남성과
의 관계에서 파악된다는 것을 의미하며 반면 남편과 아버지 등의 가부장
은 여성과 다른 가족구성원에게 절대 권위를 발휘한다는 것을 뜻한다. 남
성에 대한 여성의 예속은 군신관계와 매우 비슷한 도덕적 규범의 일종임
을 의미했다(조경원, 1990: 99). 이러한 3중 순종의 규범 외에 '여자 팔자
뒤웅박 팔자'[2]라는 속담은 아내가 남성에 예속되어 있음을 나타내고 있
는 것으로 볼 수 있다.

---

　2) 여성과 뒤웅박 모두 남편이나 주인의 태도에 따라 그 삶이 달라진다는 것이
　　다. 우리나라에서 여성이 재혼할 경우 '팔자를 고친다'라고 표현한다.

성별 노동분업이나 남성에 대한 여성의 예속 외에, 내외법은 궁극적으로 여성의 순결을 지키기 위해 남성들로부터 여성을 분리시켜 집에 묶어 두려는 것이다(한명숙, 1985: 40). ‘여자와 사기그릇은 집 밖으로 돌리지 말아야 한다’ 또는 ‘여자와 불씨는 들쑤시지 말아야 한다’는 말로 여성들이 가능한 한 집 밖으로 나가지 못하게 하는 것은 남성들로부터 여성을 떼어놓으려는 것이다.

집안에서도 여성은 ‘남녀칠세부동석’이라는 말로 남자 형제와 친척들과도 같이 어울리지 않아야 했다. 여성들을 집안에만 머물게 하고 어린 시절부터 남자들과 격리하려는 것은 기본적으로 여성의 전 생애를 통해서 여성의 섹슈얼리티를 통제하려는 것이다. 특히 남편에 대한 정절은 엄격하게 요구되는데, 결혼생활 동안 칠거지악의 하나인 간통을 범할 경우 여성은 남편의 가족으로부터 쫓겨나게 된다.

여성의 성적 순결은 엄격하게 통제되는 데 비해, 남편은 자신이 원하면 얼마든지 많은 아내를 얻을 수 있으며 다른 여성과의 혼외정사는 자유롭다. 기생은 남성들에게 즐거움을 주기 위해 가무를 배운 여성들로 남성들은 여유만 있으면 얼마든지 자유롭게 이러한 여성들과 놀 수 있다. 아내의 경우는 시부모에 대한 불복종과 아들 못 낳는 것과 더불어 남편의 혼외정사나 첩을 질투하는 것도 칠거지악의 하나이다. 여성의 남편에 대한 성적 순결은 남편이 살아 있을 때는 물론 죽고 난 후에도 계속되어야 했다. 소학에 의하면 조선시대에는 불갱이부(不更二夫)라 하여 여성은 자신의 생을 통해 오로지 한 남자만을 섬겨야 했다(한명숙, 1985: 26).

유교이념에 의한 남편에 대한 여성의 정절 강조는, 법에 의해 강제하거나 국가에 의해 여러 가지 보상책으로 유도하거나, 또는 향교 등의 지역사회 교육기관이나 가족에 의한 사회화를 통해 시행되었다(이옥경, 1985: 38-63). 첫째, 여성의 재가는 재가금지법에 의하여 1477년부터 금지되었으며, 재가녀의 자녀는 여러 가지 불이익으로 고통받아야 했다. 즉 재가녀

자손금고법이 1485년에 제정되어 개가한 여성의 자녀는 양반계급에게 있어 나라의 고위 관직에 오르는 데 필수적이었던 과거시험에 응시하지 못하도록 하였다. 여성의 재가 또는 간통은 자식들의 장래를 망칠 뿐 아니라 자신과 남편의 가문에 가장 불명예스러운 행동으로 간주되었고 남편에게는 가장 수치스러운 일이었다.

반면에 어린 나이에 과녀가 되었으나 재가하지 않고 정절을 지키거나 자결한 열녀의 가족과 가문은 나라로부터 여러 가지 포상을 받았다. 열녀의 가족은 나라에서부터 쌀을 포상으로 받거나 강제노역을 감면받았다. 천민 가족의 경우 열녀로 지정되면 평민으로 신분이 상승되기도 하였다. 이러한 것은 당시 모든 계급의 사람들에게 큰 보상이었으며 한 여성의 생을 희생하여 친족이 생계를 유지하는 방편이 되었다(이옥경, 1985: 45-48).

국가에 의한 강제와 지원책으로 인하여 여성의 섹슈얼리티는 전 가족이나 친족의 번영을 위해 커다란 관심사가 되었고 여성의 행동을 모든 가족구성원이 주시하게 되었다. 여성 순결의 강조는 조선조 후기에는 정절이데올로기로 전개되었는데, 이는 지역사회에서의 교육과 가족을 통한 사회화의 과정에서 내면화되었다(이옥경, 1985: 52). 여성들은 남편과 자신의 가족의 번영을 위해 자신의 생을 희생하도록 사회화되거나 권장되었다. 여성들은 강간을 당하면 가족의 명예를 위해 자결하도록 가르침을 받았다.

조선왕조의 선행을 기록한 『동국삼강행실도』에는 1592년부터 7년간 계속된 임진왜란 때 356명의 여성이 강간을 당하였거나 또는 당하려는 위험에서 자살을 하였다고 기록되어 있다. 이는 가족이나 나라를 위해 충성을 다한 신하가 11명이었고 효성이 지극한 아들이 67명으로 기록된 것에 비하면 훨씬 많은 수였다(Kim, Young-ock, 1987: 34). 이는 여성의 섹슈얼리티를 통제하는 정절이데올로기가 얼마나 강했었는지를 나타내주는 것이다. 과부의 순결을 주장하는 정절이데올로기는 이 시대에 여성들에게 광범위하게 받아들여졌다(이옥경, 1985: 44).

유교의 이데올로기 자체가 여성과 남성을 분리함으로써 여성을 차별하려는 것은 아니라 할지라도 초기 유교의 분리 개념은 국가권력의 핵심에 있는 집단에 의해서 여성의 섹슈얼리티를 통제하는 것을 통하여 여성을 예속화하고 차별하는 기제로 사용되었다.

조선왕조 말기(19세기)에 이르러 여성을 예속화시키는 유교이념은 신 앞에서 여성과 남성이 모두 평등하다는 카톨릭의 전래 및 1860년 최제우에 의해서 창시된 동학의 평등사상(김경애, 1982)에 의해서 맹렬하게 비판받게 되었다. 마침내 한 세기 전 1894년 갑오경장 때 여성의 재가 금지와 자녀의 과거시험 금지 조항이 폐지되었으며 국가로부터의 열녀에 대한 지원이 중단되었다.

이러한 조처에도 불구하고 여성의 예속 이데올로기, 남편에 대해서 여성은 성적 순결을 지켜야 하지만 남편은 성적 자유를 누리는 성적 행위의 이중기준, 또는 성별분업이 완전히 소멸된 것은 아니었다. 홀아비의 재혼은 언제 하느냐 하는 시간상의 문제이거나 적당한 새 배우자를 어떻게 만나느냐의 문제이다. 반면에 과녀의 경우는 재혼이 당연한 것으로 받아들여지지는 않는다. 여성의 실절(失節)은 아직 가족의 불명예이고 남편의 사회적 권위를 파괴하며 자녀—딸은 어머니의 행동을 배운다고 생각되기 때문에 아들보다는 딸—의 앞날을 망치는 것으로 간주된다.

아내의 섹슈얼리티를 통제함으로써 또한 아내가 집안에 갇히어 가사노동을 전담함으로써 남성이 얻는 이득은 유교이념에 기반하고 있으며, 이러한 이데올로기는 우리나라 여성들의 삶에 아직도 큰 영향력을 발휘하고 있다. 그러나 유교이념의 물적 기반은 어느 때보다도 약해지고 있어 남성들은 여성들을 집안에 가두어 놓는 것에 갈등을 느끼고 있는 것 같다. 아내의 돈벌이에서 얻는 물질적 이득과, 아내를 집안에 가두어 놓음으로써 얻는 물적 이득과 이념적 통제를 잃을 수 있다는 가능성 사이에서 선택을 해야만 한다.

2. 기혼여성의 노동참여

유교이념에 기반을 둔 성별 노동분업은 농업사회에서도 실지로 여성을 생산에서 제외시키지는 않았다. 오히려 여성들은 상민이나 천민, 양반계층까지도 재생산뿐 아니라 집안에서나 주위에서 생산적인 일에 참여하였다(조혜정, 1986: 160). 여성들은 실 만들기, 옷감 짜기, 방아찧기, 바느질, 가축 돌보기, 채소 가꾸기, 된장·간장·고추장 만들기를 하였고 또한 제사를 위한 음식 준비를 해야 했다. 중산층과 가난한 농민 여성은 들일도 해야 했다. 비록 여성들이 하는 일은 낮게 평가되거나 가치가 없는 일로 간주되었지만 농사에서 중요한 씨뿌리기, 모내기, 물대기를 했다(Kim, Young-ock, 1987: 35).

그러므로 우리나라 여성들이 가정주부로 가사노동과 자녀양육에만 그 역할이 국한된 것은 산업화와 도시화로 인해 일시적으로 생산적 역할을 잃어버렸던 것뿐이다. 도시의 산업화된 일에서 생산에 참여한다는 것은 새로운 역할이 아니며 단지 산업노동의 맥락에서 여성들이 생산적 역할을 회복하는 것일 뿐이다. 그럼에도 산업노동은, 특히 집 밖에서 노동을 해야 하는 경우 여성들은 자신들이 머물러야 한다고 생각하는 공간인 '안'(집)에서 밖으로 나와야 한다는 점에서 그 성격이 다르다. 가정의 안방에 공간적으로 제한되어 머무르던 정숙한 여성이자 헌신적인 아내, 희생적인 어머니는 돈을 버는 노동자가 되었다. 여성이 자녀양육과 가사노동을 담당하는 성별분업과 여성의 순결은 여성들이 집 밖에서 돈벌이에 참여함으로써 위협받을 수 있다.

그럼에도 경제발전과 더불어 일부 여성들은 전통적인 가정 내의 책임과 여성의 행동 규범을 규정하는 유교이념과 배치됨에도 불구하고 집 밖에서 직업을 가진다. 반면 또 다른 일부 여성들은, 집 밖에서 일하는 여성들이 직면하는 딜레마를 해결하기 위하여 전통적인 역할 및 규범과 조화되는 일, 예를 들면 가내 하청일을 한다. 통계를 바탕으로 기혼여성의 노동참여에 관한 경향을 살펴보고자 한다.[3]

1) 노동력 부족과 기혼여성의 노동참여 증가

6·25전쟁(1950~53)으로 생산기반이 완전히 파괴됨에 따라 빈사상태에서 허덕이던 우리나라 경제가 1962년 제1차 경제개발 5개년계획이 시작된 이래 사상 유례없는 성장을 해온 것은 잘 알려져 있다. 경제성장률은 1982~90년에는 평균 9.4%를 기록했으며 이중 1986·1987·1988년에는 12%를 넘어 세계에서 가장 높은 성장률을 보이기도 하였다. 한국의 일인당 GNP는 1970년 243달러에서 1990년에는 5,569달러로 거의 23배 증가했으며 1995년에는 1만 달러를 넘어섰다.

이러한 고도의 경제성장은 수입대체와 수출지향적인 성장정책의 복합적인 결과로 나타난 것이었다. 초기에는 노동집약적인 경공업 중심으로 산업 발전을 이루어 나갔으나 나중에는 중화학공업을 집중 육성하였다. 이러한 전략은 수많은 새로운 노동자들을 흡수하면서 남녀에게 일할 기회를 확장했다. 전체 노동력[4]은 1970년도에 1천만명에서 1990년도에는

---

3) 『인구주택조사보고서』와 『경제활동인구연보』를 경제기획원이 발행했다. 『인구주택조사 보고서』가 『경제활동인구연보』보다 훨씬 신뢰도가 높은데, 이 조사는 매5년마다 전 가구를 조사하는 것이고, 후자는 매해 조사대상자를 선정하여 조사한다. 1970년과 1980년은 『인구주택조사 보고서』의 자료를 기초로 하였다. 그러나 1990년은 『경제활동인구연보』를 사용한다. 이는 『인구주택조사 보고서』가 1990년의 조사에서 노동력에 관한 정의를 대폭 바꾸었기 때문이다.

| <표 1> | 경제활동인구(1970·1980·1990·1995) | | | (단위: %, 천명) | |

		15세 이상 인구	경제활동인구	경제활동인구 비율	전체경제활동인구 중 여성의 비율
1970	여	9,629	3,625	37.6	34.9
	남	9,313	6,753	72.5	
1980	여	12,535	4,949	39.4	36.5
	남	11,461	8,606	75.1	
1970	여	9,194	3,615	39.3	34.9
	남	8,274	6,447	77.9	
1980	여	12,659	5,435	41.6	37.5
	남	11,804	9,001	73.6	
1990	여	15,897	7,474	47.0	40.4
	남	14,903	11,013	73.9	
1995	여	17,866	8,843	49.5	40.9
	남	16,870	12,409	75.6	

출처: 『인구주택조사보고서』, 1995; 『경제활동인구연보』, 1970, 1980, 1990, 1997

1,850만명으로 증가하였다. 전체 노동력의 증가와 더불어 여성 경제활동자 수도 지난 20년간 360만에서 750만으로 2.1배 증가하였다. 이는 남성 경제활동자 수가 같은 기간에 650만명에서 1,100만명으로 늘어나 1.7배의 증가에 그친 것에 비하면 그 증가폭이 훨씬 크다. 『경제활동인구연보』에 의하면 지난 25년간 여성의 비중은 전체 경제활동인구 중에서 34.9%에서 40.9%로 꾸준히 증가하였다(<표 1> 참조). 『경제활동인구연보』에 의하면 같은 기간 중 남성 참여율은 77.9%에서 75.6%로 약간 감소한 반면 여성 참여율은 39.3%에서 49.5%로 증가하여 여성 경제활동인구가 여성인구의 약 반수에 달하게 되었다.

---

4) 노동인구는 1990년에는 15세 이상으로 규정하였다. 1970년에는 13세 이상, 1980년에는 14세 이상이었다. 노동력 인구의 나이는, 고용에서 연소인구의 급격한 감소로 인하여 그 기준을 올린 것으로 여겨진다. 본 연구에서는 1970년에 13세와 14세, 1980년에는 14세 노동력의 수가 크지 않아 나이 차이는 무시되었다.

하지만 노동에 참여하는 남녀의 수가 모두 급격하게 증가하였으나 노동력의 수요에는 미치지 못했다. 70년대 중반 이후 경제상태와 관계없이 노동력 부족, 특히 비숙련 연소노동자와 미혼 남녀 노동자들의 부족이 나타나기 시작했다(Cho Uhn, 1990: 26). 1990년대 초까지 노동력 부족은 해소되지 않았다. 1991년 노동부가 발간한 14개 주요 산업에서 『노동현황조사』에 의하면 무직과 생산직에서의 노동력 부족 비율은 평균 5.3%인데 가장 높은 비율은 13.8%이며 가장 낮은 비율은 2%에 달했다. 공업단지 내의 생산직 노동력 부족 비율은 보다 높아 평균 6.1%에 달했다. 직업별로는 노동집약적인 제조업분야가 노동력 부족으로 가장 시달리는 것으로 나타났는데, 고무, 신발 제조업의 경우 각각 10.5%와 9.5%의 부족에 시달렸다.

중소기업의 경우 상황은 더욱 심각하여 노동집약적인 중소기업, 예를 들면 섬유, 신발, 의류 등의 산업은 더 심한 노동력 부족에 시달려 공장을 일부는 일시적으로 또는 영구히 폐쇄해야 했다. 중소기업협회가 수집한 자료에 의하면 5인 이상 고용하는 제조업의 경우 더 필요한 인력은 1991년 현재 19만 8천명이며 노동력 부족 비율은 1991년 15.2%에 달했다(『동아일보』, 1991. 7. 9.).

'여성 산업'의 경우 노동력 부족은 70년대 중반 이후 일시적이기보다는 만성적이라는 것이다. 조은은 다음과 같이 기술하고 있다.

평균 노동력 부족은 섬유, 의류, 목공예, 금속 조립과 기타 산업부문에서 훨씬 더 심각하다. 여성 산업에서 일자리를 구하려는 여성은 적은데 비해 20배 이상의 여성노동자가 필요하다. 여성노동력의 부족은 남성노동력의 부족보다 훨씬 심각한 것으로 드러났다(Cho Uhn, 1990: 26-27).[5]

---

5) 조순경도 비슷한 추세를 지적했다(조순경, 1989: 99-110).

1990년대에 들어서자 어떻게 노동력 부족을 해소할 것인가에 대해 정부, 사기업, 노동조합 및 여성단체간에 논쟁이 시작되었다. 첫째, 우리나라 경제구조가 노동집약적 산업에서 기술·자본집약적인 산업으로 전환해야 한다는 것이 하나의 방안으로 대두되었다. 둘째, 생산에서 공장자동화와 같은 보다 노동력을 절약할 수 있는 방안을 강구해야 한다는 주장이 제기되었다. 그러나 노동집약적 제조업부문, 즉 섬유, 봉제, 전자조립 등이 우리 경제에서 차지하는 비중은 여전히 크다. 예를 들면 2000년에도 섬유산업은 제조업 부문의 전 부가가치의 9 내지 19%를 생산할 것으로 보인다(박세일, 1988: 102). 그러므로 노동력 수요는 공장자동화가 이루어진다 해도 계속될 것으로 보인다.

공급 측면에서는 노동력 공급을 증대하는 세 가지 방안이 제시되었는데, 기혼여성의 노동참여 증대가 그 방안의 하나로 제시되었다(『동아일보』, 1991. 8. 1;『조선일보』, 1991. 3. 30; 6. 3; 7. 20).[6] 기혼여성의 노동참여를 증대시키기 위해서는 정부가 조성한 공단지역과 도시 저소득층 주거지역에 탁아소를 설립해야 하며, 동시에 기혼여성들이 산업과 공장 일에 보다 쉽게 적응할 수 있도록 기업이 점차 노동시간과 작업과정을 재조정해야 한다는 정책이 제안되었다(박세일, 1988: 102).

1991년에는 정부는 노동력 부족을 해소하기 위하여 공장과 서비스산업에서 기혼여성들을 시간제 취업을 도입한다고 발표했다. 여성단체들은 이 계획을 비판했는데, 고용에서의 여성의 지위를 불안정하게 하고 시간제 여성노동자들이 복지의 혜택 없이 더욱 저임금에 시달리는 결과를 초래할 것이라고 주장하였다(『조선일보』, 1991. 3. 30; 6. 3; 7. 20). 기혼여성 노동력 활용은 노동력 부족을 메꾸기 위한 방안으로 1990년대 우리나라에서 큰 관심사가 되었다.

---

6) 그 외에 노년자의 노동참여 증대와 외국의 싼 노동력과 중국의 한인 교포 노동력의 수입이 노동력 부족 해소방안으로 논의되었다(『동아일보』, 1991. 3.5; 7. 8).

<表 2>　　　　　　　혼인상태별 여성 경제활동인구　　　　　　(단위: %, 만명)

연도	미혼	기혼				미상	합계
			유배우	사별	이혼		
1970	28.9	69.3				1.8	100.0
			55.0	12.9	1.4		(3,575)
1980	33.7	66.3				0.0	100.0
			54.1	11.1	1.1		(4,617)
1980	28.0	72.0					100.0
			59.0	11.6	1.4		(5,222)
1990	24.5	75.5				0.0	100.0
			62.7	11.0	1.8		(7,341)
1996	25.2	74.8				0.0	100.0
			62.3	10.2	2.3		(8,224)

출처:『인구주택조사 보고서』, 1970, 1980;『경제활동인구연보』, 1980, 1990, 1997.

　　기혼여성은 '산업예비군'으로 간주되고 있으나, 우리나라 여성노동력에서 항상 절대 다수를 차지하였다(<표 2> 참조). 1970년대에 여성노동력의 약 2/3 가량이 기혼여성이었으며 1990년대에 와서는 3/4으로 증가하였다. 기혼여성의 경제활동률은 급격하게 증가하여 1989년에는 미혼여성의 비율보다 높아졌고 1995년에는 모든 기혼여성의 56.9%를 차지하였다(<표 3>).

　　1970년대에는 미혼여성 고용이 기혼여성보다 훨씬 큰 폭으로 증가하였는데 비해, 1980년대에는 미혼여성취업자가 15.4% 증가한데 비해 기혼여

<표 3>　　　　　　　혼인상태별 여성 경제활동 인구비율

연도 혼인상태	1970	1980	1980	1988	1989	1990	1995
기혼	36.9	35.6	42.5	45.0	46.8	47.0	35.5
미혼	44.3	49.1	44.8	45.1	45.6	45.6	56.9

출처:『인구주택조사 보고서』, 1970, 1980;『경제활동인구연보』, 1980, 1988, 1989, 1990, 1997.

| <표 4> | 직업과 혼인상태별 경제활동 여성취업자의 증가비율 | | | | | (단위: %) |

	취업여성		기혼		미혼	
	70~80년	80~90년	70~80년	80~90년	70~80년	80~90년
전문·기술·관리직	112.3	243.3	120.4	237.7	106.6	249.9
사무직	297.5	134.3	250.0	349.9	305.0	110.1
판매	56.8	130.6	50.7	135.6	106.4	104.0
서비스	18.0	168.8	101.3	267.2	-25.1	3.8
농림어업	0.5	-30.4	7.5	-23.8	-32.1	-95.0
생산	73.6	105.9	46.5	485.2	96.0	-42.4
계	29.2	60.9	23.5	81.8	51.0	15.4

출처: 『인구주택조사보고서』, 1970, 1980; 『한국의 사회지표』, 1991.

성취업자는 81.8% 증가하였다(<표 4> 참조).

연령별로는 기혼여성취업자가 가장 많이 몰려 있는 나이대는 <표 5>에서 보듯이 점차 젊어지고 있다. 1983년에는 기혼여성 중에 40~44세 연령 집단이 가장 많이 취업하였으나, 1986년에는 35~39세 연령 집단,

<표 5>	연령별 기혼여성의 경제활동인구(1983·1986·1989)		(단위: %, 천명)
	1983년	1986년	1989년
전체	3,488	4,315(23.7)	4,952(42.0)
15~19세	4	4(0.0)	3(-25.0)
20~24	112	124(10.7)	107(- 4.5)
25~29	346	475(37.3)	465(34.4)
30~34	420	607(44.5)	725(72.6)
35~39	488	630(29.1)	722(48.0)
40~44	594	612(3.0)	686(15.5)
45~49	556	628(12.9)	727(30.8)
50~54	441	520(17.9)	624(41.5)
55~59	279	367(31.5)	452(62.0)
60세 이상	248	348(40.3)	441(77.8)

출처: 『고용구조에 관한 특별조사』, 1983, 1986, 1989.

1989년에는 30~34세 연령 집단이 가장 취업률이 높았다. 30~34세 연령 집단은 1983년과 1986년 사이에 취업률에 있어서 가장 많이 증가하였고, 1986년과 1989년 사이에는 60세 이상 연령 집단에 이어 두번째로 취업률이 많이 증가했다. 1988년에 한국 여성의 혼인연령이 평균 25세(한국여성개발원, 1990: 86)라는 것을 감안하면, 여성들은 어린 자녀가 있는데도 불구하고 일하는 사람들이 늘어나고 있음을 알 수 있다. 어린 자녀가 있는 여성들이 과거 어느 때보다 점점 더 많이 유급노동에 종사하고 있는 것으로 보인다. 지난 20년간 기혼여성들은 보다 적극적으로 직업을 가지려고 하고 또 취업을 하고 있다고 할 수 있다.

그러나 1997년 경제위기 이후 기혼여성들은 정리해고에서 일차적인 대상이 되었다. 그동안 노동력 부족 현상과 여성단체 등의 노력이 맞물려 결혼퇴직제가 없어지면서 결혼 후에도 공식부문에서 노동참여를 계속해온 여성들이 해고의 일차적인 대상자가 된 것이다. 그러나 노동시장의 유연화로 인한 시간제, 임시직이 늘어나면서 기혼여성들을 위한 저임의 일자리가 늘어나고 남편의 불안정한 수입과 실직 등으로 인해 기혼여성의 노동시장 진입은 늘어날 전망이다.

이미 이러한 경향은 현실로 나타나고 있다. 1997년 경제활동인구는 전년에 비해 2.0% 증가하였으며 경제활동 참가율은 남성의 경제활동 참가율이 0.5% 포인트 줄어든 반면 여성의 경우 0.8% 포인트 높아졌으며 취업자수에 있어서도 취업자 증가폭이 크게 둔화되었지만 남성이 7만 9천명이 증가한데 비해 여성은 20만 5천명이 증가하여 여성취업자 증가폭이 남성에 비해 2.5배에 달하고 있다(통계청, 1998: 21). 이러한 사실은 실직한 남편을 대신하여 취업전선에 뛰어들려는 여성들이 많아진 때문으로 분석된다. 또한 남성 실업자의 1/5 정도가 부인의 소득으로 생계를 유지하고 있는 것으로 나타났으며 특히 40대 이상의 중장년층 남성 실업자의 경우 전체 38.5%가 배우자 소득이 주된 수입원이었다(금재호, 1997: 88).

2) 노동시장에서의 성별 분리

노동시장은 수직적·수평적으로 여성을 분리시키고 있으며 성에 따라 고용상의 지위에 차별을 두고 있다(Hakim, 1979). 즉 우리나라 노동시장도 성적으로 분리되어 있으며 여성노동력은 몇몇 특정 산업에 집중되어 있다(Chang-Michell Philwha, 1988: 104; Cho Hyoung, 1986: 164). 직업에서의 성별 분리의 결과로 여성들은 소위 말하는 '여성 산업'에서 노동집약적 저기술의 단순직에 몰려 있으며, 자본주의 위계구조에서 보다 낮은 위치에 처해 있다. 이러한 직업들은 여성의 전통적 성역할과 밀접하게 연관되어 있는데(Cho Hyoung, 1986: 159), 직업상의 성별 분리는 1980년대에 와서 더욱 심화되고 있다(한국여성개발원, 1991: 145).

종사상의 지위에 있어서는 여성은 남성보다 무보수 가업종사자가 훨

<표 6> 　성별 종사상 지위(1990)　(단위: %)

	남	여	합계
1990			
자영업	34.8 (72.9)	18.8 (27.1)	(100.0)
무급가족 종사자	2.5 (12.9)	24.7 (87.1)	(100.0)
피고용인	62.7 (61.7)	56.5 (38.3)	(100.0)
계	100.0 (59.3)	100.0 (40.7)	(100.0)
	10,695	7,341	
1995			
자영업	33.8(70.4)	20.4(29.6)	(100.0)
무급가족 종사자	1.5(9.8)	19.6(90.2)	(100.0)
피고용인	64.7(60.7)	60.0(39.3)	(100.0)
계	100.0(58.9)	100.0(41.1)	(100.0)
	12,383	8,639	

주: 고용주는 이 통계에서는 따로 분류되지 않았다.
출처: 『경제활동인구조사연보』, 1990.

씬 많으며 자영업자는 더 적은 것 같다. <표 6>을 보면, 1990년과 1995
년도에 가업종사자의 절대 다수가 여성이다. 이에 비해 자영업자의 경우
1995년에는 1990년에 비해 여성 자영업자가 훨씬 많이 늘어났으나 남성
자영업자는 여성 자영업자의 2배 이상으로 여전히 절대 다수를 차지하고
있다. 남성과 여성 노동자 사이의 종사상의 차이는 1980년 조형이 이러한
차이에 대해 지적(조형, 1986: 162)한 것과 비교해 볼 때, 1990년대에 자영
업자 비율에서 약간의 변화는 있으나 전체적으로 볼 때는 거의 변화하지
않았다. 노동시장에서의 직업별 성별 분리와 종사상의 지위의 차이로 초
래한 성별 노동분업은 1990년대에도 지속되고 있었다.

3) 성별로 분리된 노동시장에서의 혼인별 분업

여성들은 이미 언급한 바와 같이 노동시장에 남성들과는 다른 형태로
편입된다. 우리나라 여성노동력 참여의 추이에 대한 기존 연구[7]에서는
기혼과 미혼 여성은 노동시장에서 여성의 지위를 논의함에 있어 일반적
으로 동일한 집단으로 분류되고 있다. 그러나 미혼과 기혼여성이 노동시
장에 꼭 같은 방식으로 참여하는 것은 아니다. 노동시장에의 여성의 편입
은 혼인상태에 따라 다르다. 혼인별에 의한 여성의 직종과 종사상의 지위
를 살펴보고자 한다.

① 직종별 분포
취업 여성들은 지난 20년 동안 기혼과 미혼 여성들 사이에 직종별로
첨예한 차이를 보이고 있다. 직종 중에서 농업은 기혼여성들의 전형적인

---

7) 우리나라 남성과 비교한 여성노동시장 참여에 관한 연구는 정진화, 1992; 박
   영진, 1990: 71-90; Cho Hyoung, 1986: 150-172; 1987: 223-248; Chang-Michell
   Philwha, 1988: 98-129 참조.

영역이다. 농업부문에서는 1980년까지 미혼여성들의 수가 줄어든 데 비해 기혼여성들의 수는 증가하였다. 이는 도시부문의 노동력의 전반적인 변화 양상과는 대비된다. 농업부문의 기혼여성 수는 계속 기혼여성 취업의 가장 큰 부문을 차지하고 있다. 미혼여성의 경우는 농업부문 취업이 1970년에서 1980년 사이에 32.1%가 줄어들었다(<표 4> 참조). 농촌지역의 기혼여성들은 남성과 미혼여성이 도시 지역으로 이주해 가버리고 남긴 공백을 메꾸기 위해, 경제 발전에서 우선 순위에서 가장 밀리고 그리하여 가장 후진적인 부문이 되어버린 농업을 떠맡게 되었다. 그러나 1980년대에는 농업의 전반적인 축소로 인하여 기혼여성 종사자도 2만 5천명(23.8%)이 줄어들었다(<표 4> 참조).

산업노동에로의 진입이 경제발전과 더불어 심화되자, 생산부문에서의 여성노동의 수요는 급격히 증대했다. 여성의 취업은 생산직에서 압도적으로 증대되었는데, 1970년의 52만 천명에서 1990년에 약 190만명으로 3.6배 이상 늘어났다(<표 7> 참조). 1970년대에는 이러한 직업에서 미혼여성의 취업이 급격하게 증가하여 농업부문에 이어 여성들이 두번째로 가장 많이 종사하는 직업이 되었다.

그러나 1980년대에는 다른 양상이 나타났다. 첫째, 생산직은 여성이 가장 많이 종사하는 부문이 되었다. 둘째, 1980년대에는 생산직 참여에 있어 미혼여성이 42.4% 감소한 반면 기혼여성은 거의 5배 증가하면서 생산직에서 다수를 차지하게 되었다(<표 4> 참조). 생산직에서 기혼과 미혼여성이 차지하는 비중은 1990년에 이르러 반전되었다. 즉, 1980년에 생산직에 종사하는 여성의 2/3가 미혼여성이었던 반면, 1990년에는 생산직 여성노동자의 3/4 이상이 기혼여성이 차지했다. 생산직 부문은 기혼여성의 일터가 되고 있다(<표 7> 참조).

기혼여성이 다수를 차지하는 또 다른 부문은 판매직과 서비스직으로, 각각 세 번째와 네 번째로 기혼 여성이 많이 종사하는 부문이다. 비록 생

<표 7> 혼인별 취업여성의 직업분포　　　　(단위: %, 천명)

	년도	미혼	기혼			미상	합계
			유배우	사별	이혼		
전문·기술·경영·관리	1970	54.2	45.5/37.3	6.4	1.8	0.3	2.2/(77)
	1980	52.8	47.2/42.5	3.6	1.1		3.5/(164)
	1990	53.7	46.3/41.3	3.5	1.4		7.7/(563)
사무 관련 직종	1970	88.2	11.5/8.7	2.0	0.8	0.3	2.8/(100)
	1980	89.9	10.1/8.9	0.9	0.3		8.7/(400)
	1990	80.7	19.3/18.7	0.4	0.2		12.8/(937)
판매	1970	12.1	87.5/62.8	21.4	3.3	0.4	9.6/(343)
	1980	16.0	84.0/67.1	14.8	2.2		11.7/(539)
	1990	14.1	85.9/73.7	10.4	1.8		16.9/(1,243)
서비스	1970	58.7	36.7/20.6	10.9	5.2	4.6	10.8/(385)
	1980	37.3	62.7/43.1	14.6	5.0		10.9/(455)
	1990	14.4	85.6/63.8	16.3	5.5		16.7/(1,223)
농업	1970	13.8	84.8/70.1	14.2	0.5	1.4	59.7/(2,135)
	1980	9.3	90.7/75.9	14.5	0.3		46.5/(2,146)
	1990	0.7	99.3/80.8	18.3	0.2		20.4/(1,494)
생산	1970	63.6	33.4/25.6	6.6	1.2	0.0	14.7/(526)
	1980	71.8	28.2/22.6	4.8	0.8		19.8/(914)
	1990	20.1	79.9/68.8	9.6	1.5		26.3/(1,882)
기타	1970	53.4	45.6			0.0	0.0/(5)
계	1970	(1,031)	(2,475) (1,966)	(461)	(51)		100.0 (3575)
	1980	(1,557)	(3,059) (2,497)	(512)	(51)		100.0 (4617)
	1990	(1,799)	(5.542) (4,603)	(808)	(132)		100.0 (7,341)

주: 1995년도 통계는 직업별 취업자 분포 내용이 바뀌어 비교 불가.
출처: 『인구주택조사 보고서』, 1970; 1980; 『한국의 사회지표』.

산직만큼이나 빠르게 증가한 것은 아니지만, 여성 노동자의 절대 수에 있어 지난 20년간 판매직에서는 34만 3천명에서 124만 3천명으로 3.6배 증가하였으며, 서비스직에서는 38만 5천명에서 122만 3천명으로 3.2배 증가하였다. 판매직에서는 기혼여성들이 지난 20년간 다수를 차지해왔으며 기혼과 미혼여성이 차지하는 비율이 노동력에서 가장 급격한 변화가 일어난 곳이 서비스직이었다. 즉, 1970년에 서비스직에서 미혼여성이 여성 노동 인구의 절대 다수를 차지하였으나 20년 후에는 그 비율이 반전되어 1990년에는 기혼여성들이 서비스직에서 절대 다수(85.6%)를 차지하였고, 미혼여성들은 14.4%를 차지하였을 뿐이다(<표 7> 참조). 우리나라에서 서비스직 또한 지난 20년 동안에 기혼여성의 일로 굳어졌다. 그리하여 기혼여성들은 농업·서비스·판매·생산직에서 노동력의 다수를 차지하고 있다.

반면에 사무직은 전형적인 여성의 일을 포함하는데 예를 들면 타이피스트, 전화교환원, 경리 등으로 계속 미혼여성들이 주로 고용되었다. 이 직업은 여성노동력의 참여가 가장 큰 비율로 증가한 부문으로 지난 20년 간에 9배가 증가하였다. 기혼여성은 1980년대에 그 비율이 증대하였으나 이 직종은 계속 미혼여성들의 직종으로 남아 있으며 1990년에도 여전히 80.7%를 차지했다. 전문직, 행정·기술직에는 기혼과 미혼여성 모두 다 고용이 증대되었으나 미혼여성들이 항상 그 대다수를 차지했다.

기혼여성 중에서도 혼인별 상태에 따라 차이가 있다(<표 7> 참조). 남편과 사별한 과녀들은 남편이 있는 기혼여성과 비슷한 형태를 보이나, 이혼여성의 노동시장 참여는 다르다. 두드러진 차이는 이혼여성의 대부분이 서비스부문에 종사하고 남편이 있는 기혼여성이나 과녀보다도 농업에 종사하는 경향이 적다는 점이다. 이와 같은 사실에서 볼 때 여성은 혼인별 상태에 따라 직종상의 위치가 크게 달라진다는 것이 분명하다.

그러나 기혼과 미혼 여성의 직종상의 상대적 차이를 논함에 있어 직종의 분류를 넓게 잡는 것은 현실을 잘 설명하기에는 미흡하다. 그러한 분류가 직업별 지위상의 차이점을 은폐시킬 수 있다. 다시 말해 같이 분류된 직종에서도 미혼여성과 기혼여성은 다른 지위에 있을 수 있다. 기혼여성들은 미혼여성들이 기피하는 더 낮은 직종에 몰려 있을 수 있다. 예를 들면, 1986년도 생산직 중에서 담배산업에 종사하는 노동자의 97%, 음식산업의 40%, 신발 제조업의 37%가 기혼여성들이었다(조순경, 1989: 100). 기혼여성들은 미혼여성과 남성노동력이 떠난 생산직을 메꾸었으며 비숙련·저임금의 일에 배치되었으며(Cho Uhn, 1990: 28), 미혼 여성노동보다 더 열악한 노동조건 속에서 고통을 받는다. 결과적으로 기혼여성들은 직업 위계구조상 가장 낮은 위치에 있으며 최악의 노동조건 속에서 일하고 있다고 할 수 있다.

② 종사상의 지위

미혼여성과 기혼여성은 종사상의 지위에 있어서도 분리되어 있다. 기혼여성은 피고용자인 경우를 제외하고는 모든 종사상의 지위에서 대다수를 차지하고 있다(<표 8> 참조). 피고용 여성 중에서 1970년대에는 미혼여성들이 증가한 반면 1980년대에는 기혼여성들이 늘어났다.

기혼여성의 종사상의 지위를 보면 1970년대에는 주로 가업종사자였으며 미혼여성의 경우 대부분이 임노동자였다(<표 8>). 기혼여성 가업종사자의 절대 다수는 농업에 종사하였으며 나머지는 가족이 경영하는 가게 등 서비스업에서 일하였다. 이러한 분포는 분야와 산업의 변화로 인하여 바뀌었다. 농업의 위축으로 인하여 농업노동여성들의 수와 여성 가업종사자의 비율이 줄어들었다. 1990년까지는 기혼여성 고용에 있어 가업종사자가 차지하는 비율이 31.7%로 떨어져 기혼여성 중 임노동자가 차지하는 수보다 적어졌다.

기혼여성의 유급 고용이 증가한 것은 판매, 서비스, 특히 생산직 참여에의 증가 때문이다. 그러나 앞의 <표 1>은 미혼여성의 임노동이 기혼여성보다도 계속하여 훨씬 더 많다는 것을 나타내고 있다. 1990년에 임노동에 종사하는 기혼여성은 전 기혼여성 수의 반에도 못 미치나 미혼여성의 경우는 93.1%가 임노동에 종사하였다. 비록 기혼여성들 가운데 자영

	연도	미혼	기혼			합계
			기혼 전체	유배우	무배우(사별·이혼)	
고용주	1970	4.7	95.3	39.0	56.3	19.9
	1980	11.2	88.8	62.8	26.0	1.6
	1990	8.5	91.5	69.4	22.1	2.7
				(12.6)	(9.5)	
자영업자	1970	19.1	80.9	23.8	57.1	1.5
	1980	5.7	94.3	56.8	37.5	19.3
	1990	5.3	94.7	63.7	31.0	16.1
				(28.3)	(2.7)	
가업종사자	1970	16.1	83.9	75.8	8.1	54.0
	1980	10.2	89.7	83.7	6.0	45.3
	1990	2.4	97.6	93.5	4.1	24.6
				(4.0)	(0.1)	
피고용자	1970	50.6	49.4	22.7	26.7	25.0
	1980	71.1	28.9	21.9	7.0	33.8
	1990	40.3	59.7	48.7	11.0	56.6
				(9.1)	(1.9)	
계	1970	22.5 (9,498)	77.5 (25,446)	54.6 (20,272)	22.9 (5,174)	100.0 (34,944)
	1980	30.0 (13,739)	70.0 (32,067)	57.3 (26,231)	12.7 (5,836)	(45,806)
	1990	24.5 (1,799)	75.5 (5,542)	62.7 (4,605)	12.8 (937)	(7,341)a
				(808)	(132)	

주: 1990년도의 단위는 1,000.
출처: 한국여성개발원, 1986, 『여성통계연보』와 『한국의 사회지표』, 1991를 재계산.

업이나 가업종사자의 수가 줄어들긴 했으나 1990년에 기혼여성 중 각각 20.0%와 31.7%가 아직 자영업이나 가업종사자였는데 비해 미혼여성은 각각 3.5%와 2.4%에 불과하였다. 더 나아가 남편이 없는 여성들은 남편이 있는 기혼여성들보다 자영업자가 많고 가업종사자가 적었다(<표 8>). 1990년도에 남편이 없는 기혼여성들 중 이혼한 여성들은 피고용자가 많

	연도	미혼	기혼			합계
				유배우	무배우(사별·이혼)	
고용주	1970	4.1	24.5	14.2	48.9	19.9
	1980	0.6	2.0	1.7	3.2	1.6
	1990	1.0	3.3	3.0	4.7	2.7
				(3.1)	(14.1)	
자영업	1970	0.9	1.1	0.5	2.6	1.5
	1980	3.7	26.1	19.2	56.9	19.3
	1990	3.5	20.0	16.4	38.9	16.1
				(41.4)	(24.5)	
가업종사자	1970	38.7	58.5	74.9	19.2	54.0
	1980	15.5	58.0	66.2	21.3	45.3
	1990	2.4	31.7	36.6	7.9	24.6
				(9.0)	(1.5)	
피고용자	1970	56.3	16.0	10.4	29.2	25.0
	1980	80.2	14.0	12.9	18.6	33.8
	1990	93.1	44.8	44.0	48.5	56.6
				(27.7)	(47.4)	
합계	1970	100.0	100.0	100.0	100.0	100.0
	1980	100.0	100.0	100.0	100.0	100.0
	1990	100.0	100.0	100.0	100.0	100.0

출처: <표 8>과 같다.

았던 반면 과녀의 경우에는 자영업자가 많은 경향을 보였다.

　분명히 기혼여성과 미혼여성의 노동참여의 형태는 직종뿐 아니라 종사상의 위치에서도 매우 다르다. 그리고 기혼여성 중에서도 그 차이가 나타난다. 여성은 혼인별에 의해 노동시장 참여에 분리가 나타난다. 이것을 '여성들 사이의 혼인별 분업'(marital division of labour)이라고 할 수 있다.

4) 정부 통계에서 빠진 가내노동여성수의 추정

비록 정부 통계가 우리나라의 산업발전과 더불어 여성들, 특히 기혼여성들의 노동참여가 증가하는 것을 잘 보여주기는 하지만, 공식적인 노동통계에서 '비경제활동인구'로 분류된 많은 여성들이 실지로는 여러 가지 비공식활동을 통해서 수입을 얻고 있다. 도시의 빈민가족만 그러한 비공식활동에 참여하는 것이 아니라 중산층 여성의 거의 모두가 노동자계급 여성과 마찬가지로 활발하게 비공식부문에 참여하여 수입을 올리고 있다 (Cho Uhn & Koo, 1983). 더욱이 노동시장에 참여하고 있는 기혼여성들 중, 특히 가업종사자, 시간제 노동자 및 가내노동자로서 일하고 있는 많은 여성이 공식 통계에서 잘 잡히지 않고 있다.

통계 조사에 응한 남성 응답자들은 그 부인의 가정 내의 일과 가계에의 공헌을 무시하기도 하며 또는 조사자가 조사가 시행될 때 집에 머무르고 있는 여성을 비활동 경제인구로 질문 없이 분류할 가능성도 있다. 또한 기혼여성들 스스로도 일하지 않는 가정주부로 간주하여 자신의 경제활동을 낮게 평가할 수도 있다.

특히 가내노동여성의 경우에는 얼마나 많은 가내노동여성이 피고용 여성 부문에 포함되어 있는지를 공식 통계에서 알 수가 없다. 1990년도 고용에 관한 통계에서 가내노동여성은 시간제 노동자로 정의되었다. 그러나 가내노동여성들은 통계에서 스스로 자신을 피고용자라고 답하지는 않은 것으로 보인다. 이 연구의 연구대상자 중 거의 모든 가내노동여성이 1990년 11월 경제기획원에서 실시한 인구주택조사에서 스스로를 유급 일을 하지 않는 가정주부라고 응답했다고 한다. 대부분의 가내노동여성들은 다른 비공식부문의 노동자와 마찬가지로 우리 정부 통계에서 빠진 것으로 보인다.

다만 빈민촌의 기혼노동여성에 대한 기존 연구를 통해서 가내노동여성의 수를 추정해 볼 수 있을 뿐이다. 조은과 조옥라는 서울 빈민촌에서는 여유 돈이 있는 가구를 제외하고는 (거의 모든 가구가 여유가 없다) 거의 모든 여성이 부업을 하고 있다고 주장했다(조은·조옥라, 1988: 78). 그 수가 과장됐을 수는 있으나 이러한 표현은 빈민촌에 가내 하청일이 얼마나 광범하게 퍼져 있는지를 잘 보여준다.

안순덕과 변화순(1988)은 우리나라 빈민촌에 관한 연구에서 가내노동여성의 수에서 가장 높은 비율을 밝히고 있는데, 연구대상 표본 994명의 기혼여성 중에서 41.4%가 가내노동여성이라는 것이다. 박계영(1982) 및 손덕수와 이미경(1983) 또한 서울의 빈민지역 기혼여성의 약 40%가 가내노동여성이라고 한다. 조형은 서울의 빈민촌 연구에서 기혼여성 표본 중에 36.4%, 이효재와 지은희(1988)의 연구에서 남성 공장노동자의 부인의 35%, 김은실(1983)의 연구의 표본에서 기혼여성의 1/4이 가내노동여성이라고 밝혔다. 현대리서치연구소에서는 500명의 중산층 여성의 6.3%가 집에서 돈벌이를 하고 있다고 보고했다(『동아일보』, 1988. 10. 12).

그러나 기혼여성 노동자에 관한 가장 큰 표본을 대상으로 전국적으로 실시한 연구에서 노미혜 등(1989)은 표본의 9.4%가 가내노동 여성임을 밝혔다. 비록 우리나라에서 교통의 발달로 일감의 기동성은 한층 높아졌으나 그 비율은 아직도 지역에 따라 다르게 나타나는 것으로 볼 수 있다. 만약 지역이 공단에 가까이 위치하면 가내 하청일을 할 기회가 훨씬 높고 그래서 그러한 지역에 사는 여성들은 가내노동자로 일할 가능성이 커지는 것이다.

이러한 연구 결과로 우리나라 가내노동여성의 수를 측정하기란 매우 어렵다. 단지 대략 추정할 수 있을 뿐이다. 한국여성개발원의 노미혜 등(1989)이 가장 최근에 전국적으로 가장 많은 포본으로 조사한 연구에서 나타난 비율(9.4%)을 사용한다면 1990년 우리나라에는 최소한 약 110만명의 가내노동여성이 있는 것으로 추정할 수 있다.

제4장
ㅅ1동의 여성들

제3장에서 본 바와 같이 우리나라의 공식 통계에 따르면 기혼여성의 노동시장 참여는 급속하게 증가하여왔다. 더욱이 유급노동을 하면서도 통계에는 잡히지 않은 기혼여성들도 분명히 많다. 그러나 유교에 바탕을 둔 기혼여성의 전통적인 성역할, 즉 여성을 가정 내로 한정시키는 것은 여성의 노동시장 참여와 조화되지 않는다. 특히 여성의 가사책임과 양립되지 못하기 때문에 여성은 가외노동을 하기 어렵다.

이러한 어려움이 있음에도 ㅅ 1동의 일부 기혼여성들은 집 밖에서 유급노동을 하고 있다. 그들은 공장이나 음식점에 고용되어 일하거나 자영업자 또는 가업종사자도 있다. 다른 일부 여성들은 여러 가지 문제를 해결하고자 집안이나 집 부근에서 벌이를 하고 있다. 가외 유급노동과는 달리 집안이나 집 부근에서 일하는 것은 가사책임과 양립되고 집 테두리 내에서 일한다는 점에서 전통적인 일인 농사짓기나 가축 기르는 것과 비슷하기 때문에 커다란 마찰 없이 여성이나 남성들이 받아들일 수 있다. 그러한 여성들은 가사를 돌보고 집에서 작은 가게를 운영하거나 집이나 그 부근에서 남편이 하는 일을 돕는다. 일부 다른 여성들은 그 지역에서 돈벌이를 하지 않고 가정주부로서 머물러 있다.

이 장에서는 노동자들이 주로 사는 ㅅ 1동의 7개통에 거주하는 여성들이 하는 일과 집안사정을 개관하고자 한다. 이는 259명을 대상으로 한 간단

<표 1> 　　　　　　　　　　　　　　　　　여성 취업형태

가외노동자	96(명)		37.1(%)	
공장노동자		63		24.3
식당종업원		13		5.0
기타		20		7.7
집 근처와 가내노동자	80		30.9	
가내노동자		70		27.0
가계운영자		10		3.9
무급 가업종사자	13		5.0	
전업주부	70		27.0	
계	259		100.0	

한 질문지조사와 가내노동자 45명, 가외노동자 45명을 대상으로 한 심층 면접의 결과를 기초로 하고 있다. 259명의 여성은 <표 1>에서 볼 수 있는 것처럼 ① 집 밖에서 일하는 사람, ② 집이나 그 부근에서 일하는 사람, ③ 무보수의 가업종사자,[1] ④ 가정주부의 네 집단으로 분류할 수 있다.

259명의 여성 중에서 가외노동자가 다수로, 그 중 1/3 이상(37.1%)을 차지했다. 조사지가 산업단지와 가깝게 위치하여 일자리가 풍부하여 여성들이 가외에서 일자리를 가지는 것이 당시 어렵지 않았으며 가외노동자의 거의 2/3가 인근 공장에서 일을 했다.

80명의 여성이 집이나 집 근처에서 일을 하여 두번째로 큰 비중을 차지했다. 가내하청 노동자들이 집이나 집 근처에서 일하는 여성의 87.5%를 차지하고 전체 조사대상자의 1/4 이상을 차지하고 있어, 가내 하청은 그 지역에서 여성들이 돈벌이하는 두번째의 주요 수단이 되고 있음을 알 수 있다. 나머지 여성들은 그 지역 내에서 조그마한 가게를 열어 자영을

---

1) 가업종사자는 집에서나 집 근처, 또는 집 밖에서 일하는 여성의 분류에서 제외되어 따로 분류하였다. 13명 중의 10명은 집에서나 집 근처에서 남편을 도와서 일하고 나머지 3명은 집 밖에서 일하였지만, 그들은 자신 만의 수입을 가지지 못한다는 점에서 위의 두 집단의 여성들과 다르다.

하는 여성들이었다.

　비록 그 지역의 대다수의 여성들이 돈벌이를 하고 있으나 동시에 적지 않은 수의 여성들이 돈벌이를 하지 않고 있었다. 유급노동을 하지 않는 여성들은 대부분 가정주부들이며 나머지는 보수 없는 가업종사자들이었다. 농촌지역과는 달리 가업종사자는 그렇게 많은 편은 아니었다. 결과적으로 이 지역에서는 취업과 관련하여 가내노동자, 가외노동자, 무보수 가정주부로 여성의 주요한 세 가지 위치를 규정할 수 있다.

　이 장에서는 우선, ㅅ 1동의 7개통에 사는 가내노동자, 가외노동자, 무보수 가정주부 등 세 가지 행태에 대한 일반적인 성격을 236가구[2])에 대한 짧은 질문지를 통해서 얻은 자료에 근거하여 설명하려고 한다. 45명의 가내노동자와 45명의 가외노동자는 주요 연구대상으로 비교 연구를 위해 주요 문항을 심층인터뷰하였는데, 이들을 질문지조사 대상 집단인 236가구과 비교 분석하였다. 특히 우리나라와 다른 나라에서 행해진 기존 연구에서는 흔히 가내노동자들은 저학력·무기술의 기혼여성이라고 주장하는데 이에 관해 논의한다.

　여성의 나이, 혼인상태, 교육, 수입, 여성들이 살고 있는 가구의 형태와 크기를 탐색하려 한다. 더 나아가 이 지역의 기혼여성에 대한 일반적인 이해를 바탕으로 45명의 가내노동자와 45명의 가외노동자에 대해서 특징을 부가적으로 보다 자세하게 살피려고 한다. 즉 첫째, 남편 및 친정 가족 배경, 혼전후의 노동 경험을 살펴보고, 둘째, 현재 종사하고 있는 일 종류, 작업 일수, 시간, 수입 등을 통해 노동조건을 검토하려고 한다. 셋째, 여성들이 서로 다른 일을 하고 있는 여성들에 대해 어떻게 생각하는지를 알아보려고 한다.

---

2) 여기에는 <표 2>에서 나타나듯이, 집에서나 집 근처에서 자영을 하는 영세
　상인(10 사례)과 무임의 가업종사자(13사례)는 제외하였다.

1. 여성들의 일반적인 특징

236세대에서 드러난 세 부류의 여성들은 연령, 교육정도, 혼인상 지위 그리고 세대의 구성 및 규모에 있어서 차이점도 있고 유사점도 보여주고 있다. 첫째로 236명의 여성 중 대부분이 30대이고 그 다음이 20대, 40대 이며, 평균 연령을 보면 가외노동여성이 가내노동여성보다 나이가 많으며, 그러나 주부보다는 젊다(<표 2> 참조). 45명의 가내노동여성의 연령은 45명의 가외노동여성보다 젊으며, 연구대상 집단에서는 더 많은 가내노동여성이 가외노동여성보다 더 젊은 집단에 속하는 경향이 있다.

심층인터뷰 연구대상 집단에서 30대에 속하는 가내노동여성의 수는 약 10% 적으나 20대의 수는 거의 3배 정도나 많다. <표 2>에서 보는 바와 같이 가외노동여성의 대략 1/5이 40대에 속한다. 심층인터뷰 연구대상 집단 내의 가내/가외노동여성 두 집단은 질문지조사 연구대상 집단의 두 집단보다 젊은데, 그것은 제2장에서 언급한 바와 같이 막내 자녀의 연령을 통제하는 데 기인한다. 그러나 그 경향은 질문지조사 대상 집단과 유사하다.

<표 2> 　　　　　　　　연령별·직업상태별 분포[a] 　　　　(단위: %)

	가내노동자	가외노동자	전업주부	계
20~29세	37.1(35.6)[b]	14.6(11.1)	31.4	25.4
30~39세	52.9(62.2)	52.1(73.3)	31.4	45.8
40~49세	15.7(2.2)	20.8(13.3)	11.4	13.6
50세 이상	4.3(0.0)	12.5(2.2)	25.8	15.2
계	100.0(100.0)	100.0(100.0)	100.0	100.0
	(n=70)(n=45)	(n=96)(n=45)	(n=70)	(n=236)
평균연령(세)	32.5(31.1)	38.1(34.4)	40.4	37.1

설문지조사 연구대상자 p= .00048/ 심층인터뷰 연구대상자 p= .01320
a: 집에서나 집 가까이에서 자영업을 하는 여성(10사례)과 무급 가업종사자(13사례) 제외.
b: 괄호 속에 비율은 심층인터뷰 연구대상자.

가내노동자와 관한 다른 연구와 비교해보면, 대구지역에 대한 류장수 (1986: 31)의 연구와 전국을 대상으로 한 노미혜 등의 연구(1989)는 <표 3>에서 나타난 것과 같이 나이 많은 여성이 비교적 많은 분포를 보여 주고 있으며, 특히 30대 여성의 비율은 각기 48.5%와 49.4%로 보다 낮았다. 그러나 우리나라의 가내노동여성의 대부분이 20대와 30대인 것은 분명하다. 멕시코의 멕시코시티와 영국의 웨스트 요크샤 지역의 가내하청 노동여성도 역시 20대와 30대 연령층이 압도적으로 많다(Allen & Wolkowite, 1987: 75; Beneria & Roland, 1987: 24).

둘째로 교육정도에서 보면 이 지역의 대부분 여성들 (87.3%)은 적어도 약간의 학교 교육을 받은 것으로 나타났다. <표 4>가 보여주는 바와 같이 그들 중 반 이상이 중학교 또는 그 이상의 학교를 다녔고 오직 12.7%의 여성만이 학교 교육을 못 받았다. 세 집단을 비교해볼 때 각 집단의 대다수가 비슷한 수준의 교육을 받았다. 그렇지만 가내노동여성들이 평

<표 3>	가내노동자에 대한 다른 연구와의 비교				(단위: %)
	40세 이하의 여성	대다수의 교육정도	기혼이나 현재 무배우	성장한 곳	가구의 크기
ㅅ1동	95.7[a]	고등학교	11.4	농촌	4.0명
	100.0[b]	고등학교	0.0		4.2명
대구	73.7		3.9		
한국 전체	75.6		4.3		
멕시코시티	71.1	초등학교	13.6	농촌	6.35명
인도		문맹	16.0		
영국	191.5[c]				
	94.0[d]		12.0		

* a는 259가구에 대한 설문지조사; b는 45명의 가내노동자에 대한 심층인터뷰; 대구는 류장수(1986); 한국 전체는 노미혜 등(1989); 멕시코시티는 Beneria and Roldan(1987); 인도는 Mies(1982); c는 Allen & Wolkowite(1987); d는 Cragg & Dawson(1981) 등에서 각각 발췌.

교육정도별·직업별 분포 (단위: %)

	가내노동자	가외노동자	전업주부	합계
무학	8.6(2.2)[a]	11.5(6.7)	18.6	12.7
초등학교	21.4(20.0)	37.5(37.8)	28.6	29.7
고등학교	37.1(46.7)	36.5(42.2)	28.6	34.7
전문대학	28.6(31.1)	13.5(11.1)	22.9	20.8
대학	4.3(0.0)	1.0(2.2)	1.4	2.1
계	100.0(100.0)	100.0(100.0)	100.0	100.0
	(n=70)(n=45)	(n=96)(n=45)	(n=70)	(n=236)
평균(년)	8.7(9.1)	7.0(7.8)	7.3	7.6

설문지조사 대상자 p= .07384/ 심층인터뷰 대상자 p= .06563
a: 괄호 속은 심층인터뷰 연구대상자.

균적으로 가외노동여성과 가정주부 두 집단의 여성보다 더 많은 교육을 받았으며 가외노동여성들이 가장 교육 정도가 낮았다.

교육수준은 심층인터뷰와 질문지조사의 두 연구대상 집단에서 거의 같았는데, 즉 심층인터뷰 연구대상 집단의 가내노동여성도 가외노동여성보다 더 많은 교육을 받은 것 같다(<표 4>). 가내노동여성은 특히 고등교육을 받은 범주에 가외노동여성보다 거의 3배로 분포되어 있는 반면에 가외노동여성은 학교에 다닌 적이 없거나 초등교육만을 받은 경우가 가내노동여성보다 두 배 정도 많았다.

다른 나라와 비교해 볼 때 우리나라의 가내노동여성의 교육수준은 인도나 멕시코보다 훨씬 높다. 우리나라 가내노동여성의 대부분이 어느 정도의 학교 교육을 받은 데 비하여 인도의 경우는 26%가 초등교육을 받고 66%가 문맹자이며(Mies, 1985: 102), 멕시코 가내노동여성의 경우 문맹자의 비율(13%)이 인도보다 낮고 초등학교에 다닌 여성이 74%로 추산된다(Beneria and Roldan, 1987: 24). 그러나 이 사실이 우리나라에서 가내 하청일이 고등교육을 받은 여성만이 할 수 있는 일이라는 것을 뜻하는 것은 아니다. 오히려 이는 우리나라 사람들이 인도 사람이나 멕시코 사람보다 평균적으로 교육을 많이 받았음을 보여주고 있다.

셋째로 혼인상태에서 보면 이 여성들의 대부분이 결혼했으며 남편과 함께 살고 있다. 236명의 여성 중 11.5%만이 남편과 같이 살고 있지 않았다. 즉 <표 5>에서 볼 수 있는 바와 같이 질문지조사 연구대상 집단에 있어서 가외 노동여성의 13.6%, 가정주부의 17.2% 및 가내노동여성의 2.9%가 남편이 없었다. 전업주부나 가내노동여성의 집단에 속하는 과부와 이혼녀는 모두 장성한 자녀로부터 부양을 받거나 방을 세놓거나 사회복지 부조를 받아 수입을 얻고 있었다. 부양해야 할 자녀가 있는 과부나 이혼녀는 다른 수입원이 없는 경우, 집 밖에서 취업할 성향이 높은 것으로 보인다. 심층인터뷰 연구대상 집단의 혼인상태도 질문지조사 연구대상 집단의 경우와 비슷한 경향을 보였다. 즉 두 연구대상 집단 모두 절대다수가 결혼했거나 동거하고 있었다.

가내노동여성에 대한 우리나라의 다른 연구에 따르면 각각 4.3%(노미혜 등 1989: 19)와 3.9%(류장수, 1986: 29)가 결혼한 적이 있지만 현재 남편이 없는 여성(과부나 이혼녀)이다. 이는 여기에 나타난 2.9%보다 약간 많으나 큰 차이는 없다. 다른 나라와 비교해볼 때 멕시코(Beneria & Roldan, 1987: 25)와 인도(Mies, 1983: 96-97)의 경우, 남편이 없는 기혼여성은 각각

<표 5>　　　　　　　　　　　　직업별 혼인유형

	가내노동자	가외노동자	전업주부	계
기혼	88.6(88.9)[a]	83.3(88.9)	70.0	80.9
동거	8.5(11.1)	3.1(4.4)	12.8	7.6
사별/이혼	2.9(0.0)	13.6(6.7)	17.2	11.5
계	100.0(100.0)	100.0(100.0)	100.0	100.0
	(n=70)(n=45)	(n=96)(n=45)	(n=70)	(n=236)

설문지조사 대상자 p= .00862/ 심층인터뷰 대상자 p= .11732
a: 괄호 속은 심층인터뷰 연구대상자.

<표 6>　　　　　　　　　　　직업별 가구구성　　　　　　　　　　　(단위: %)

	가내노동자	가외노동자	전업주부	합계
핵가족	78.6(80.0)[a]	83.4(82.2)	85.7	82.6
대가족	21.4(20.0)	16.6(17.7)	14.3	17.4
남편친척	18.6(17.8)	11.5(11.1)	8.6	12.7
아내친척	1.4(2.2)	3.1(6.6)	0.0	1.7
기타	1.4(0.0)	2.0(0.0)	5.7	3.0
계	100.0(100.0)	100.0(100.0)	100.0	100.0
	(n=70)(n=45)	(n=96)(n=45)	(n=70)	(n=236)

설문지조사 대상자 p= .67793/ 심층인터뷰 대상자 p= .40066
a: 괄호 속은 심층인터뷰 연구대상자.

응답자의 13.6%와 16.0%에 달해(<표 3> 참조), 우리나라의 결혼한 적이 있으나 남편이 없는 여성보다 가내노동자로 일할 가능성이 더 크다.

넷째로 가구의 구성과 크기 면에서 검토하면, 가구의 형태는 <표 6>에서 나타나 있다. 236명의 여성 중 절대 다수가 핵가족으로 살고 있으며 나머지 17.4 %는 친족관계에 근거를 둔 확대가족 내에 살고 있다. 확대가족의 구성은 대체로 두 형태―남편의 친척으로 이루어진 것과 부인의 친척으로 이루어진 것―로 나눌 수 있다. 41개 확대가족 가운데 73.2%가 남편의 친척과 함께 살고 있으며 단지 9.3%만이 아내의 친척과 함께 살고 있다.

이 사실은 우리나라의 노동자계급은 부계적 유교전통을 고수하고 있음을 보여주고 있다. 각 연구대상집단의 여성의 대부분이 핵가족으로 살고 있는 사정은 아주 유사하다. 그러나 놀랍게도 가내노동여성들은 어느 다른 집단보다도 확대가족으로 살고 있는 가구가 더 많다.

크기의 면에서 가구들은 아주 비슷하여 평균 약 4명으로 이루어져 있으며 모든 연구대상 집단에 있어서 가구의 크기의 중간가도 4명이었다 (<표 7>). 각 집단의 가구의 80% 이상이 3~5명 사이로 이루어져 있다.

<表 7>　　　　　　　　　　직업별 가구 크기　　　　　　　　　　(단위: %)

	가내노동자	가외노동자	전업주부	계
1명	0.0(0.0)[a]	3.1(0.0)	2.8	2.1
2명	2.9(0.0)	4.2(0.0)	11.4	6.0
3명	22.9(13.3)	17.7(22.2)	24.3	21.2
4명	51.4(62.2)	43.8(48.9)	34.3	42.8
5명	17.2(15.6)	20.8(15.6)	22.9	20.3
5명 이상	5.6(8.9)	10.4(13.3)	4.3	7.6
계	100.0(100.0)	100.0(100.0)	100.0	100.0
	(n=70)(n=45)	(n=96)(n=45)	(n=70)	(n=236)
평균	4.0(4.2)	4.1(4.3)	3.8	4.0

설문지조사 대상자 p= .18930/ 심층인터뷰 대상자 p= .38784

a: 괄호 속은 심층인터뷰 대상자.

　가구에 관해서 심층인터뷰 연구대상 집단을 설문지조사 연구대상 집단과 비교할 때 그 구성과 크기에 있어서 유사성이 보인다. <표 6>을 보면 심층인터뷰 연구대상 집단의 가구의 절대 다수가 핵가족으로 부부와 아이들 또는 한 명의 여성과 아이들로 구성되어 있다. 멕시코와 비교해볼 때 우리나라 가내하청 노동여성 가구의 평균 크기는 6.35명인 멕시코의 경우보다 작다(Beneria and Roldon, 1987:20)(<표 3> 참조).

2. 가내노동여성과 가외노동여성에 관한 배경

　이 지역의 기혼여성들에 대한 전체적 이해와 관련하여 주요 문제를 검토하는 데 있어 비교 연구의 주요 조사대상자인 45명의 가내노동여성과 45명의 가외노동여성에 관해서 그 상세한 배경, 예를 들면 남편, 출생과 성장지, 부모 및 결혼 전후의 노동경험을 알아보고자 한다.

　심층인터뷰 조사 대상 집단은 가내노동여성의 남편이 가외노동여성의

<표 8>　　　　　　　　직업별 남편의 나이　　　　　　(단위: %)

	가내노동자	가외노동자
20~29세	8.9	2.2
30~39세	80.4	60.0
40~49세	11.1	26.7
50세 이상	0.0	4.4
없음	0.0	6.7
계	100.0	100.0
	(n=45)	(n=45)
평균 나이(세)	34.5	36.8

p= .02693.

남편보다 평균적으로 젊다(<표 8>). 이는 가내노동여성이 가외노동여성에 비해 더 젊다는 것을 반영한다. 남편의 교육정도는, 비록 통계상 의미는 없다 할지라도, 가내노동여성의 남편이 가외노동여성의 남편보다 고등학교나 대학교를 다닌 사람이 더 많고, 가외노동여성의 남편들이 가내노동여성의 남편들보다 초등학교와 중학교를 다닌 사람이 더 많다(<표 9>). 따라서 가내노동여성의 남편들이 가외노동여성의 남편들보다 더 높은 교육을 받았다는 것을 알 수 있다.

<표 9>　　　　　　　　직업별 남편의 교육정도

	가내노동자	가외노동자
무학	2.2	2.2
초등학교	13.3	17.8
중학교	33.4	40.0
고등학교	40.0	31.1
대학교	11.1	2.2
남편 없음	0.0	6.7
계	100.0	100.0
	(n=45)	(n=45)
평균(년)	10.4	8.8[a]

p= .24190

a: 남편이 없는 사례 제외.

<표 10>　　　　　　　직업별 남편의 직업　　　　　　（단위: %）

	가내노동자	가외노동자
제조업	53.4	55.6
건설업	17.8	8.9
사무관리	8.9	4.4
운수업	6.7	6.7
서비스업	4.4	6.7
공무원	4.4	2.2
판매업	4.4	0.0
사업(고용주)	0.0	4.4
실직	0.0	4.4
남편 없음	0.0	6.7
계	100.0	100.0
	(n=45)	(n=45)

p= .47012

<표 10>을 보면 남편들 가운데 거의 반이 제5·6 수출공단이나 그 인근의 공장노동자이다. 두번째로 많은 숫자는 건설노동자지만 공장노동자에 비해 훨씬 적다. 그밖의 사람들은 사무직이나 관리자, 작은 점포의 주인, 택시나 버스 운전사, 서비스업 종사원, 그리고 하급 공무원 등이다. 요약하면 남편들 가운데 절대 다수가 육체노동을 하고 있다. 남편들의 직업을 보면 연구대상은 그들이 우리나라에서 노동자계급에 속하고 있다는 사실을 반영한다. 가내노동여성과 가외노동여성 남편들은 그 직업 분포에 있어서 아주 비슷하며 다만 후자가 실업자로 있는 경향이 더 크다.

둘째로 출생 배경의 관해서 <표 11>을 보면 45명의 가내노동여성과 45명의 가외노동여성의 모두가 현거주지인 인천시가 아닌 농촌지역에서 태어났다. 나머지 도시지역에서 태어난 여성들은 가내노동여성에 비해서 가외노동여성이 3배나 많다. 출생지는 차이가 있으나 출생 후 가족이 도시로 이주하여 성장지3)는 유사한 것으로 나타났다.

---

3) 성장지는 15세까지 산 곳을 의미한다.

<표 11>　　　　　　　　직업별 출생지와 성장지　　　　　　　　(단위: %)

	가내노동자		가외노동자	
	출생지	성장지	출생지	성장지
농촌/어촌	88.9	73.4	66.7	62.2
도시(인천 제외)	11.1	22.2	33.3	35.6
인천	0.0	4.4	0.0	2.2
계	100.0	100.0	100.0	100.0
	(n=45)	(n=45)	(n=45)	(n=45)

출생지 p= .01123/ 성장지 p= .34511

　　가내노동여성 중 7명이 농어촌지역에서 중소도시와 인천을 비롯한 대도시로 이주한 데 비하여 가외노동여성 중 2명이 인천을 비롯한 대도시로 이주하였다. 그리하여 두 집단의 여성 가운데 대부분이 주로 농촌지역인 자신의 출생지에서 성장하였음을 알 수 있다. 따라서 두 집단은 비슷한 환경에서 성장한 다음 어른이 된 후에 인천으로 이주를 하였다고 말할 수 있다. 연구대상 지역에서는 태어난 연구대상자는 아무도 없었으며 다만 두 사람만이 인천시의 다른 지역에서 태어났다. 이는 ㅅ 1동 지역이 제2장에서 언급한 것처럼 주거지역으로 새롭게 개발되었기 때문이다. 인천시가 지난 30년 동안 산업지역으로 발전하면서 농촌지역으로부터 많은 인구를 끌어냈음을 보여주며 또한 우리나라가 지리적으로 얼마나 급속히 변화해왔는지를 보여주고 있다. 이 결과는 가내노동여성들의 대부분이 12살 이후에 멕시코 시티로 이주해 온 멕시코의 경우와 비슷하게 나타났다(Benria and Roldan, 1987: 24)(<표 3> 참조).

　　대부분의 가내노동여성과 가외노동여성이 농촌지역에서 성장하였으므로 그들 부모의 직업[4]은 주로 농업과 관련된 것이었다. 두 집단 여성들의 아버지는 주로 농부였고 어머니는 가업종사자로서 아버지의 조력자였다 (<표 12>). 두 집단의 노동여성 사이에 친정 가족에 관해서는 커다란

---

4) 부모들의 직업은 그들 전 생애 동안의 했던 주된 일이나 고용상태이다.

                     직업별 어머니와 아버지의 직업   (단위:%)

	어머니		아버지	
	가내노동자	가외노동자	가내노동자	가외노동자
농부	4.4	8.9	57.7	64.5
임금노동자	8.9	6.7	11.1	11.1
가업종사자	60.0	64.4	0.0	0.0
실업	15.6	17.8	8.9	0.0
없음	4.4	2.2	8.9	13.3
기타	6.7	0.0	13.4	11.1
계	100.0	100.0	100.0	100.0
	(n=45)	(n=45)	(n=45)	(n=45)

어머니 p= 3.8640/ 아버지 p= 1.8899

차이 없이 매우 비슷하다.

셋째로 결혼 전 노동 경험의 관해서는 거의 모든 가내노동여성과 가외 노동여성이 취업한 적이 있었다. 두 집단의 경험은 비슷한데, 두 집단에 서 결혼 전에 가내노동을 해본 사람은 아무도 없다. 가내노동여성들 가운 데 41명(91.1%)이 결혼 전에 유급노동에 종사한 적이 있으며(<표 14>), 이

<표 13>   직업별 결혼 전 직업 소유경험[a]   (단위: %)

	가내노동자	가외노동자
공장노동자	42.9	44.6
농업	32.9	32.1
가정부	5.7	5.4
서비스	5.7	8.9
사무업	7.1	1.8
판매업	2.9	3.6
경험 없음	2.9	3.6
계	100.0	100.0
	(n=67)	(n=56)

p= .87295
a: 직업경험 복수 응답 가능.

<表 14>　　　　　　　직업별 결혼 전 취업경험[a]　　　　(단위: %)

	가내노동자	가외노동자
임노동	91.1	75.6
임노동만	44.4	55.6
임노동과 농사	46.7	20.0
농사	4.4	20.0
경험 없음	4.4	4.4
계	100.0	100.0
	(n=45)	(n=45)

p= .06504

a: 직업경험 복수응답 가능.

여성들 중 46.7%가 유급노동을 하면서 농사일도 경험한 반면 두 명의 가내노동여성만 보수도 받지 않고 집에서 부모를 도와 오로지 농사일에 종사한 것으로 나타났다.

가외노동여성의 경우는 취업한 적이 있는 43명(95.6%) 가운데 34명(75.6%)이 유급노동을 한 적이 있다. 나머지 중 9명(20.2%)이 농사일을 돕는 무보수의 가업종사자였고 다른 2명(4.4%)이 가사일을 돌봤다. 이러한 근소한 차이는 연령 차이의 결과인 것으로 보인다. 우리나라에서의 경제 발전에 따라 더 젊은 여성들이 유급 직장을 가질 가능성이 더 크기 때문이다.

결혼 전 노동 경험을 기간의 면에서 볼 때, <표 15>에서 보는 바와 같이 가내노동여성의 평균기간이 가외노동여성의 평균기간보다 약간 더 짧은데 이는 가내노동여성이 받은 교육기간(가외노동여성의 교육기간보다 약간 더 길다)과 밀접히 관련되는 것 같다.

결혼 후 노동 경험의 면에서는 가내노동여성의 88.9%와 가외노동여성의 71.1%가 결혼 당시 집 밖에 직장을 갖고 있었다. 가내노동여성의 71.1%와 가외노동여성의 55.6%가 결혼 또는 동거를 시작하자마자 집 밖의 직장을 그만두었고, 반면 전자의 17.8%와 후자의 13.3%가 얼마 동안 직장

<표 15>　직업별 결혼 전 근무년수　(단위: %)

	가내노동자	가외노동자
경험 없음	4.4	4.4
1년 이상 5년 이하	22.2	26.7
5년 이상 10년 이하	49.0	55.6
10년 이상 15년 이하	20.0	8.9
15년 이상	4.4	4.4
계	100.0	100.0
	(n=45)	(n=45)
평균근무년수(년)	6.2	6.5

p= .68143

<표 16>　결혼 전후 종사했던 직업 궤적　(단위: %)

결혼 전의 일(결혼 후의 변경)	가내노동자	가외노동자
가외노동(결혼이나 동거로 일을 그만둠)	71.1	55.6
집 밖일(결혼 후 잠시 일을 하다 그만둠)	17.8	13.3
집 밖일(결혼 후 계속 일함)	0.0	4.4
농사일을 도움(그만둠)	4.4	2.2
농사일을 도움(남편 집에서 계속함)	0.0	13.4
활동하지 않음(활동하지 않음)	6.7	11.1
계	100.0	100.0
	(n=45)	(n=45)

p= .10069

에 계속 다니다가 출산하기 전에 직장을 그만두었다(<표 16>). 오직 2명의 가외노동여성(4.4%)만이 아기의 출산에 관계없이 쉬지 않고 집 밖의 직장에 계속 다니고 있었다.

결혼한 다음 가내노동여성의 44.4%가 집 밖에서 일한 경험을 갖고 있다. 특히 이 여성들 가운데 12명(26.7 %)이 아이를 가진 후 집 밖에서 노동을 하였다. 한편으로는 가외노동여성의 55.6%가 가내노동을 한 적이 있다. 동시에 각 집단의 거의 반 정도가 상대의 일에 종사한 적이 있으며

그들의 사정에 따라 가내 또는 가외로 노동장소를 바꾸었다.[5]

요약하면, 여성의 결혼 전의 직업(유급이든 무보수이든)을 계속하는 것을 어렵게 하는 것은 자녀출산이나 양육이기보다는 주로 결혼이었다. 이는 우리나라 모든 계층의 여성에 관한 안순덕 등의 연구(1991: 76)를 뒷받침하는 것인데, 안순덕에 의하면, 결혼 전 직장을 가진 기혼여성의 74.3%가 결혼 때문에 그만둔 데 비하여 기혼노동여성의 겨우 21.8%만이 자녀출산·양육 때문에 유급직장을 포기했을 뿐이라고 보고하고 있다. 이는 이념적으로 여성들도 여성은 가사일을 하면서 집안에 있어야 하고 남편은 생계를 책임지는 역할분담을 이상적으로 결혼생활을 시작했으나 현실적인 생활사정 때문에 전통적인 이념이나 역할을 지키기가 어려움을 나타낸다. 여성들은 가정의 안팎에서 돈벌이를 해야만 한다.

3. 노동조건

1) 일의 종류

기혼 여성들이 가정 안팎에서 광범위하게 여러 가지 일을 한다. 우리나라 도시 빈민에 관한 기존의 연구[6]에서는 가내노동여성의 경우 80여 종류 이상의 일을 하는 것으로 보도되었고 또한 필자의 현지조사 과정 중에서도 여성들이 여러 가지 일에 종사하는 것이 관찰되었다. 주된 일은 섬유 및 봉제산업에 관련되는 것인데 여러 가지 종류의 옷, 스웨터, 양말, 장갑 등을 깁고, 뜨고, 바느질하고, 수놓고, 구슬이나 단추를 달고, 끝마무

---

5) 이 점에 관한 더 상세한 논의는 제5장과 제6장 및 제8장에 나온다.
6) 김애령, 1987: 46-49, 23; 이은영, 1988: 7; 이미영, 1986: 39-40, 51, 54; 노미혜 등, 1990: 30; 류장수, 1986: 55; 천현숙, 1986: 73; 전방지, 1986: 33-34.

리하고, 포장하는 일이 포함된다. 전기 및 전자 부품을 조립하는 일, 인형을 만들고 봉제 장난감 속을 채우는 일, 신발 및 가방 제조, 목걸이·귀고리·머리핀과 같은 장신구를 만드는 일, 그리고 식품 가공 등의 일에도 많은 여성들이 종사했다. 설문지조사 대상 집단에 속하는 한 여성이 사무직 일을 하청받아 집안에서 하고 있는 사실이 발견되었다. 가내 하청일은 전통적으로 제조업에 관련되어 있는데 사무직 하청일은 우리나라 가내 하청일의 장래 새로운 경향을 시사해 주었다.

필자의 질문지조사 대상 집단에서는 38가지 종류의 가내 하청일을 가내노동여성들이 해본 것으로 나타났다. 이 지역에서 조사가 실시될 당시에 인터뷰조사 대상 집단인 45명의 가내노동여성들은 14가지 종류의 일을 맡아 하고 있었다. 그렇지만 네 가지 형태의 일이 두드러졌는데, <표 17>에서 볼 수 있는 바와 같이 섬유, 봉제업과 관련되는 일, 전자 부품을 조립하는 일, 목걸이와 귀거리 등 장식품을 만드는 일, 그리고 조화를 만드는 일이다. 이 네 가지 형태의 일이 가내 하청일의 약 80%를 차지했다. 옷을 미싱으로 박고 마무리하는 일이 가장 흔한 일 중의 한 종류이다. 이 일을 맡기 위해서는 불량품을 내지 않을 정도의 숙련된 기술이 있음을 입증해야 한다. 목걸이, 귀고리 및 조화 만드는 일감은 풍부하며 어떤 여성이라도 쉽게 맡을 수 있으며 마감 일도 엄격하지 않다. 반면에 전자 부품을 조립하는 일은 기술과 숙련을 필요로 한다. 이 일을 맡기 위해서는 이미 이 일에 종사하고 있는 숙련 가내노동여성의 소개가 필요한데 이는 불량품 발생에 따른 비용을 염려하기 때문이다. 또한 정해진 마감일에 맞추기 위하여 꾸준하고 규칙적으로 일해야 한다.

다른 한편 <표 18>에 따르면 가외노동여성의 62.3%가 공장노동자였다. 그외 기혼여성들은 작은 가게를 운영하거나, 식당에서 음식을 만들거나 설거지 등의 허드렛일을 하고 건설공사장에서 막노동을 했다. 또한 보험외판원으로 일을 하였고 주스나 신문을 배달했다. 또한 사무직에 종사

<표 17>　　　　　　　　　가내노동자의 일 유형　　　　　　　　(단위: %)

	심층인터뷰대상자		설문지조사대상자	
의류산업	26.7		30.0	
의류가공		8.9		12.9
인형옷 가공		2.2		12.9
머리띠 가공		2.2		0.0
스웨터 및 레이스 제작		4.5		4.2
옷 위에 유리구슬 부착		2.2		0.0
옷감 재단		2.2		0.0
가죽조각 연결		4.5		0.0
기타	73.3		70.0	
신발 꿰매기		2.2		0.0
목걸이 및 귀걸이 제작		20.0		24.3
전자제품 조립		20.0		15.8
조화 제작		15.6		14.3
라이터의 부분작업		11.1		10.0
미숫가루 만들기		2.2		0.0
자동차부품 조립		2.2		0.0
바구니 제작		0.0		1.4
세금계산		0.0		1.4
조리기구 광내기		0.0		1.4
전구 필라멘트 자르기		0.0		1.4
발 사용 기계로 둥근 플라스틱 판 두 조각 접착시키기		0.0		1.4
계	100.0		100.0	
	(n=45)		(n=70)	

하거나 하급의 공무원으로 (예를 들면 전화교환원) 근무하고 있었다.

2) 노동일수와 시간

긴 노동시간과 비교적 많은 노동일수는 가내노동여성과 가외노동여성 모두에게 높은 소득을 얻기 위해서는 부득이하다. 왜냐하면 전자의 경

<표 18>　45명의 가외노동자의 직업　(단위: %)

공장	62.3
레스토랑	11.1
가게운영	6.7
보험판매	6.7
배달서비스	4.4
수공업자	2.2
부동산	2.2
사무직	2.2
공무원	2.2
계	100.0
	(n=45)

<표 19>　직업별 월별 평균근무일　(단위: %)

근무일수	가내노동자	가외노동자
15일 이하	6.7	0.0
15일 이상 20일 이하	11.1	2.2
20일 이상 25일 이하	57.8	4.4
25일 이상 30일 이하	20.0	77.8
30일	4.4	15.6
계	100.0	100.0
	(n=45)	(n=45)
평균(일)	20.7	26.2

p= .0000

우 수입이 만든 물품의 수량에 따라 산정되며, 후자의 경우 특히 공장노동자의 경우에는 임금이 기본급 외에는 시간을 기준으로 산정되기 때문이다(과외노동 수당은 기본급에 추가된다). 만일 공장노동자들이 결근으로 일을 하지 못하게 되면, 벌금을 포함한 일정액의 금액이 봉급에서 공제된다.

<표 19>와 같이 대부분의 가내노동여성은 한 달에 20일 내지 25일간 일하는데 비하여 가외노동여성은 25일 이상 일을 했다. 가내노동여성들

은 가외노동여성들에 비하여 적은 기간 일하는데, 그 이유는 일감의 부족이나 가사책임 때문으로, 특히 남편이 집에 있을 때에는 남편의 반대로 일을 못하게 된다.[7] 그러나 그들 가운데 24.4%가 1달에 25일 이상 가내하청일을 했다. 가외노동여성 가운데 가게를 운영하는 사람은 수입을 최대로 올리기 위하해 가게를 거의 매일 연다. 그러나 이 지역의 공장노동여성과 식당에서 일하는 여성들은 통상적으로 격주 일요일마다 쉬었다.

<표 20>에서 나타나는 바에 따르면 대부분의 가내노동여성들은 하루에 8시간 이상, 평균하여 9시간 동안 일하였다. 이 노동여성의 1/3 이상이 10시간 이상 일하는 것으로 나타났다. 가외노동여성의 대다수(84.5%)가 8시간 또는 그 이상 일하는 것으로 나타났으며 평균 노동시간은 하루에 10시간 이상이었다. 이에 덧붙여 이 여성들은 직장에 출퇴근하면서 하루에 평균 46분을 소요하였다. 가외노동여성들이 장시간 노동에 종사하는 것으로 나타나 우리나라 노동여성의 장시간 노동한다는 통계상의 수치를 확인해주었다.[8]

<표 20> 직업별 일일 노동시간 (단위: %)

	가내노동자	가외노동자
5시간 이하	6.6	11.1
5시간 이상 8시간 이하	20.0	4.4
8시간 이상 10시간 이하	40.0	26.7
10시간 이상 13시간 이하	31.2	28.9
13시간 이상	2.2	28.9
계	100.0	100.0
	(n=45)	(n=45)
평균	8.8	10.2

p = .00244

---

7) 이 점에 관해서는 보다 상세한 논의가 제7장에 있다.
8) 국제노동기구의 『노동통계연감』(1991)에 따르면 1990년 비농업부문에서 우리나라 노동자들은 가장 장시간(48.2시간) 일하는 것으로 밝혀졌다. 특히 여성노동자는 남성노동자보다 더 장시간(48.4시간) 일하였다(1991: 725).

<表 21>　　　　　　　　　직업별 수입　　　　　　(단위: %)

	가내노동자	가외노동자
5만원 이하	11.1	0.0
5만원 이상 15만원 이하	68.9	2.2
15만원 이상 30만원 이하	15.6	24.5
30만원 이상	4.4	73.3
계	100.0	100.0
	(n=45)	(n=45)
평균 수입(원)	108,156	395,800

p= .00047

3) 수입

　노동여성들이 장시간 동안 일을 하지만 소득은 높지 않았다. <표 21>에 의하면 가내노동여성의 평균 수입은 10만 8,156원인데 비하여 가외노동여성은 평균 39만 5,800원을 벌었다. 가내노동여성의 68.9%가 5만원에서 15만원 사이로 벌었고 가외노동여성의 73.3%가 30만원이나 그 이상을 벌었다. 가외노동여성은 가내노동여성보다 평균 3배 이상 더 많은 수입을 올렸다. 가외노동여성의 평균 수입은 법정 최저임금보다 더 높았다.[9]

　가내노동여성의 수입은 일반적으로 매우 낮아서, 비록 일하는 동기가 가족 수입을 증대하고자 하는 필요성 때문이지만 가외노동여성의 수입보다는 훨씬 적었다. 45명의 가내노동여성의 평균 수입은, 우리나라 가내노동여성에 관한 노미혜 등의 연구 결과(104,894원)와 비슷한 것으로, 1991년의 법정 최저임금보다 적고 한국노동조합총연맹이 산정한 최저생계비보다 훨씬 낮은 것이었다.[10] 가내노동여성과 가외노동여성 사이의 뚜렷한 차이점은 소득 면에서 나타난다.

---

9) 1991년 우리나라 법정 최저임금은 월 17만 3,320원이었다.
10) 한국노동조합총연맹에 따르면 4인 가족을 가진 가구당 최저생계비는 111만 3,862원이었다.

<표 22> 가외노동자를 위한 복지후생혜택 (단위: %)

연금	46.7
의료보험	42.2
유급휴가	37.8
매달 생리휴가	13.3
병가	4.4
출산휴가	4.4
자녀교육 학자금	2.2
사고보상보험	2.2

가외노동여성 가운데 공장노동자는 <표 22>에서 보이는 것처럼 봉급 및 초과근무수당 외에 약간의 사회보장 혜택을 받는다. 가외노동여성의 거의 절반이 연금제도의 혜택을 받으며 42.2%가 의료보험의 혜택을 받으며 유급 휴가가 있다. 이밖에도 월차휴가, 생리휴가, 질병휴가, 출산휴가, 자녀교육을 위한 학자금 혜택, 그리고 산재보상보험 등이 일부 고용주가 제공하는 사회보장 혜택이다. 가내노동여성들은 이러한 사회보장 혜택을 전혀 받지 못한다.

가내노동여성의 1/3(35.5 %)은 그밖에도 일을 하는 데 드는 비용을 정기적으로 또는 비정기적으로 스스로 부담해야 한다. 비록 일이 정기적이 아니기 때문에 이러한 비용을 계산하기 어려우나, 작업에 필요한 도구와 재료, 간접 경비, 예를 들면 재봉틀, 재봉틀 기름, 실, 바늘, 풀, 가위를 사야 하고, 전기료, 재봉틀 수선 등과 같은 경비도 부담해야 한다. 가내노동여성은 불량품을 만들었을 때는 보수를 받지 못하거나(15.6 %), 반품된 물품을 재작업해야 한다(35.6%).

요약하면, 가내노동여성과 가외노동여성 모두 일반적으로 낮은 보수를 받으면서 대부분 거의 매일 오랜 시간 동안 다양한 일을 했다. 특히 가내노동여성은 오랜 시간 동안 사회보장 혜택도 없이 더 낮은 수입을 올리면서 더 나쁜 노동조건 하에서 일을 했다.

4. 다른 노동을 하는 여성들에 대한 태도

가내노동여성들은 가외노동여성들을 긍정적으로 바라본다. 가내노동여성들은 자신들이 이렇게 평가하는 데 대해 여러 가지 이유를 든다. 가장 중요한 이유는 집 밖에서 일하는 여성의 자신 있고 밝은 태도이다. 가내노동여성의 눈에는 그들이 자신들보다 더 해방된 여성으로 보인다. 가내노동여성들은 다음과 같이 말했다.

공장 작업복을 입고 일하러 가는 것을 보면 굉장히 부지런해 보인다(가내노동여성, 30).

활기차 보인다. 몸은 힘들어도 집안에서 받은 스트레스를 일하러 다니면서 풀 수 있어서 정신적으로 건강해 보인다(가내노동여성, 11).

자유스러워 보여서 부럽다(가내노동여성, 13).

뭐든지 잘 아는 것 같다. 밖에 다니면서 여러 가지 배우는 것 같다(가내노동여성, 14)

나는 아무렇게나 하고 지내는데 멋을 부리고 다닌다(가내노동여성, 5).

활기차 보인다. 집에 있는 여자들은 빨리 늙는다(가내노동여성, 1).

긍정적으로 평가하는 두번째 이유는 돈을 많이 벌고 쓴다는 점이다. 즉 가외노동여성은 자기들보다 더 많은 돈을 벌고 그것을 자유롭게 쓰는 것처럼 보인다.

<표 23>　　　　　　가외노동자에 대한 가내노동자의 평가　　　　　(단위: %)

긍정적 평가	80.4	
활동적·의욕적. 활기 있음. 생동적. 밝음. 부지런한 태도.		58.7
돈을 많이 번다/자유롭게 보냄		17.7
두 가지 일을 잘 병합함		2.0
공장에서의 쉬운 일		2.0
부정적 평가	19.6	
아이들에 소홀함		5.8
힘든 일		9.8
남편의 게으름		2.0
남편의 외도		2.0
계	100.0	
	(n=51)[a]	

a: 복수응답 가능.

그러나 5명의 가내노동여성은 가외노동여성이 돈벌이와 가사노동의 이중부담과 작업장에서의 고된 일 때문에 힘들게 일하고 있다고 다음과 같이 말한다.

(가외노동여성들은) 억척스럽다. 아침 일찍 나갔다 저녁 늦게 들어오 자마자 저녁 준비하고 밤 늦게까지 빨래한다(가내노동여성, 24).

(공장에서) 일 힘들게 한다. 공장 건조장은 무지 더운데 참고 견디어 야 한다(가내노동여성, 19).

그외의 두 명의 가내노동여성은 가외노동여성들을 비판적으로 보았는 데, 한 여성은 가외노동여성들이 다른 남성과 연애한다고 비난했고, 또 다른 여성은 여성들이 집을 나가서 돈을 벌면 남편들은 게을러져서 더 이상 일을 하려 하지 않게 된다고 말한다. 그러나 작업상의 괴로움과 기

<표 24>　　　가내노동자에 대한 가외노동자의 평가　　(단위: %)

긍정적 평가	8.8	
원할 때 일함		3.5
열심히 일함		3.5
힘들지 않게 일함		1.8
부정적 평가	89.5	
돈을 적게 번다		56.1
힘들다		21.1
집이 엉망이다		5.3
사회생활이 없다		7.0
미상	1.7	
계	100.0	
	(n=57)[a]	

a: 복수응답 가능.

타 부작용이 있음에도 불구하고 대부분의 가내노동여성은 집 밖에서 일하는 여성들을 긍정적으로 평가하고, 나아가 자신들도 집 밖에서 일을 하고 싶어했다. 그러나 그들 대부분이 집안에서 하청일을 하지 않으면 안되었다.

이와는 대조적으로 가외노동여성의 절대 다수가 가내노동여성을 부정적으로 인식하고 있었다(<표 24>). 주된 이유는 가내노동여성의 일이 힘들고 고된 데 비해서 보수가 너무 적다는 점이다. 한 가외노동여성은 다음과 같이 말한다.

부업일은 (공장 노동보다) 더 힘들지만 수입은 너무 적다. 내가 부업했을 때 밤낮으로 일에 시달리고 밤잠을 줄여가며 일했지만 수입은 너무 적었다(가외노동여성, 44).

	비교
나이	가내노동자가 어린 편이지만 양쪽의 대다수는 같은 연령대이며 특히 30대가 대부분을 차지한다.
교육	가내노동자가 약간 더 교육수준이 높지만 양쪽의 대다수는 고졸 수준이다.
결혼여부	유사하지만 기혼이었으나 독신이 된 여성은 가외노동자가 되었다.
출생지	가외노동자 중 도시지역에 출생한 사람이 더 많았다.
성장지	유사
부모의 직업	유사
결혼 전 직업경험	유사
결혼 전 직업 사직의 충동	유사
가구의 크기	유사
가구의 구성	유사
일하는 날짜와 시간	가외노동자가 더 많은 날과 시간을 일함
수입	다름

5. 결론

　이 지역 여성의 대부분은 가사책임말고도 돈을 벌기 위해 집 안팎에서 노동을 하고 있으며 나머지 여성은 무보수의 전업주부로 남아 있었다. 236명의 여성을 세 집단으로 나눌 때 가외노동여성의 수가 가장 많고 그 다음으로 가내노동여성과 가정주부로 나타났다. 그들의 배경에 관한 자료 <표 25>를 토대로 비교해보면, 가구의 크기와 구성, 그리고 혼인상태는 매우 비슷하다. 더 나아가 소집단에서 가내노동여성과 가외노동여성을 서로 비교하여보면, 유급노동 경험, 친정 부모의 직업 및 성장 환경에서 유사성을 가지고 있다.

　연령이나 교육면에서는 조사 대상 여성들과 남편은 약간의 차이점이

있었다. 가내노동여성은 가외노동여성보다 더 젊고 더 교육을 많이 받았
는데 남편의 경우도 마찬가지이다. 뚜렷한 차이점을 소득으로서, 후자는
전자보다 훨씬 높은 수입을 얻었다. 따라서 젊고 교육을 더 많이 받은 여
성은 집에서 훨씬 적은 수입을 올리는 반면, 더 나이 많고 덜 배운 여성
은 집 밖에서 훨씬 더 높은 수입을 올리고 있다는 것은 놀라운 일이다.
가내노동여성이 훨씬 낮은 수입을 올린다는 불리한 사실은 그들의 배경,
특히 교육, 연령, 노동경험 등으로 설명될 수 없다. 왜 더 젊고 더 배운 여
성이 집 밖에서 일하기를 원함에도 불구하고 집안에서 낮은 수입을 벌면
서 일하고 있는가 하는 의문은 여전히 남는다.

제5장
기혼여성의 노동참여와 자녀양육 책임

제4장에서 가내노동여성이 가외노동여성보다 더 젊고 더 많은 교육을 받았지만 수입은 더 적다는 사실을 밝혔다. 그들은 대부분 비슷한 노동경험을 가지고 있었고 더욱이 가내노동여성은 가외노동여성을 긍정적으로 평가하고 자신들도 집 밖에서 일하고 싶어하였다. 이러한 사실은 다음과 같은 의문을 제기한다. 왜 더 많은 교육을 받고 숙련된 젊은 여성들이 집 밖에서 취업할 기회가 풍부한 데도 집안에서 적은 돈을 벌면서 일하고 있는가? 무엇이 돈을 벌고자 하는 이러한 여성들을 집안에서 일하도록 묶어 두고 다른 여성들은 집 밖에서 일하도록 허용하는가?

가설은, 여성들의 전통적인 자녀양육과 가사노동의 책임, 우리나라의 유교적 가부장제 가정에서의 남편의 태도와 관련이 있을 것이다라는 것이다. 이 가설을 검증하고자 하는 노력의 일환으로 이 장에서는 가정 내 자녀양육의 책임을 논의하고자 한다. 다른 가설들은 다음 제6장과 제7장에서 논의할 것이다.

세콤브는 가사노동은 생산성의 증가로 주부의 가정으로부터의 탈출에 더 이상 장애물이 되지 않으며 자녀양육 역할만 남게 된다고 주장한다 (Seccombe, 1975: 94). 주부가 집 밖에서 노동에 종사하는 데 가장 어려운 점은 집 밖에서 일하는 동안 자녀들을 돌보는 문제인 것 같다. 제3장에서 보듯이 유교이념에 의하여 노동에 있어서 남성과 여성의 역할이 엄격히 구분되어 있는 우리나라에서 비록 여성들의 유급노동참여가 점점 더 인정받고 수용되고 있다 하더라도 다른 나라에서처럼 자녀양육 대리방안을 찾는 일은 확실히 여성의 책임으로 간주되고 있다. 자녀, 특히 집안을 이어갈 아들을 돌보는 일은 우리나라 여성에게는 아직도 중요하다. 따라서 여성의 노동이 가정 내 책임 수행에 지장을 주어서는 안된다는 점은 여성 자신이나 남편이 대부분 인정하고 있다. 그러므로 자녀를 돌보는 책임은 여성의 취업에 가장 큰 장애물로서 불리하게 작용한다.

여성의 취업이 자녀양육 책임 때문에 영향을 받는다고 강력하게 주장하는 연구들이 있다. 어린 자녀의 유무나 자녀의 수와 같은 자녀와 관련된 변수가 선진국(Beechy, 1986: 123, 125; Hartmann, 1981b: 392; Klein, 1965: 106; Mott, 1982: 83; Jephcott, 1962: 165)과 일부 개발도상국(Pyle, 1990: 149; Youssef, 1982: 175, 179; Moser and Young, 1981: 58)에서 주부들의 취업에 부정적인 영향을 미치는 것으로 논의되어왔다. 우리나라 여성노동에 관한 연구에서도 일반적으로 26세부터 35세 사이의 연령 계층의 여성들의 노동참여가 저조한 것은 어머니로서의 여성의 역할 때문이라고 해석하고 있다(Cho Uhn and Koo, 1983: 6; 김수곤·심경옥, 1984: 59; Choi Dong Kyu and Dai Young Kim, 1976: 106).

그러나 이러한 견해가 보편적으로 지지를 받고 있는 것은 아니다. 일부 연구자들은 어린 자녀를 돌보는 일이 여성의 낮은 노동참여율을 설명하지 못하며 자녀가 여성의 노동참여 태도를 간단하게 설명해주지를 못한다고 주장한다(Walby, 1983: 163; Scott, 1990: 212). 왈비는 대부분의 유럽 연합국가들에서 자녀를 낳고 기르는 연령인 20대와 30대 초반의 여성들의 노동참여율이 가장 높다고 지적한다. 많은 여성들이 취업을 하고 자녀들과는 관계없이 계속해서 집 밖에서 일을 한다(Walby, 1983: 81). 제4장에서 지적한 바와 같이, 우리나라의 경우 안순덕 등은 우리나라 여성의 의식 및 생활여건에 관한 연구(1991:76)에서 기혼여성 취업자 가운데 겨우 22%만이 자녀양육과 가사일 때문에 일을 중단한 경험을 갖고 있을 뿐이라고 밝혔다. 그리고 자녀를 가진 기혼여성의 노동참여율이 제3장에서 언급한 바와 같이 비록 보육시설을 이용할 수 없었던 상황에서도 10년 동안 증가했다. 이러한 사정은 다른 개발도상국에서도 마찬가지이다(Humphrey, 1984: 243).

더 나아가 자녀의 안녕과 어머니의 취업 여부 사이에는 명확한 관련성이 없으며, 따라서 일반화하는 것은 위험하고 오해를 일으킬 가능성이 있다는 주장도 있다(Brannen and Moss, 1988: 14). 결혼과 특히 어머니로서의 역할은 여성이 노동시장에 참여하는 것을 막는 것이 아니라 취업의 형태에 영향을 주었을 뿐이라는 것이다(Beneria and Roldan, 1987: 91; 조은, 1991: 70; Sen and Sen, 1985: ws-49). 비치는 다음과 같이 말한다.

어머니들이 자녀 없는 여성들(그들이 결혼했거나 독신녀이건 간에)보다는 노동에 종사할 가능성이 훨씬 적다 할지라도 자녀의 존재는 여성이 집 밖에서 (시간제로 일하든 아니든) 일할 가능성과 전반적인 노동참여보다는 참여노동의 형태에 영향을 미친다(Beechey, 1986: 83).

노동시장 참여와 가정 내의 책임이 상충하는 것을 해결하는 이상적인 방법으로 인식되는 가내 하청일은 주로 어린 자녀를 가진 어머니들이 맡고 있는 것으로 알려지고 있다. 어머니들은 이러한 가내노동에 종사하는 것이 자녀를 돌보는 일과 쉽사리 병행할 수 있기 때문에 가내 하청일을 하게 된다고 한다. 그러므로 자녀를 가진 여성은 집 밖에서 일하기보다는 가내 하청일을 선호한다는 것이다. 가내 하청일을 하게 되는 주된 이유가 자녀들 때문이라고 내세우는 주장은 많은 연구자들[1]로부터 지지를 받고

---

1) Beach, 1989: 133; Crine, 1979: 13; Brown, 1974: 5, 7; Cragg and Dawson, 1981: 6; Field, 1976: 8; Phizacklea, 1988: 53 등을 참조

있다.

비세트와 휴즈는 그들의 연구물에서 신기술을 사용하는 가내노동여성과 전통적인 가내노동여성에 관하여 다음과 같이 논한다.

> 두 그룹이 모두 가내 하청일을 하는 주요한 이유로 자녀를 돌봐야 하기 때문이라고 한 것은 놀라운 일이 아니다. 새로운 가내노동여성의 약 3/4과 전통적인 가내노동여성의 절반 이상이 자녀양육을 일차적인 관심사로 삼고 있다(Bisset and Huws, 1984: 22).

자녀양육과 가내노동의 양립 가능성에 관해서 우리나라에서도 비슷한 주장이 있다(노미혜 등, 1989: 25; 천현숙, 1986: 54; 류장수, 1986: 32).

그러나 하킴과 데니스는 "집안의 자녀는 가장 중요한 한 가지 이유이기는 하지만, 가내노동여성의 2/3가 가내노동을 선택하는 데 있어서 다른 이유가 있다는 것에서 나타나듯이, 결코 가장 보편적인 이유는 아니다"(Hakim and Dennis, 1982: 34)라고 주장했다. 그들에게는 자녀양육 책임은 가내노동일을 하게 되는 이유로서 과장된 것으로 간주했다. 더욱이 가내노동은 자녀양육 문제를 반드시 해결해주는 것은 아니다.

알렌과 월코비츠는 가내노동여성이 집에 있음에도 불구하고 여전히 아이들에게 충분한 주의를 기울일 수가 없으며 가외노동여성과 마찬가지로 아이들 걱정을 하고 있다고 한다(Allen and Wolkowitz, 1987: 126). 크래그와 도슨 역시 가내노동여성들이 자녀들을 내버려두고 있다고 주장한다(Cragg and Dawson, 1981: 14). 결과적으로 자녀양육 책임이 어머니의 노동 참여에 미치는 영향은 여전히 논쟁의 여지가 있다.

세부적으로 어머니의 노동에 영향을 미치는 자녀와 관련된 요소들 가운데, 막내 아이의 연령이 집 밖에서 노동을 할 것이냐, 전일제 노동을 할 것이냐를 결정하는 주요 요인이며(Beechey, 1986: 82-83, 123; Martin and

Roberts, 1984: 13), 막내 아이의 나이가 어릴수록 여성의 노동참여가 더 낮아진다(Walby, 1986: 162; 조은, 1991: 49)는 주장이 있다.

자녀의 수와 어머니의 노동참여 사이의 상관성에 대해서 두 가지 상충되는 논의가 있다. 자녀의 수가 증가하면 자녀를 돌볼 시간이 더 많이 필요하며 이는 취업과 배치되어 기혼여성의 노동참여율이 일반적으로 감소하는 경향을 보인다는 주장이 있다. 다른 한편에서는 자녀 수가 많은 것은 여성으로 하여금 노동시장에 참여하도록 경제적인 압력을 증가시킨다는 주장도 있다. 가족 수입이 변하지 않는 한 가족구성원이 늘어나면 가족구성원 1인당 소득은 줄어들게 된다. 그러면 가족의 소비 욕구를 충족시키기 위해서는 추가 수입의 필요성이 더 커지며(Peek, 1978: 52-53), 따라서 자녀 수가 많은 것은 여성의 노동시장 참여 증가를 촉진하는 경향을 초래할 수 있으므로 결과적으로 출산은 여성의 노동시장 참여를 억제하지 않는다는 것이다(Pecht, 1978: 35; Standing and Sheehan, 1978: 136; 이승주, 1990: 57). 요컨대 어린 자녀가 어머니의 취업에 부정적인 영향을 끼치기보다는 긍정적인 효과가 있다고 주장한다.

자녀보육시설이 충분하지 못하면 어머니의 취업 선택의 폭을 제한하며(Stone, 1983:50), 어린 자녀를 가진 어머니들이 집안에서 일을 하면서 불리한 노동조건을 감수해야 한다(Bisset and Huws, 1984: 6; Greater London Council, 1985: 417)고 한다. 바꾸어 말하면, 자녀 보육시설의 이용 가부가 여성이 집안에서 일할 것인가 아니면 집 밖에서 일할 것인가를 선택하는 데 결정적이라는 것이다. 자녀를 가진 여성들은 자녀양육을 떠맡아줄 대리인이나 기관을 이용할 수 있다면 나이가 얼마이든 몇 명이든 상관없이 직장을 가질 수 있을 것이며 자녀의 나이 및 수, 그리고 자녀양육시설의 유무가 어머니의 노동시장 참여에 영향을 미치는 중요한 요소일 것이다.

우리나라 자녀양육의 책임이 주부들의 취업에 얼마나 영향을 미치고 자녀와 관련하여 구체적으로 어떠한 요소가 영향을 끼치는지 살펴보고자 한다.

이 장에서는 첫째로 기혼노동여성과 그 남편이 여성의 취업과 관련하여 자녀양육을 어떻게 생각하고 있는지 검토하겠다. 특히 가내노동여성이 집에서 일하는 이유에 대해 그들이 어떻게 인식하고 있는지 면밀하게 살펴보려고 한다.

둘째, 위에서 제기된 문제를 논하면서, 자녀와 관련된 요소들, 즉 자녀의 연령과 수, 보육시설의 유무를 검토하려고 한다. 가내노동여성 사이의 실제 보육상황과 가외노동여성이 마련한 보육 대안을 살펴봄으로써 어린 자녀를 위한 보육시설의 이용가능성을 살펴보고자 한다. 이러한 논의를 함에 있어 질문지조사 결과(236명)에 대한 분석과 함께 심층인터뷰에서 얻은 질적 자료(45명의 가내노동여성과 45명의 가외노동여성)를 이용할 것이다.

1. 가외노동 참여에 대한 장애로서의 자녀양육

분명히 모든 어린이는 보호가 필요하다. 어린이를 돌봐야 할 필요성은 갓난아기에만 있는 것이 아니라 걸음마를 배우는 아이, 취학 전 어린이와 초등학생도 마찬가지이다. 그러나 우리나라에서 자녀 보호에 대해서 각 개인은 각각 다르게 규정하는 것 같다. 한 여성은 다음과 같이 말했다.

> 남편은 아이들이 크면 돈벌러 나가도 된다고 말한다(이는 막내 아이가 대학을 졸업한 다음을 의미한다). 그때가 되면 (나는) 돈벌이 나갈 힘이 없을 거다(가내노동여성, 3).

일부 여성과 그 남편은 자녀가 아기이거나 취학 전 어린이라도 여성은

<表 1>　　　　　　가내여성노동자의 가내노동 이유

	응답자 수	%
가외노동에 대한 남편의 반대	27	51.0
자녀양육	20	37.7
자녀양육과 가사노동	1	1.9
자신이 가내노동 선호	4	7.5
무엇을 할지 몰라서	1	1.9
계	53[a]	100.0

a: 복수응답 허용.

일하러 나갈 수 있다고 생각하지만 또 다른 사람들은 자녀가 상당히 성장한 후까지도 자녀양육의 책임이 계속된다고 생각하기도 한다.[2] 갓난아기나 걸음마를 배우는 아이에 대한 기본적인 보호를 제외하고는 자녀양육의 필요성과 제공되어야 할 보육의 종류는 융통성 있게 해석되는 것 같았다. 여성과 그 남편이 '자녀양육'이라고 말할 때 실제 무엇을 의미하는지 더욱 면밀한 검토가 필요하다.

여성과 남편이 그들 자녀에게 제공되어야 할 보육의 범위가 무엇이라고 생각하든간에 자녀양육의 책임은 여성이나 그 남편들에게 여성 노동시장 참여를 제약하는 가장 중요한 요소 중의 하나로 생각되고 있었다. 45명의 가내노동여성이 가내 하청일을 하는 이유로 꼽은 53가지 중 37.7%가 완전히 또는 부분적으로 자녀양육 책임 때문이라고 밝혔다(<표 1>). 이는 하킴과 데니스의 연구(Hakim and Dennis, 1982: 34)에서 대상 여성들의 1/3이 자녀양육 책임을 그 이유로 든 것보다 약간 더 많은 비율이다. 집에서 하는 '부업 일이 더 낫다'고 대답한 4명의 가내노동여성 중 3명이 자녀를 더 잘 보살피기 위해서 가내노동을 한다고 말했다. 가외노동여성에 대해 전적으로 부정적인 태도를 가진 3명의 가내노동여성은 그들이

---

2) Porter(1982:120)와 Beach(1989:136)도 같은 점을 지적했다.

자녀양육을 소홀히 한다는 것이 그 이유였다.

엄마가 일 나가는 것은 애들을 위해서 좋지 않다. 일 나가는 여자들의 아이들은 행실이 다르다. 그래서 나는 일 나가지 않는다(가내노동여성 34).

아이들을 집에 혼자 내버려둔다. 왜 그렇게 사는지 모르겠다(가내노동여성 32).

엄마는 될 수 있는 대로 집에 있어야 한다. 엄마가 없으면 아이들 교육에 문제가 있다. (가외노동여성의) 아이들은 버릇이 없고 제멋대로다. 집에 있으면서 부업하는 게 낫다(가내노동여성 6).

일부 가내노동여성은 자녀를 보살피기 위하여 집에서 하청일을 한다고 했지만 가내노동에 종사하는 주된 이유가 남편의 반대였으며(<표 1>), 남편이 가외노동에 종사하는 것을 반대하는 이유 가운데 하나는 여성은 집에서 자녀들을 돌봐야 한다는 것이다. <표 2>에서 볼 수 있는 바와 같이 가내노동여성 중 8.9%가 남편이 자신들이 가외노동시장에 참여하는 것을 반대하는 이유로서 자녀양육을 들었다.[3]

더욱이 가외노동여성이 처음 집을 떠나 일하려고 했을 때 그 중 11.1%가 역시 자녀양육의 책임을 들어 남편이 반대했으며 가외노동여성의 또 다른 11.1%가 가사노동과 함께 자녀양육 책임 때문에 남편의 반대에 봉착했다. 가외노동여성의 가외노동시장 참여에 대해 남편이 반대한 이유 중에서 자녀양육의 책임을 든 비율은 크지 않다. 그러나 '여자는 집에 있어야 한다'는 이유로 남편이 아내의 가외노동참여를 반대한 것이 남편

---

3) 남편이 반대하는 주요 이유는 부인의 혼외정사를 두려워하기 때문이다. 이는 제7장에서 논의될 것이다.

<표 2>	직업별 아내의 일에 대한 남편의 태도[a]		(단위: %)	
	가내노동자		가외노동자	
반대	68.9		62.2[b]	
자녀양육		8.9		11.1
자녀양육과 가사노동		0.0		11.1
혼외관계		28.9		13.3
여자는 집에 있어야 된다		17.8		20.0
남편시중		11.1		4.4
너무 힘들다		0.0		2.2
남편의 사업상		2.2		0.0
반대하지 않음	31.1		28.9	
가외노동에 종사하려고 해보지 않았음		2.2		0.0
찬성		28.9		28.9
혼인외 관계	7.1[c]			
남편 없음	0.0		6.7	
미상	0.0		2.2	
계	100.0		100.0	
	(n=45)		(n=45)	

p= .06616

a: <표 1>에서 보듯이 27명의 가내노동여성이 가내노동에 종사하는 이유로 남편의 반대를 들었다. 그러나 인터뷰가 진행되는 동안 3명의 가내노동여성이 더 가내노동에 종사하는 이유로 남편의 반대를 들었다.

b: 이 숫자는 가외노동여성이 처음 집 밖에서 일을 시작할 때 남편의 반대를 말한다.

c: 비록 남편이 아내가 집 밖에서 일하는 것을 찬성했지만 아내의 혼외관계를 의심하고 그로 인하여 아내를 괴롭히는 경우이다.

이 아내의 자녀양육의 책임을 추궁하는 것이 포함되어 있다고 해석할 수 있다면 남편의 아내의 가외노동참여에 있어 자녀양육의 책임을 반대 이유로 든 비중은 높아진다.[4]

---

4) 이는 가계 부양자로서의 남편의 권위를 지키려고 한다거나 아내가 혼외 관계를 가지거나 자신에 대한 시중을 소홀히 할까봐 두려워한다는 등의 이유로도 부분적으로 해석될 수 있다. 제7장에 이에 관해서 상세한 논의가 있다.

자녀양육 책임과 여성의 노동시장 참여의 연관성에 관해서는 여성의 노동참여 경력에 관한 자료를 추가적으로 제시할 수 있다. 즉, 가내노동여성의 17.8%와 가외노동여성의 13.3%가 결혼 후 임신 또는 첫아기 출산으로 일을 그만두었다. 가내노동일을 해본 경험이 있는 가외노동여성의 55.6% 가운데 46.6%가 임신과 자녀양육으로 얼마 동안 가내노동에 종사한 다음에 집 밖에서 일자리를 얻었다고 말했다. 요컨대, 자녀양육 책임 때문에 여성이 집 밖에서 취업을 하는 데 제한받는 것은 분명하다.

2. 자녀의 나이

자녀의 나이는 여성의 노동시장 참여를 막는 중요한 요소가 될 수 있다. 이 책에서 가내노동여성 자녀의 나이와 가외노동여성 자녀의 나이를 비교해 보면, 막내 자녀의 나이와 여성이 집안에서 일하느냐 집 밖에서 일하느냐 사이에 관련성이 있음을 분명히 알 수 있다. 236가구 가운데 2/3 이상이 <표 3>에서 보는 바와 같이 적어도 12살 또는 그 이하 나이[5]의 막내 아이를 키우고 있었다.[6] 바꾸어 말하면 이 지역 여성의 대부분이 돌봐야 할 어린 자녀가 있었다. 질문지조사 대상자, 즉 236가구 내의 두 집단의 여성을 비교해 볼 때, 가내노동여성이 가외노동여성보다 어린 자녀를 데리고 있을 가능성이 더 크다. 즉 <표 3>에서 볼 수 있는 바와 같이 가내노동여성의 90%가 12살 또는 그 이하의 자녀가 있는데 비하여 가외노동여성의 경우는 65.7%가 그러하였다. 가외노동여성에 비해 3배나

---

5) 제2장에서 언급한 것과 같이 12살 이하로 한정한 것은 초등학교 어린이로 한정했기 때문이다.
6) 자신의 아이 외에 3명의 전업주부, 1명의 가외노동여성과 1명의 가외노동여성이 각각 12살 이하의 손자(들)을 돌보고 이 아이들의 아이의 어머니는 죽었거나 도망갔다.

<표 3>	직업별 막내 자녀의 나이			(단위: %)
	가내노동자	가외노동자	전업주부	계
3살 미만	37.1	4.2	27.1	20.8
3살~6살 미만	35.7	17.7	10.0	20.8
6살~12살 미만	17.2	43.8	20.0	28.8
12살 이상	8.6	29.2	32.9	24.1
없음	1.4	5.1	10.0	5.5
계	100.0	100.0	100.0	100.0
평균(살)	(n=70)	(n=96)	(n=70)	(n=236)

<표 4>	심층인터뷰대상자의 직업별 막내 자녀의 연령	(단위: %)
	가내노동자	가외노동자
3살 미만	33.3	2.2
3살~6살 미만	44.5	26.7
6살~9살 미만	20.0	53.3
9살~12살 미만	2.2	17.8
계	100.0	100.0
	(n=45)	(n=45)
평균(살)	4.7	7.4

p= .0017

많은 가내노동여성이 취학 전 어린이를 갖고 있었다. 45명의 가외노동여성과 45명의 가내노동여성을 대상으로 한 소규모 대상자에서도 대규모 조사대상자와 같은 경향을 보여주고 있다. <표 4>에서 보는 바와 같이 가내노동여성의 77.8%가 6살 이하의 자녀가 있는데 비해 가외노동여성의 경우는 28.9%가 그러할 뿐이다.

그러나 여성이 일을 시작하기로 결정할 때의 어린이의 나이는 현재의 나이보다 더욱 중요한 것 같다. 여성이 집 안팎에서 유급노동을 시작(계속)할 때의 막내 아이의 나이를 비교한 것이 <표 5>이다. 가외노동여성의 자녀는 비교적 나이가 많은데 비하여 가내노동여성의 자녀는 비교적

<표 5> 　　　　　　직업별 취업시 막내 자녀의 나이　　　　　(단위: %)

	가내노동자	가외노동자
3살 미만	77.8	46.7
3살~6살 미만	15.5	42.2
6살 이상	6.7	11.1
계	100.0	100.0
	(n=45)	(n=45)

p= .0811

나이가 어린 경향이 있다. 이러한 증거는 어린 자녀를 가진 여성이 집 밖에서 노동하는 것을 피하기 위하여 가내노동을 한다는 주장을 뒷받침해 주고 있다.

　그렇지만 일부 증거에 따르면 기혼여성이 집안에서 일할 것인가 또는 집 밖에서 일할 것인가를 결정하는데 막내 아이의 나이가 미치는 영향에는 한계가 있음을 알 수 있다. 236가구 가운데 필요할 때는 언제라도 자녀를 돌볼 수 있는 전업주부가 <표 3>에서처럼 가외노동여성보다 12살 또는 그 이하의 막내아이를 가질 가능성이 더 적었다. 바꾸어 말하면 나이 어린 자녀가 없는 일부 여성들이 유급노동에 종사하지 않았다. 그 결과 조사 자료에 비추어 볼 때 막내 아이의 나이가 여성이 주부로서 집안에 머물 것인가 또는 집 밖에서 일할 것인가를 정하는 데 결정적이라고 말하기는 어렵다.

　더욱이 가외노동여성의 거의 절반 정도가 자녀의 나이가 3살 이하일 때 직장을 선택했고, 이들 여성 중 88.9%가 자녀가 학령 전 나이 때 일을 시작했다.[7] 사실 가외노동여성의 22.2%가 어린 자녀가 있음에도 불구하고 결혼 후에 직장을 가진 다음 계속하여 일하거나 결혼 전에 다니던 직장에 계속하여 나갔다. 비슷하게 12명의 가내노동여성이 자녀가 어릴 때

---

7) 이는 연구대상자가 12살 이하의 자녀를 두었기 때문에 과장될 수도 있다. 그러나 일반적인 경향은 부인할 수 없다.

<표 6>　　　　　설문지조사 대상자의 직업별상태에 따른 자녀수[a]　　　(단위: %)

	가내노동자	가외노동자	주부	계
0명	1.4	5.2	10.0	5.5
1~2명	85.8	70.8	71.4	75.4
3	11.4	14.6	14.3	13.6
4~6명	1.4	9.4	4.3	5.5
계	100.0	100.0	100.0	100.0
	(n=70)	(n=96)	(n=70)	(n=236)
평균(명)	1.8	2.1	1.7	1.9

p= .29712

a: 같은 가구 내에서 살고 있는 자녀 수. 그러나 한 가외노동자의 두 자녀는 일시적으로 같이 살고 있지 않으나 포함시킴.

에 집 밖에서 일한 적이 있었다. 경제적으로 일해야 할 급박한 필요성이 줄어들면 자녀를 위하여 여성들은 직장을 그만두게 되는 것 같았다. 바꾸어 말하면 일부 여성은 그들 자녀의 나이와 상관없이 집 밖에서 일했다. 막내 아이의 나이가 어머니의 직장 선택을 절대적으로 제한하는지 여부는 의심스럽다.

　결론적으로 막내 아이의 나이가 여성의 일, 특히 비치 등이 주장한 것처럼 일의 형태에 크게 영향을 미치지만 우리나라의 많은 여성들이 그들의 직장 선택이 어린 자녀의 양육책임 때문에 제한을 받는다고 인식하고 있다 할지라도 이유의 전부는 아니다.

3. 자녀의 수

　막내 아이의 나이 외에 여성의 노동에 제약을 가하는 또 다른 요소는 자녀의 수일 것이다. 이 연구 대상자의 평균 자녀 수는 1.9명이었다. 269명의 질문지조사 대상은 <표 6>에서 볼 수 있는 바와 같이 가외노동여

<표 7>   심층인터뷰 대상자의 직업별 자녀수   (단위: %)

자녀수	가내노동자	가외노동자
1명	15.6	20.0
2명	71.1	60.0
3명	11.1	6.7
4명 이상	2.2	13.3
계	100.0	100.0
	(n=45)	(n=45)
평균(명)	2.0	2.2

p= .19144

성이 가내노동여성이나 가정주부보다 평균적으로 더 많은 수의 자녀가 있었다.

가내노동여성과 가정주부의 자녀가 더 많을 것으로 추측하였으나 실제로는 그 수가 더 적은 것으로 나타났다. 가내노동여성과 가외노동여성에 있어서 동일한 경향이 90명의 심층인터뷰 대상자 가운데 나타난다(<표 7>). 그러나 차이는 크지 않았고 평균적인 자녀의 수는 약 2명이었다. 가족계획운동의 성공, 높은 자녀교육비 및 치열한 경쟁을 겪어야 하는 상급학교 입학시험 때문에 젊은 부부들은 여성의 노동시장 참여 여부와는 상관없이 한 명 또는 두 명의 자녀를 갖고자 하는 일반적인 경향이 반영되었다. 그러나 일부 가구는 4명 또는 그 이상의 자녀를 두었다. 즉 심층인터뷰 대상자 중에서 6명의 가외노동여성이 4명 또는 그 이상의 자녀를 둔 반면, 단 한 명의 가내노동여성이 4명 이상의 자녀를 두었다. 일반적으로 나이가 많고 전통적인 유교사상에 젖어 있는 여성은 아무리 가난하더라도 아들을 낳을 때까지 계속 출산을 한 결과이다.

요약하면, 자녀의 수는 가내노동여성과 가외노동여성 사이에 별 차이가 없다. 자녀의 수는 우리나라 도시지역에서는 일반적으로 여성이 집 밖에서 취업하느냐 여부와는 관련이 없는 것으로 보인다.

형태	수	
같은 가구 내의 친척	7	
다른 가구에 사는 친척	4	
탁아시설	3	
직장에 데리고 감	3[a]	
혼자 둠	28	
부분적으로 누나 또는 언니		1
학교 및 부분적으로 누나 또는 언니		2
학교 및 부분적으로 아버지		1
반나절 유치원 및 부분적으로 누나 또는 언니		1
반나절 유치원		2
학교 및 공부방		4
학교 및 학원		3
학교		14
계	45	

a: 부분적으로 아버지가 돌보는 사례 포함.

4. 자녀양육 문제의 해결방법

　가외노동여성의 막내 아이의 나이가 일을 시작할 때와 조사 당시 모두 가내노동여성의 자녀의 경우보다 더 많지만, 여성들은 자신들이 집 밖에 나가 있는 동안 자녀양육 문제를 해결하기 위해 자녀를 다른 사람에게 맡길 것인가 혹은 혼자 내버려 둘 것인가를 결정해야 한다. 그들은 자녀가 혼자 스스로 지낼 수 있을 정도로 나이가 성숙하지 못하기 때문에 자녀양육 문제를 해결하기 위해 여러 가지 방책을 모색했다(<표 8> 참조). 자녀양육의 대안에 대하여, 친척과 기타 대리인(큰딸, 남편 및 이웃), 취업과 자녀양육을 병행하기, 그리고 자녀를 집에 홀로 놔두기 등을 검토해 보고자 한다.

1) 친척

자녀양육의 가장 쉬운 해결책은 가구 안에 같이 살고 있는 시어머니 등의 친척이 어머니 역할을 대신해 주는 것이다. 유세프는 "대가족과 확대가족은 어머니를 대신해서 자녀를 돌봐줄 사람을 찾는 것이 훨씬 더 쉽다"(Youssef, 1982: 179)고 말했다. 찬트 역시 가족구조와 기혼여성의 노동시장 참여가 밀접하게 연관되어 있다고 주장하면서 "여러 어른들이 일을 분담하는…확대가족은 보다 많은 여성의 노동시장 진입을 가능하게 한다"(Chant, 1991: 133)고 말한다. 이와 대조적으로 핵가족의 경우 노동인력의 부족, 즉 가사책임을 대신 떠맡을 사람이 아무도 없기 때문에 여성의 유급노동참여율이 더 낮다(Chant, 1991: 156). 요컨대 확대가족은 자녀가 아무리 많거나 어리다 하더라도 여성의 가외노동참여를 가능케 한다는 것이다.

이 책의 조사대상여성의 가구의 형태를 비교하면 9명의 가내노동여성과 8명의 가외노동여성이 각각 확대가족이었다. 확대가족의 수는 비슷했으나 놀랍게도 가내노동여성이 속한 가구가 더 많았다. 그러므로 확대가족 속에 있는 여성이 집 밖에서 노동할 가능성이 더 큰 것 같지는 않았다. 그러나 확대가족구성원으로부터의 도움 면에서 보면, 가외노동여성의 경우 중병을 앓고 있는 한 명의 시어머니를 제외하고는 시어머니가 집안에 머무르면서 이 여성들이 직장에 나가는 동안 자녀를 돌봐줌으로써 취업여성을 도와주고 있었다. 확대가족에서 한 경우를 제외하고는 가외노동여성들이 도움을 받고 있는 것으로 드러났다. 이러한 도움은 멕시코의 경우와 같이 주로 가구 내에 있는 여성 친척으로부터 나왔다(Beneria and Roldan, 1987: 131; Chant, 1991: 151).

이와 대조적으로 가내노동여성의 경우 다른 여성 친척들로부터의 도움은 확대가족 내에서조차도 얻을 수 있는 것은 아니었다. 9가구 중에서

4가구가 시어머니를 모시고 있었고 3가구가 남편의 형제자매가 있었으며 1가구가 시아버지와, 나머지 1가구가 친정 남동생과 같이 살고 있었다. 이들 가운데 시어머니는 가사일과 자녀양육에서 도움을 줄 것으로 기대할 수 있다. 그러나 시어머니는 4명 중 3명이 집 밖에서 전일제 노동자로 일하고 있었고 1명은 알콜중독자였다. 남편의 형제자매와 여성의 친정 동생들은 모두 공장노동자로 취업하고 있어서 도움을 주지 못했다. 시아버지는 며느리가 극진하게 모시는 것을 기대하지는 않았으나 가내노동여성에게 도움을 주지는 못했다. 그러므로 확대가족에서 가내노동여성은 집안에서 가족구성원들을 위하여 모든 집안일을 다하였다.

이러한 두 집단의 여성들 사이에 사정이 대조되는 것은 확대가족 속에서 살고 있는 모든 여성들이 이러한 가족제도로부터 혜택을 받는 것은 아니라는 사실을 보여준다. 그 결과 우리나라에서 가족구조와 여성의 노동시장 참여 사이의 관련성은 챈트가 주장한 것처럼(Chant, 1991: 109-178) 반드시 타당한 것은 아니다. 가내노동여성의 경우 따로 사는 친척으로부터 도움을 받을 수 없었던 것[8]은 그들이 자녀양육을 포함하여 집안일을 처리한 다음 여가시간에 일을 하는 것으로 인식되기 때문이다.

요약하면, 11명의 가외노동여성이 확대가족 내에서나 따로 사는 친척으로부터 도움을 얻는 데 대하여 가내노동여성의 경우는 겨우 1명만 그러한 도움을 받았다. 이는 가외노동여성의 경우에 다른 여성 친척이 자녀양육을 대신해서 맡아 줄 가능성이 크다는 것을 분명히 보여준다.

그러나 요즈음은 같은 가구 내이든 다른 가구에서 살고 있든 여성 친척들간의 협력은 이 지역에서 줄어가는 것 같다. 산업화에 따라 유교에 기반한 효도 윤리가 약화되어 부모와 자식이 따로 사는 경우는 물론이고 같이 사는 경우에도 자식은 부모에게 수입의 전부를 넘겨주지 않으며 결혼한 자녀가 절대적으로 복종하던 옛날과는 달리 부모는 힘을 점차 잃어

---

8) 조은도 서울의 두 빈민지역에서 실시한 연구에서 같은 상황을 보고했다.

가고 있다. 부모는 옛날 자신들이 부모와 시부모에게 한 것과 같은 효도를 자식에게서는 기대할 수 없고 노인들에 대한 사회보장제도의 혜택이 매우 제한되어 있는 사회에서는 경제력이 없으면 장성한 자녀에게 무력한 짐이 될 뿐이라는 사실을 깨닫고 있다.

그러므로 나이 많은 부모는 자신의 돈을 가지고 스스로 어떻게 쓸까를 결정함으로써 자신의 힘을 행사하고자 한다. 도시지역에서는 노동력 부족 때문에 당시 노인에게도 일할 기회가 늘어났으며, 노인들은 손자를 봐주고 자식으로부터 용돈을 타기보다는 스스로 돈을 벌기 위해 직장을 가지고자 한다. 시어머니는 손자를 돌보기보다 돈을 벌기 위해 일하러 나가기를 더 원한다면 며느리나 아들은 막을 수가 없다.

예를 들면 한 가내노동여성(사례 35)은 시어머니가 밖에 나가 취업하기로 결정하자 자신이 집 밖에서 하던 일을 그만둘 수밖에 없었다. 이 여성은 결혼 후 4년 동안 미싱으로 옷을 박는 일을 했고 공장 측에서도 계속하기를 바랐지만 부득이 가내노동으로 전환할 수밖에 없었다. 남편이 더 이상 집 밖에서 일하지 말라고 고집하면서 시어머니 편을 들었기 때문이었다. 이는 가구의 전체적인 복지를 위하여 수입의 극대화라는 측면에서 비교우위에 따라 합리적으로 이루어지는 것이 아니라 가구구성원의 힘에 따라 이루어진다는 것을 보여준다.

농촌지역의 농부들도 역시 노동력 부족과 농번기의 고임금으로 최근 크게 고통을 받고 있었다. 그러므로 농촌지역에 사는 친척들로부터의 자녀양육의 도움도 경작할 토지가 있든 없든 상관없이 기대하기가 어렵게 되었다. 도움을 줄 수 있는 일손이 있다 하더라도 그 일손이 묵을 수 있는 공간이 필요하다. 농촌에 사는 부모를 떠나 이 지역으로 이주해 온 대부분의 가족들은 도시지역의 비싼 방값 때문에 자녀들을 돌봐줄 친척들이 거처할 집이나 여유 방을 구할 만한 돈이 없는 것 같다.

이러한 이유 때문에 우리나라 도시지역의 가족구조는 찬트가 멕시코의 가구에 관한 연구에서 주장한 것(Chant, 1990: 148)과는 달리 여성들의 고용기회와 연관성을 짓기가 어렵다. 같은 가구에 살거나 따로 사는 친척들로부터의 도움은 앤커와 하인(Anker and Hein, 1986: 37)이 다른 제3세계 국가들의 예에서 지적한 바와 같이 우리나라에서도 점차 줄어들고 있다.

2) 기타 보조인

같은 가구나 다른 가구에서 사는 친척들 외에 큰딸과 남편 및 이웃사람들로부터의 도움이 가능하다면 가외노동여성들에게는 큰 힘이 될 것이다. 전통적으로 큰딸은 집에서 어머니의 가사부담을 나누어왔다. 첫딸이 태어나면 주위 사람들은 실망감을 털어 버리도록 보통 '첫딸은 살림 밑천'이라고 말하면서 산모와 그 남편을 위로한다. 실제로 라틴아메리카 국가인 멕시코와 에콰도르(Chant, 1991: 148; Moser, 1989: 16)에서처럼 우리나라에서도 큰딸은 어머니와 함께 집안일을 할 뿐 아니라 형제들을 돌보는 일을 같이 한다. 넷 또는 그 이상의 자녀를 둔 4명의 가외노동여성[9]의 경우 맏딸들이 어머니가 유급노동을 하는 동안 어린 형제들을 돌보았다. 이 여성들은 다음과 같이 말했다.

아들을 꼭 낳고 싶었다. 네번째로 드디어 아들을 낳았다. 그렇지만 아들이 2살이 되자 공장으로 일 나가기로 했다. 내가 그렇게도 원해서 낳은 아들을 내 손으로 키우지 못하고 세 딸들이 학교 갔다 집에 와서 아들을 돌본다(가외노동여성 28).

---

9) 4명 이상의 자녀들 둔 모든 여성들은 아들을 낳기 위해서 아이들 계속 낳은 결과이다. 그러나 한 가족은 딸뿐이었고 나머지 세 가족은 딸들이 위이고 아들이 제일 막내이자 외동이었다.

아이들을 잘 돌보지 못해 죄책감을 느낀다. 특히 막내 아들에 대해서는 더 그렇다. 남편은 직업이 없이 집에 있어도 아이들을 돌보지 않는다. 큰딸이 어린 딸과 막내 아들을 돌본다(가외노동여성 44).

남편이 네 아이와 나를 남겨두고 돈 한푼도 남기지 않고 죽고 나자 어린(한 살과 세 살짜리) 두 아이들을 집에 놔두고 공장에 일하러 나갔다. 언니들이 학교에서 돌아오면 아이들과 놀아 주었다(가외노동여성 32).

4명의 10대 맏딸들은 어린 동생들을 충분히 돌볼 수 있을 나이이지만 이 딸들은 훨씬 더 어릴 때부터 동생들을 돌보기 시작했다. 가내노동여성의 경우는 맏딸의 도움이 가외노동여성에 비해 결정적이지 않다. 그러나 자녀 특히 맏딸은 동생들이 일하는 어머니를 귀찮게 하지 않도록 동생들과 같이 집안이나 밖에서 함께 놀면서 돌본다.

그러나 큰딸의 도움을 얻기도 요즈음은 쉽지 않다. 그 이유는 첫째로 젊은 부부들은 통상 한두 명의 자녀를 낳을 뿐이기 때문에 맏아이가 동생을 돌볼 만큼 크지 않기 때문이며, 둘째로는 여자아이들의 교육기간이 계속 늘어나기 때문이다. 노동자계급의 여자아이들도 상급학교에 진학할 것으로 기대되어 이들이 어머니를 도울 시간이 거의 없다. 그 결과 큰딸로부터의 도움도 줄어들고 있는 것 같다.

큰딸 외에 남편이 자녀를 돌보는 일을 나누어 맡을 수 있다. 그럼에도 노동시장에 참여하는 여성들은 남편에게 자녀양육을 분담하자는 요청을 하고 있지 않는 것 같다. 대부분의 남편들은 여가시간에 자녀와 같이 놀이를 하고 숙제를 도와준다. 이는 분명 일하는 여성에게 도움이 된다. 그러나 이러한 활동이 어머니가 집에 없는 동안 자녀양육의 책임을 실제로 분담하는 것은 아니다. 아내가 집 밖에 일하러 나가는 동안 실직, 불규칙 노동 또는 야간 근무로 인해 남편이 집에 있다 해도 자녀를 돌보는 것은 아니다. 취업한 남편의 경우는 노동시간이 길어서 실지로 자녀를 돌볼 시간이 별로 없다.

단지 2명의 여성만이 남편의 도움을 받았다고 했다. 공장 노동자인 한 남편은 가게 주인인 아내가 늦게까지 일할 동안 자녀를 돌보아 주었다. 또 다른 여성은 남편이 노동시간을 조정하여 두 사람이 모두 집에 없는 시간을 줄이고자 노력한다는 것이다. 가외노동 경험이 있는 12명의 가내노동여성들 가운데 단지 2명만이 자신이 일하는 시간 동안 남편이 아이들을 돌봐주었다고 말했다. 결과적으로 현재 가외노동에 참여하는 여성 2명과 과거에 가외노동에 참여했던 여성 2명만이 남편으로부터 자녀양육에 있어 도움을 받았을 뿐이다.

찬트(Chant, 1991: 77)와 자발라(Zavalla, 1987: 92)는 멕시코와 미국에서 부모들이 일하는 시간을 조정함으로써 부모가 자녀를 함께 돌보는 여러 사례를 제시하였다. 그러나 우리나라에서는 대부분의 남편이 자녀양육의 책임을 분담하고 있지 않은 것 같다. 오히려 대부분의 여성은 남편이 자녀에 대해 무관심하고 소홀하다고 불평했다.

남편은 월급을 좀더 받으려고 야간 근무를 하기 때문에 낮에 집에서는 하루 종일 잠만 잔다. 그래서 남편이 집에 있어도 애들을 돌보지 않고 애들은 시끄럽게 하지 않으려고 집 밖에 나가 놀아야 된다(가외노동여성 12).

남편은 애 보는 데는 아무 소용이 없다. 남편은 아들을 돌보는 일이 없다. 남편이 실직해서 집에 있을 때에도 시끄럽다고 애들을 집 밖으로 내쫓는다(가외노동여성 44).

조혜란은 서울의 두 빈민지역에 관한 연구에서 비슷한 사정을 지적하면서, "자녀에 대해 아버지가 소홀한 것은 아버지가 일하러 나가지 않고 집에 있을 때 더 뚜렷하게 나타나는데 애들이 시끄럽게 떠든다고 밖으로 쫓아낸다"(1990: 48)고 말한다. 조은도 역시 거리 행상하는 여성과 가내노동여성 모두 남편으로부터 도움을 거의 받지 못하고 스스로 자녀를 돌본다고 말했다(1991: 46). 요컨대 남편은 실직중이거나 불규칙적으로 시간제 취업을 하는 경우라도 자녀를 돌보는 일에서는 별 도움이 되지 못한다.

4명의 가외노동여성은 이웃사람들의 도움을 받았다고 밝혔다. 한 여성만이 유급으로 이웃사람에게 하루 종일 애를 돌보아 달라고 부탁한 적이 있으며 나머지 3명은 돈을 지불하지 않고 이웃사람의 선의의 도움에 의지하였다. 한 여성은 다음과 같이 말했다.

아들이 2살 됐을 때 이웃사람에게 가끔 들여다봐 달라고 부탁하고 아들을 집에 혼자 두고 일하러 나갔다(가외노동여성 33).

그러나 보수를 받지 않는 이웃사람은 아이들을 돌볼 책임을 맡은 것이 아니고 단지 시간이 나면 틈틈이 아이들의 안전을 살펴볼 뿐이었다. 모저도 멕시코의 경우에 인정 많은 이웃사람들이 일하러 나간 어머니를 대신해서 아이들을 돌봐주는 사례를 보고했다(Moser, 1989: 17). 그러나 보수가 없으면 아이 돌보는 사람으로 책임을 지는 것이 아니어서 신뢰할 수가 없다.

3) 보육시설

친척, 큰딸, 남편 또는 이웃사람들은 전통적으로 어머니 대신 어린이를 돌봐주는 역할을 해왔다. 이와는 대조적으로 제도화되거나 상업화된 보육시설이 유급노동을 하는 여성을 의하여 근래에 도입되었다. 전통적인 보조자-친인척이나 이웃사람-를 구할 수 없는 가외노동여성은 유료 보육시설을 이용하는 데에서 대안을 찾고 있다.

비영리 어린이 보육센터로는 이 지역에 교회가 운영하는 시설이 하나 있었다(1989년까지는 또 다른 한 개소가 있었다). 또한 기혼여성을 고용하고 있는 한 공장에서 노동여성의 자녀들을 위하여 최근 하루 종일 어린이를 돌봐주는 프로그램을 마련하였다. 그러나 공장의 어린이 보육시설을 이용하기 위해서는 매일 아침 일찍 자녀들을 이 지역의 극심한 교통 혼잡을 무릅쓰고 공장까지 데리고 가야 하기 때문에 여성들에게 아주 편리한 것은 아니었다. 이러한 시설에 덧붙여 상업화된 몇 개의 반일제 유치원이 있었는데 이는 이 지역이나 부근에서 차로 아이들을 실어 날랐다. 이 유치원들은 아침 9시에서부터 정오까지 운영하므로 보육시간이 너무 짧아 하루 종일 집 밖에서 일하는 여성들을 위한 어린이 보육시설로는 생각할 수는 없다.

이러한 형태의 어린이 보육시설은 조사대상여성들이 별로 이용하지 않았다. 3명의 여성만이 자녀를 지역에 있거나 자신이 일하는 공장의 어린이 보육시설에 데리고 다녔다고 말했고 또 다른 3명의 여성은 자녀를 반일제 유치원에 보냈다. 이밖에 2명의 여성이 자녀들이 더 어렸을 때 공장의 보육시설에 데리고 다닌 적이 있다고 말했다. 한 여성은 아이가 초등학교에 입학하자 공장 보육시설에 데리고 다니던 것을 중지했으며 다른 한 여성은 데리고 다니던 두 아이 중에 큰 아이가 초등학교에 입학하자 공장 보육시설에 데리고 다니던 것을 중지했다. 가내노동여성 중 이전에 가외노동을 했던 경험이 있는 12명의 경우, 2명의 여성이 남편이 실직 중이거나 낮 동안 집에 있었는데도 자녀를 공장이나 그 지역에 있는 보육시설에 보냈으며 한 여성은 반일제 유치원에 보냈다.

일반적으로 말하면 여성은 자녀들을 위해 보육시설을 거의 이용하지 않았다. 한 여성단체가 운영하던 비영리 어린이 보육시설이 1989년 3년

<표 9>　　　　가내노동자의 탁아시설 이용 가능성　(단위: %)

이용하겠다	11.1
이용하지 않겠다	77.8
관계없음	8.9
반나절 탁아소 사용	2.2
계	100.0

만에 문을 닫았다. 문을 닫은 주된 이유가 이용자가 적다는 것이었는데 비용 부담과 보육시설에 대한 여성과 그들 남편의 불신 때문이었다. 대부분의 가내노동여성(77.8%)은 집 밖에서 돈을 벌기 위하여 지금 또는 앞으로 자녀들을 이러한 보육시설에 맡기지는 않겠다고 했다. 5명의 여성만이 자신의 자녀를 보육시설에 보내겠다고 밝혔다(<표 9>). 한국여성개발원이 실시한 한 전국조사를 보면 응답자(987명의 남성과 1,515명의 여성)의 57.3%가 어린이 보육시설을 반대하였다(안순덕 등, 1991:161).[10] 따라서 이 조사 결과는 비율은 더 낮기는 하여도 이 책의 연구 결과를 뒷받침하고 있다.

부모들은 돈 받고 일하는 사람들이 자신의 자녀를 잘 돌볼 수 없다고 생각하는 것 같았다. 더욱이 우리나라 정부는 오랫동안 북한의 탁아소제도를 비난하여왔으며 이것이 보육시설에 대해 나쁜 인상을 갖도록 한 것 같다. 북한의 탁아소는 순진한 어린이들을 독재자 김일성과 그의 아들 김정일을 찬양하도록 세뇌시키는 시설이라고 선전했다. 안순덕 등이 한 연구의 응답자들은 보육시설 교육의 신뢰성과 획일성을 비판했는데 이는 분명 정부 선전에 영향을 받은 것 같다.

취학 전 어린이를 위한 시설 이외에 어머니가 노동을 하는 초등학교

---

10) 그러나 서울에서 실시된 한 연구(조은, 1991)에서 대부분의 여성들이 보육시설이 있으면 아이들을 보내겠다고 했다는 것을 밝혔는데 이 결과는 이 연구와 상반된다.

어린이를 위한 시설 '공부방'이 한국여성민우회에 의해서 이 지역에 운영되고 있다. 이는 어머니가 부재중일 때 초등학교 어린이를 보살펴주는 데 목적이 있는 것이 아니고 어린이들이 숙제하는 것을 도와주고 하루 1시간 동안 공부하도록 도움을 준다.11) 이밖에 어린이의 학습을 도와주는 영리목적의 학원에 다닐 수 있다. 노동자계급의 어린이들, 특히 노동하는 어머니를 둔 어린이들은 일반적으로 학교에서 공부를 잘 따라가지 못한다. 초등학교에서는 어린이가 숙제를 하는 데 어머니의 도움이 필요한 경우가 많으나 시간, 체력 및 지식의 부족으로 어머니가 도와주기 어렵기 때문이다.

공부방은 3명의 가내노동여성과 4명의 가외노동여성의 아이들이 이용한 반면에 사설학원은 3명의 가외노동여성의 자녀가 다녔다. 여성들은 아이들이 이러한 시설에서 지내는 동안은 안심할 수 있으나 그 시간이 너무 짧아 자기들이 집에 없는 시간을 다 메꾸어 줄 수가 없다. 그러므로 공부방이나 학원을 보육시설로 간주하기는 어렵다. 요컨대 어린이 보육시설은 여성들이 쉽게 이용하기에 편리하지도 않을 뿐만 아니라 이용하고 있지도 못하다.

4) 일과 자녀양육의 병행

자녀를 돌보는 데에 도움을 전혀 구할 수 없거나 제도화 또는 상업화된 시설을 이용하기를 싫어하거나 이용할 수 없을 때 여성은 돈 버는 일과 자녀양육 책임을 병행하는 방안을 마련한다. 어떤 가외노동여성은 직장에 보육시설이 없는 데도 자녀를 자신의 직장에 데리고 간다. 지역 내에 있는 작은 공장에 다니는 여성, 식당에서 일하는 여성, 행상인, 자영하는 가게의 주인 등은 학령 전 자녀를 일터에 데리고 가서 자신이 일하는

---

11) 이 공부방은 촌극, 합창, 운동, 소풍 등의 특별활동을 방학중에 실시하였다.

주위에서 놀도록 내버려두거나 등에 업고 일을 하였다. 연구 대상자 중 3명의 여성이 자녀를 자신의 일터에 데리고 다녔으며, 자영업을 하는 여성은 자신의 일과 자녀 돌보는 일을 잘 양립시키고 있었다.

한 어린이가 자기 어머니가 다니는 공장에 따라 다닌 것을 다음과 같이 묘사하고 있다

> 엄마랑 같이 공장에 갔다.… 나는 엄마 미싱하는 거랑 동암 이모가 미싱하는 걸 봤다. 엄마는 힘든 것 같았다. 다칠까 봐서 걱정을 했다. 그리고 엄마는 미싱하고 나면 자꾸 병원에 간다. 아침에 일어나서 엄마는 공장에 간다. 날 맨날 맨날 데려갔다가 시간이 되면 공부방에 데려다 준다. 찻길만 건너 주고 그냥 간다(하은진, 1992).

어린이들이 어머니와 함께 있다 하더라도 어머니가 일하는 동안 제대로 보살핌을 받는다고 할 수는 없다. 뷰츨러(Buechler, 1986: 172)와 뮬러(Mueller, 1982: 82)도 다른 제3세계 국가에서도 같은 사정에 처해 있음을 지적했다.

가외노동여성의 경우 소수가 자신의 일과 자녀를 돌보는 일을 병행하고 있는데 반하여 거의 모든 가내노동여성은 가내 하청일을 하는 동안 스스로 자녀를 보살폈다. 그러나 그들은 일하는 동안 어린 자녀를 자신의 곁에 방치하거나 등에 업고 일을 했는데 자녀 돌보는 일보다 돈 버는 일을 더 중요시했다. 여성들은 다음과 같이 말한다.

> 아이들과 싸우고 지지고 볶으면서 일한다(가내노동여성 9).

> 아이들은 내 등에서 자랐다. 지금은 친구들과 나가 놀아서 지금은 훨씬 수월해졌다(가내노동여성 6).

물건 가지러 오야 집에 갈 때마다 멀어도 아이를 등에 업고 갔다(가내
노동여성 37).

자녀들이 혼자 밖에 나가 놀 수 있을 정도로 성장하면 어머니는 과자
사먹을 용돈을 손에 쥐어주면서 밖에 나가서 놀도록 말한다. 그러나 어린
들이 집 안팎에서 놀 때 위험에 처하거나 사고를 당할 우려가 많다. 예를
들면 끓는 물에 데거나 어머니의 재봉틀에 손가락이 다치거나 심지어 죽
기까지 했는데, 이는 어머니가 집에 있어도 자녀들에게 전적으로 주의를
기울일 수 없기 때문이다. 한 가외노동여성은 다음과 같이 말한다.

내가 미싱하는 동안 아이가 미싱에 손가락을 넣어 잘리자 11년 동안
해온 부업일을 곧바로 그만두었다(가외노동여성 22).

또 어느 가내노동여성은 이렇게 말한다.

외동 아들이 다섯 살 때 내가 집에서 일하는 동안 집 가까운 데에서
차에 치여 죽었다. 너무 많이 울었다(가내노동여성 25).

가내노동여성은 그 자녀들이 보살핌을 잘 받고 있다고는 생각하지 않
는다. 가내노동여성의 62.2%가 <표 10>에서 보여주는 것처럼 일 때문에
자녀들과의 점심 먹는 시간을 미룬 경험이 있으며 자녀의 53.3%가 어머

<표 10> 가내노동자가 자녀의 점심식사를 미룬 경험 (단위: %)

있다	62.2
없다	37.8
계	100.0

<표 11>　　　가내노동 어머니에 대한 자녀들의 태도　　　(단위: %)

도와줌	8.9
신경 쓰지 않음	35.6
좋아하지 않음	53.3
딸은 도와주나 아들은 싫어함	2.2
계	100.0

니가 집에서 일하는 것을 좋아하지 않는다고 가내노동여성들은 밝히고 있다(<표 11>). 자녀들은 어머니가 집에서 일하는 것을 좋아하지 않는다는 것을 여러 가지로 나타내었다.

엄마는 매일 아프다면서 왜 일을 하느냐고 애가 불평한다(가내노동여성 14).

내가 일하면 애가 더 보챈다(가내노동여성 38).

내가 일하는 동안 애는 칭얼대고 성질을 낸다(가내노동여성 31).

아이는 내가 자기와 놀아 주기를 바란다. 내가 일하는 동안 내 얼굴에 자신의 얼굴을 비비곤 한다(가내노동여성 29).

우리 아이들은 내가 일하게끔 자기들끼리 잘 논다. 그렇지만 내가 돌보지 않으니까 아 이들은 때때로 '엄마 일 좀 안하면 안돼?'라고 묻는다(가내노동여성, 32).

가내노동여성이 자녀들의 요구와 바람을 모두 받아줄 수는 없다는 것은 분명하다. 그러나 가내노동여성의 사정이 존슨(Johnson, 1982: 42)이 주장한 것처럼 '적어도 어느 정도의 보호와 감독을 자녀들에게 할 수 있기 때문에' 가외노동여성의 경우보다는 훨씬 좋다는 것은 부인할 수 없다. 그러나 가내노동여성도 자녀들을 충분히 돌볼 수 없으며 자녀들의 요구를 무시하거나 소홀히 한 채 계속 일을 해야 했다. 이러한 사실은 "집에 있어도 가내노동여성은 여전히 자녀들에게 충분한 주의를 기울일 수 없다"는 알렌과 월코비츠의 주장을 뒷받침한다(Allen and Wolkowitz, 1986: 126).[12]

요약하면 일하는 어머니를 대신해 자녀를 돌봐 줄 대안으로 가구 내외의 친척, 큰딸이나 남편, 이웃사람, 어린이 보육시설을 이용하거나 자녀를 어머니의 일터로 데려갈 수 있다. 다른 무엇보다 성인인 친척과 전일제 어린이 보육시설이 가장 믿을 만한 것 같다. 그러나 이에 의존하는 사람은 소수이다. 17명의 가외노동여성과 한 명의 가내노동여성이 성인인 친척에 맡기거나 어린이 보육시설을 이용하거나 자신의 일과 자녀양육의 책임을 조화시켰다. 다른 대안은 어린이 보육을 제대로 대신하지 못했다. 일터에서 두 가지 일을 동시에 하는 여성은 자녀를 잘 돌볼 수가 없다.

5) 집에 홀로 두기

가외노동여성의 약 1/3 정도만이 자신들이 일하는 동안 자녀를 돌보기 위한 대안을 마련했다. 나머지 대부분의 가외노동여성은 자녀를 부분적으로 또는 전적으로 방치하고 있었다. 자녀를 일터에 데리고 가는 것이 허용되지 않거나 데리고 갈 수 없는 여성, 어린이 보육시설이 너무 비싸다고 생각하거나 자녀양육의 책임을 대신해 줄 친척이 없는 여성은 자녀를 방치해둘 수밖에 없었다.[13] 상당한 수의 가구에서 자녀들이 부모들이 일하고 있는 동안 자신들을 스스로 보살피도록 내맡겨져 있었다. 28명

---

12) Cragg and Dawson(1981: 4)과 Beneria and Roldan(1987: 150)도 같은 점을 지적했다.
13) 조은도 서울의 빈민촌에서 같은 상황임을 밝혔다(1991: 70).

<표 12> 가외노동자가 자녀를 집에 혼자 두었을 때의 막내 자녀의 나이(단위: 수)

	일 시작 당시	조사 당시
3살 미만	5	0
3살~6살	13	4
6살~9살	10	17
9살~12살	0	7
계	28	28

의 가외노동여성이 자신들이 일하는 동안 자녀들이 집에 홀로 내버려두고 있었다.

집에 홀로 남겨진 어린이 대부분이 초등학교에 다니고 있었다. 그러나 가외노동여성들은 집 밖에서 일하기 시작했을 때 아주 어린아이들도 집에 홀로 남겨두기도 했다(<표 12>). 영아와 걸음을 걷기 시작한 또래의 아이들 등 아주 어린 아이들도 집에 홀로 남겨졌다. 예를 들면 이웃사람들이 때때로 돌봐주기도 하였지만 1살짜리 여아가 초등학교에 다니는 언니가 돌아올 때까지 집에 홀로 남겨진 일도 있었다. 한편에서는 2살 반짜리 사내아이를 완전히 혼자 집에 남겨두었다. 또 다른 2살 반이 된 사내아이를 이웃사람이 가끔 살펴보기는 하였어도 혼자 집에 남겨두었다. 세 살이 채 못 된 다른 두 아이도 반일제 유치원에서 부분적으로만 보살핌을 받았다. 3살부터 6살까지의 어린이들도 스스로 돌보기에는 너무 어리지만 많은 경우 홀로 집에 남겨두었다. 여성들은 아래와 같이 말한다.

처음 아이를 (네 살 났을 때) 집에 혼자 두고 나갔을 때는 매일 울었다. 아들은 스스로 컸다(가외노동여성 44).

두 살 난 아들을 집에 혼자 두고 옆집 사람에게 때때로 들여다봐 달라고 부탁하고 일하러 나갔다. 세 살 날 때 공장에 탁아소가 생겨 데리고 다니다가 초등학교에 입학하자 다시 혼자 집에 놔두고 다닌다(가외노동여성 33).

　이웃사람들이 '엄마가 있으면서도 (세 살과 다섯 살 난) 애들을 어떻게 저렇게 하나, 애들이 불쌍하다'라고 나를 욕했다. 그래서 애들을 바깥에 나가 놀지 못하게 했다. 지금도 애들이 다른 애들과 잘 놀 줄을 모른다(가외노동여성 4).

　이웃사람들은 (4살과 6살 난) 어린 아이들을 집에 혼자 두고 일 나간다고 수군거렸다. 나에게 '애들 큰 다음에 돈 벌어라'고 충고하기도 했다. 그러나 내가 집을 사서 이사 나올 때는 '일을 억척으로 하더니 집을 빨리 샀다'고 칭찬했다(가외노동여성 8).

2명의 가외노동여성이 다른 직종에 종사할 때의 경험에 대해 밝혔는데, 즉 한 여성은 3개월짜리 아이를 두고 방문을 잠그고 집 밖으로 일 나간 적이 있다고 털어놓았으며, 다른 한 여성은 아이를 혼자 방치한 것에 대해 다음과 같이 말했다.

　야채 가게를 할 때에 가게 물건 사러 나갈 때에는 (한 살과 세 살 난) 아이들을 집에 내버려두고 나갔다. 돌아오면 아이들은 흙 강아지가 되어 있었다(가외노동여성 6).

현장조사가 진행중이던 1991년 두 어린이가 어머니는 파출부로 아버지는 일용노동자로 일하러 나간 사이에 문이 잠긴 방에서 성냥을 가지고 놀다가 불이 나 타서 죽은 사건이 일어났다. 이러한 사건말고도 빈민촌에서 어머니가 일하는 동안 방에 갇혀 있었기 때문에 자폐증세를 보이는 어린이들이 드물지 않다.[14] 모저가 멕시코 사례를 들면서 말한 것처럼 아이들을 홀로 내버려 두는 것은 '모든 해결방법 중에서 가장 암울한 방법'이다.

어린이들이 나이가 들어감에 따라 특히 초등학교에 다니게 되면 대부
분 점차 홀로 집에 있게 된다. 그러나 초등학생들, 특히 저학년 어린이들
은 보호가 필수적이다. 첫째로 시간에 맞춰 학교에 도착할 수 있도록 도
움이 필요하다. 이 지역에서 격주마다 오전반 또는 오후반으로 바꿔 다녀
야 하는데 저학년 아이들은 오후반에 시간 맞춰 학교에 가도록 지도가
필요하다. 그러나 이 아이들은 가끔 학교를 빼먹기도 한다. 여성들은 이
에 대해 걱정한다.

일 나는 것을 그만두어야 할 것 같다. 초등학교에 다니는 아들이 오후
반일 때 시간 맞추어 학교에 가지 않는다(가외노동여성 3).

둘째로 어린이들은 때맞춰 식사하도록 지도를 받지 못한다. 저학년 어
린이들은 점심을 집에서 먹어야 한다. 어린 아이들은 어머니가 준비해 놓
고 간 식사를 혼자 챙겨 먹어야 하지만 아이들은 식사를 제대로 챙겨 먹
지 않는다. 여성들은 다음과 같이 말한다.

아침마다 일하러 나가기 전에 아이들을 위해 점심을 준비해 놓는다.
그런데 아이들은 번번이 챙겨 먹지 않는다(가외노동여성 12).

공장에 아침 일찍 가야 해서 아이에게 아침을 챙겨주지 못한다. 점심
도 마찬가지다. 아들은 자주 밥을 굶는다(가외노동여성 42, 45).

두 사례가 집 부근에서 일하고 점심을 차려 주러 집에 가는 것이 허용

---

14) 저자가 이화여자대학교 한국여성연구소의 연구원으로 일할 때 지역탁아소
연합회 회장과 회원들을 만났는데 그들은 회원이 운영하는 거의 모든 탁아소
마다 집에 혼자 내버려져 있었기 때문에 다른 아이들과 놀이를 하거나 어울
리는데 문제가 있는 아이들이 한두 명은 있다고 말했다.

되어 다행스럽게 생각했다. 더욱이 초등학교의 어린이들은 거의 매일 숙제를 해야 하고 시험에 대비해서 준비해야 하는데 어른들의 도움 없이는 해내기가 어렵다. 노동자계급의 부모들도 일반적으로 자녀를 위해 자신들이 희생하는 한이 있더라도 교육을 통해서 자녀들을 중류 또는 상류계층으로 신분 상승시키기 위하여 자녀들이 치열한 입학시험을 통과하여 대학에 가기를 열망한다. 그러나 아이들은 기대를 저버리고 이리저리 거리를 배회하며 시간을 보냈다.

자녀가 초등학교뿐만 아니라 중학교 또는 고등학교에 다니는 경우조차 소녀들은 성폭행당할 위험에 노출되어 있다. 현장조사기간 중 한 초등학교 여학생이 3일 동안 납치되었다가 집에 다시 돌아왔으나 실어증에 걸렸다. 또 다른 초등학교 여학생은 2층에 있는 자신의 집에 남자가 침입하여 성폭행하려 하자 피신하려다 아래로 떨어졌으나 다행히 중상은 아니었다. 또 한 정보제공자의 딸도 나이 많은 남자가 산으로 데리고 가서 성희롱하였던 적이 있음을 알려주었다. 게다가 이 지역의 소식지 『해님』에 따르면 1992년 6월 이 지역에 한 여고생이 강간당한 후 살해된 사건이 발생했다고 한다. 이 살인사건의 조사과정에서 이 사건의 범인은 아니나 다른 여성을 성폭행한 혐의로 남자 6명이 체포되기도 했다. 한 경찰관은 "특히 이 지역에서 여자아이를 포함한 여자들에 대한 성폭력 사건이 많이 일어난다"(『해님』, 1991. 7·8월호)고 말했다.

이러한 사건 외에 이 지역에서 여자아이와 여성들이 성폭행을 당했다는 소문은 무성했으며 특히 여아가 있는 가족들에게는 큰 걱정거리였다. 그러나 대부분의 여성들은 생계를 유지해야 하는 절박한 사정 때문에 이러한 문제에 매달릴 여유가 없어 이러한 사건들이 단지 우발적이라 생각하며 덮어두고 하루하루를 지낸다.

결론적으로 가외노동여성은 자녀양육 문제를 해결하기 위해 여러 가지 대책을 차례로 또는 동시에 채택했지만 이 문제를 완전히 해결하지는 못했다. 가내노동여성 또한 집에 있음에도 불구하고 자녀 돌보는 일에 소홀했다. 대부분의 가외노동여성이 자녀들을 집이나 거리에 방치해두었다는 사실은 일하는 어머니와 자녀가 모두 크게 고통받고 있음이 분명할지라도 자녀양육의 책임이 여성에게 절대적인 장애물로 생각되지는 않았음을 의미한다. 바꾸어 말하면 여성들은 자신이 일할 동안 자녀가 보호를 받을 수 없는 상황에 있어도 일을 했다. 그러므로 자녀양육의 책임은 여성이 노동을 하는 데 제한적인 영향을 미친다는 것을 알 수 있다.

5. 결론

자녀양육 책임은 여성이 집에 묶이는 가장 중요한 이유라고 생각되었다. 이 지역에서 막내 아이의 나이는 여성의 직장선택에 부정적인 영향을 미치며 가장 큰 장애물인데 비해 자녀의 수는 여성이 돈 버는 일을 하는 데 영향을 미치는 중요한 요소로는 보이지 않는다. 그러나 자녀의 나이는 기혼여성이 취업을 결정하는 데 전적으로 장애가 되지는 않는 것으로 밝혀졌다. 또한 자녀양육의 대안을 찾을 수 있느냐는 여성이 노동을 선택하는 데 제한된 영향을 미치는 것으로 보인다. 자녀를 돌볼 마땅한 대안 없다 하더라도 여성들은 보다 높은 수입을 얻기 위하여 집 밖에 나가 일을 해야 하는 것으로 밝혀졌다.

자녀양육 책임은 여성의 노동참여에 미치는 중요한 요소이지만 하킴과 데니스가 영국 가내노동여성에 관한 연구에서 주장한 것처럼 전부는 아니다. 이는 여성들이 자녀들을 돌봐줄 적절한 대안이 없는데도 기꺼이 일을 선택한다는 것이 아니라, 전통적인 도움이 줄어가고 제도화된 어린이 보육시설이 제자리를 찾지 못하고 있는 상황에서 기혼노동여성과 자녀들이 고통을 받고 있음은 분명하다.

제6장
여성의 노동참여와 가사노동

가정 내에서 기혼여성이 떠안고 있는 여러 가지 책임에도 불구하고 여성들의 노동참여가 계속 늘어나고 있는 현상이 여성의 가정 내의 책임과 어떻게 병존하는지가 관심의 대상이 되어왔다. 제5장에서는 자녀양육의 책임이 어머니의 노동참여에 제약이 되고 있지만 이것이 기혼여성의 유급노동을 선택하는 데 전적으로 영향을 미친다고는 할 수 없다고 주장하였다. 이 장에서는 전통적으로 주요한 여성의 집안일인 가사노동이 기혼여성들의 유급노동의 선택에 어떠한 영향을 미치는지 살펴보고자 한다.

기혼여성의 집안일을 '출산과 양육, 그리고 가사노동'이라는 하나의 범주로 묘사할 때 가사노동의 책임은 항상 자녀양육 책임과 더불어 논의되어왔다. 자녀양육과 가사노동을 포함한 여성의 가정 내 책임이 여성의 노동시장 접근을 제약하는 요인이라고 일반적으로 주장되고 있다(Stubbs and Wheeloock, 1990: 173-174; Gardiner, 1976: 117; Sen and Sen, 1985: ws-49; 조은, 1991: 70). 이들 연구는 가사노동을 따로 떼어 기혼여성의 노동시장 참여에 미치는 영향을 논의한 것은 아니었다. 그렇지만 일부 학자들은 가정기기의 기술 진보와 보육, 교육 및 건강 관리 외에도 즉석식품, 냉동식품, 기성복 등 가정주부의 전통적 일을 자본 또는 국가가 부분적으로 분담하는 등의 가사노동의 다각적 사회화를 통해 여성의 노동참여와 가사책임 사이의 갈등이 해결되었다고 주장하고 있다(Coulson, Magas and Wainwright, 1975: 67-68; Himmerweit and Mohun, 1977: 23; Seccombe, 1975: 93-94).

이 장에서는 가사노동이 특히 노동자계급 여성의 노동시장 참여를 얼마나 제약하는지를 분명히 확인하고자 한다. 이를 위해 첫째로 노동여성이 가사노동에 대해 어떠한 태도를 가지고 있는지 살펴보고, 둘째로 이 여성들이 대체로 가사노동을 가외노동에 대한 장애로 생각하지 않는 이유에 대해 논의를 하려고 한다.

1. 가사노동은 여성의 노동시장 참여를 제한하는가

연구 대상자 중 단 한 명의 여성만이 집안에서 일하는 이유로 자녀양육과 함께 가사노동을 들었다(제5장의 <표 1> 참조). 그 여성은 다음과 같이 말하였다.

　집안일 때문에 일하러 나가는 것은 너무 힘들다. 남편이 도와줘도 새발에 피다. 남편은 제대로 도와주지 않는다. 일요일이 되면 밀린 일하느라 더 힘들다(가내노동여성 35).

이 심한 불평과는 대조적으로 한 가외노동여성은 "집안일은 아무 것도 아니다"라고 말했다. 또 다른 가외노동여성은 "집안일에 뭐 힘든 것 있어요? 집안일이 뭐가 힘들어요?"라고 되물었다.

가사노동은 단조롭고 분절되어 있으며 고립되어 행해지는 끝이 없는 노동이라고 저주받아왔다(Oakley, 1974: 45, 80, 88). 특히 보봐르는 가사노동을 이렇게 표현했다. "가사노동은 끝없이 되풀이해야 하기.때문에 시지프스의 고통과 같다.… 가정주부는 생산하는 것은 아무 것도 없고 단순히 현재를 영구화시킨다"(Simone de Bourvoir, 1953: 438).

‘시지프스의 고통’을 한 여성은 ‘아무 것도 아닌 일’로 표현했으며 우리나라 노동자계급 여성은 가사노동이 가외노동시장 참여에 있어서 제약이 된다고는 생각하지 않았다.

직업을 가지고 그만두는 과정에서 가내노동여성과 가외노동여성 모두 가사노동의 부담 때문에 일을 바꾸거나 그만두지는 않았다. 가내노동여성의 남편 중 누구도 가사노동의 책임 때문에 아내가 집 밖에서 직업을 갖는 것을 반대하지는 않았다. 단지 5명(11.1%)의 가외노동여성 남편만이 처음에 자신의 아내가 집 밖에서 직업을 가지려고 할 때 가사노동의 책임을 들어 반대하였다는 것이다. 따라서 가사노동은 여성의 직업을 갖는 데 별다른 영향을 미치지 못하는 것으로 드러났다.

2. 여성들은 왜 가사노동을 제한으로 생각하지 않는가

가사노동을 집 밖에서 직업을 갖는 데 제약으로 생각하지 않는다는 사실은 의문을 제기한다. 즉 가사의 생산성 증가가 가사노동의 부담을 덜어주는 것인가? 왜 여성은 가사노동이 유급노동을 하는 데 방해가 되지 않는다고 생각하는가?

이 부분에 관해서는 세 가지 주요 측면, 즉 다른 사람들과의 가사노동의 분담, 유급노동을 시작한 이후의 가사노동의 양과 시간의 차이, 그리고 그들의 생활여건 및 경험과 관련하여 과거의 가사노동과 비교한 현실적 부담을 논의함으로써 이 의문들에 대한 해답을 구하고자 한다.

1) 분담

가사노동과 유급노동을 조화롭게 병행하기 위하여 남편, 친정어머니,

시어머니, 또는 딸과 같이 다른 사람과 분담하는 것이 가장 손쉬운 방법이다. 우리나라에서는 전통적으로 유교의 가르침에 의해 남자는 '군자'(덕이 높은 사람)가 되도록 노력하여야 하는데 이를 위해서는 자질구레한 일에는 관여해서는 안된다고 가르쳤다. 자녀양육과 마찬가지로 가사노동도 남자가 하기에는 바람직하지 못한 일로 간주되었다. 남자다운 남자는 부엌에 들어가서는 안되고 여자들의 '허드렛일'을 해서도 안된다. 그렇지만 남편은 가사노동 중에 자기 고유의 영역을 갖고 있다. 집과 가구, 전기 제품 등의 내구재의 수리, 도배, 가구 옮기는 일은 '남자의 일'로 간주되는데 이들은 일상적인 일이 아니고 가끔 행해지는 일이다.

　취업 여성은 되풀이되는 집안일들, 주로 요리, 집안청소, 시장 보기, 세탁, 다리미질, 설거지, 연탄 갈기 및 쓰레기 버리는 일 등 전통적인 '여성의 일'을 남편과 분담하기를 기대한다. 가내노동여성의 73.3%와 가외노동여성의 86.7%가 남편이 가사노동을 분담해줄 것을 기대하였다. 가외노동여성은 남편이 가사노동을 더 많이 분담해 줄 것을 기대하였으며 가외노동여성은 실제로 남편으로부터 더 많은 도움을 받고 있었다. <표 1>을 보면, 가외노동여성의 남편의 절반 이상이 '여성의 일'에 참여하고 있지만 가내노동여성의 남편은 겨우 1/3 이하만이 집안일을 도왔다.

<표 1>　　　　　　　직업별 남편의 가사일 분담에 대한 태도　　　　(단위: %)

	가내노동자	가외노동자
당연히 하지 않음	26.7	13.3
기대하지만 하지 않음	44.4	29.0
요구하면 마지못해 함	4.4	4.4
도와주지만 충분하지는 않음	8.9	13.3
잘 도와줌	15.6	33.3
없음	0.0	6.7
계	100.0	100.0
	(n=45)	(n=45)

p= .08129

<표 2>는 가장 많은 수의 남편이 연탄가는 일을 하고 있음을 보여준다. 가외노동여성의 남편(37.5%)은 그들의 아내의 짐을 덜어주고자 다른 어느 일보다 훨씬 더 많은 남편이 연탄가는 일을 떠맡았다. 일부 남편들은 연탄가는 일이 신체적인 힘이 필요하여 '남자의 일'로 받아들여지는 것으로 보이기 때문에 필요할 때마다 그 일을 했다. 연탄가는 일은 아내에 대한 사랑의 상징이 되었다. 대부분의 우리나라 가정이 난방 및 취사를 위해 연탄을 사용했을 때 좋은 남편은 대부분 연탄가는 일을 떠맡아 했다.

전통적인 여성의 일 중에서 세탁과 청소는 부분적으로 남편과 함께 하고 있었다. 가외노동여성의 남편 중 28.9%와 가내노동여성의 남편 중 20.0%가 때때로 집안 청소를 하는 것으로 나타났다. 가외노동여성의 남편 중 20.0%와 17.8%가 각각 설거지 또는 빨래를 한 반면, 가내노동여성의 남편 중에는 이보다 더 적은 수가 이러한 일을 분담하였다(설거지 경우는 8.9%, 세탁의 경우는 6.7%. <표 2> 참조). 분명히 가외노동여성의 남편이 청소와 세탁일을 더 많이 분담하였다. 특히 세탁기의 보급으로 남편이 빨래를 분담하는 일이 많아진 것 같다. 한 가외노동여성은 말하기를

세탁기를 사고 난 후부터 남편이 세탁기를 돌린다(가외노동여성 28)

고 했다. 기계를 돌리는 일은 전통적으로 남자의 일로 생각되었기 때문에 세탁기의 보급이 남편이 세탁일에 참여하게끔 이끈 것으로 보인다. 세탁기를 사용하여 빨래를 하는 것은 너무 쉬운 일이어서 '강한 남자'가 할 수 없기 때문에 세탁기가 보급된 후에도 여성은 계속하여 세탁 책임을 질 수밖에 없다는 반론이 있을 수 있다. 그러나 우리나라의 경우, 세탁은 언제나 여성의 일이었으나 세탁기의 보급으로 남자와의 분담이 약간 늘어난 것 같다.

직업별 가사일 담당자

		1	2	3	4	계
밥짓기	가내노동자	91.1	4.4	4.4	0.0	100.0
	가외노동자	80.0	6.7	13.3	0.0	100.0
반찬 만들기	가내노동자	95.6	2.2	2.2	0.0	100.0
	가외노동자	88.9	4.4	6.7	0.0	100.0
김치 담그기	가내노동자	97.8	0.0	2.2	0.0	100.0
	가외노동자	91.1	0.0	8.9	0.0	100.0
빨래	가내노동자	91.1	6.7	2.2	0.0	100.0
	가외노동자	73.3	17.8	8.9	0.0	100.0
설거지	가내노동자	88.9	8.9	2.2	0.0	100.0
	가외노동자	66.7	20.0	11.1	2.2	100.0
집청소	가내노동자	71.1	20.0	8.9	0.0	100.0
	가외노동자	57.8	28.9	13.3	0.0	100.0
쇼핑	가내노동자	77.8	22.2	0.0	0.0	100.0
	가외노동자	88.9	11.1	0.0	0.0	100.0
다림질	가내노동자	88.9	8.9	2.2	0.0	100.0
	가외노동자	64.4	15.6	20.0	0.0	100.0
연료공급[a]	가내노동자	73.3	15.6	2.2	8.9	100.0
	가외노동자	46.6	37.8	8.9	6.7	100.0
쓰레기 버리기	가내노동자	88.9	11.1	0.0	0.0	100.0
	가외노동자	37.8	11.1	4.4	46.7	100.0
집수리	가내노동자	20.0	66.6	6.7	6.7	100.0
	가외노동자	33.4	64.4	2.2	0.0	100.0
내구재수리	가내노동자	22.2	66.7	0.0	11.1	100.0
	가외노동자	22.2	51.1	8.9	17.8	100.0
벽지 바르기	가내노동자	17.8	60.0	0.0	22.2	100.0
	가외노동자	26.7	57.8	2.2	13.3	100.0

1항은 전적으로 또는 주로 아내가 함.

2항은 남편이 어느 정도 함.

3항은 집안의 다른 여자가 함.

4항은 기타로 돈을 주고 하거나 '하지 않거나' '관련이 없음'.

a: 연료공급은 연탄을 갈아넣는다는 뜻. '하지 않거나' '관련이 없음'은 난방과 조리를 기름이나 가스를 한다는 것을 의미한다.

또 다리미질 역시 가외노동여성의 남편이 가내노동여성의 남편에 비하여 더 많이 했다. 다른 일과는 대조적으로 장보기는 가외노동여성의 남편보다 가내노동여성의 남편이 더 많이 하는 유일한 것이었다. 그러나 일용품이 아니라 내구재를 구입하는 것이 남편의 일인 것이 분명한 것 같다.[1] 전기 밥솥의 등장으로 남편이 밥하는 일을 분담하는 것도 용이해졌다. 그러나 요리, 특히 김치나 반찬은 남편이 만들 가능성은 가장 적었다.

가외노동여성의 33.3%와 가내노동여성의 15.6%가 남편이 집안일을 '잘한다'라고 평가하면서 남편이 거들어주는 데 대해 만족감을 표시하였으며(<표 1> 참조), 가내노동여성의 57.7%와 가외노동여성의 45.6%는 남편의 협조에 불만족했다. 따라서 가외노동여성이 남편의 도움에 더 많이 만족하는 것으로 나타났다.

그러나 기대와 만족 사이에는 간격이 있었다. 남편이 도와주지 않는 것에 대해 여성들은 다음과 같이 불평하였다.

남편은 손도 까딱하지 않는다. 지겹다(가내노동여성 22).

내가 아파도 나 혼자서 집안일을 모두 해야 한다. 남편은 남자가 집안일 안 하는 것은 당연하다고 생각한다(가내노동여성 10).

남편은 집안일을 거의 안 한다. 남편보고 집안일 하라고 하기 어렵다. 시어머니가 남편에게 남자는 집안일 하는 것 아니라고 가르쳤다. 시어머니는 남편이 청소라도 하면 '어떻게 감히 남자가 이 하찮은 일을 하느냐'고 남편을 꾸짖는다. 남편은 자기 엄마 영향을 받았다(가내노동여성 11).

내가 남편에게 방 좀 청소하라고 하면 집안에서 남편에게 시킬 것을

---

1) 이 점에 관해서는 제9장의 가정경영 부분에 더 논의된다.

시키라고 한다. 남편은 내 요리 솜씨 없다고 불평하면서 집안에서 아무
것도 안 한다(가외노동여성 12).

나는 남편에게 나도 남자 일(돈벌이) 하니까 당신도 여자 일(가사노동)
을 해야 한다고 하면서 집안일 좀 하라고 한다. 그래도 남편은 하는 법
이 없다(가외노동여성 23).

딸, 친정어머니 또는 시어머니가 역시 가사노동의 짐을 나누어 갖지만
도움을 주는 이러한 여성들 대부분이 같은 집에 살지 않을 뿐만 아니라
특히 시어머니나 친정어머니의 도움은 자녀 돌보는 일과는 달리 매우 제
한적이었다. 가내노동여성 중 9명과 가외노동여성 중 8명이 각각 확대가
족을 이루고 살고 있는데 겨우 7명의 여성만이 다른 여성들과 가사노동
의 책임을 나누고 있었다.
구체적으로 4명 가외노동여성이 친정 또는 시어머니의 도움을 받았고
가내노동여성은 3명만이 도움을 받았다. 그러나 시어머니는 가사노동을
충분히 분담하는 것 같지가 않았다. 왜냐하면 시어머니는 전통적으로 며
느리로부터 시중을 받아야 한다고 생각하기 때문에 자신들은 가사노동으
로부터 면제받고 있다고 생각한다.
한편으로는 가외노동여성의 경우 5명이 딸의 도움을 받고 있는데 비해
가내노동여성의 경우 1명의 딸만이 일하는 어머니와 가사노동을 분담하
였다. 딸들은 가외노동여성의 경우 1명을 제외하고는 모두가 15살 이상
이었다.
다른 집에 사는 여성들로부터 가사노동에 도움을 받는 일은 특별한 경
우를 제외하고는 거의 없었다. 가내노동여성은 가외노동여성에 비하여
가사노동에서 있어서 다른 여성들로부터 도움을 받을 가능성이 훨씬 적
은 것 같았다. 가외노동여성의 20.2%가 가장 크게 도움을 받는 것은 같은

집에 사는 시어머니, 딸 등이 옷을 다려주는 일이었다(<표 2>). 시어머니, 딸 등이 분담해 주는 기타의 일로서는 집안 청소, 설거지 및 밥짓기이지만 이 숫자는 매우 적다.

가사노동의 책임을 유급노동과 병행하기 위한 대안으로는 가사노동을 대행시키기 위해 다른 사람을 고용하는 것이다. '여자의 일' 가운데 쓰레기 버리는 일은 돈을 주고 다른 사람에게 시킬 가능성이 다른 일에 비해 더 많다. 특히 가외노동여성은 누군가에게 돈을 주고 자신들이 일하는 동안 언제 올지 모르는 청소차에 쓰레기를 버리도록 맡겼다.

요약하면, 다른 여성과 가사노동을 분담하는 여성의 수는 매우 적으며 주로 가외노동여성이 다른 여성과 가사노동을 분담할 가능성이 보다 높았다. 가내노동여성의 남편 중 약 2/3와 가외노동여성의 남편 중 42.2%가 전혀 가사노동을 하지 않았으며, 다른 여성으로부터의 도움도 매우 적은 것 같았다. 더욱이 남편 또는 누군가가 가사노동을 '도와준다' 또는 분담한다 할지라도 그들은 궁극적으로 여성의 기본역할인 가사노동을 단순히 거들어 줄 뿐이다(Working Family Project, 1978: 84).

가사노동의 주된 짐과 책임은 전적으로 아내의 어깨 위에 놓여져 있다. 가사노동은 기본적으로 아직도 전통적인 관례에 따라 나누어져 있으며, 아내들이 유급노동에 참여하여도 재분배되지 않고 성역할에 관해 깊이

<표 3>　　　　　　　　　직업별 취업 후 가사노동 양 변화　　　　　　　(단위: %)

	가내노동자	가외노동자
똑같음	55.5	44.5
감소	28.9	48.9
증가	15.6	4.4
미상	0.0	2.2
계	100.0	100.0
	(n=45)	(n=45)

p= .08402

새겨진 고정 관념에 따라 계속 여성의 일로 남아 있다. 타인으로부터의 도움은 가사노동의 짐을 실질적으로 덜어주거나 사실상 분담해주지도 못했다. 그렇지만 남편, 딸, 친정 및 시어머니의 도움은 유급노동여성 특히 가외노동여성에게는 어느 정도 도움이 되었다. 특히 가외노동여성에 대한 남편의 도움은 그 수는 적었으나 주목할 만하다. 가외노동여성의 남편의 경우 아내가 가사노동을 분담해주기를 크게 기대하고 있으며 일부 남편은 도와주고 있는 것으로 보인다.

2) 가사노동의 질 저하와 시간의 단축

기혼여성의 노동시장 참여는 어떻든 가사노동에 영향을 주는 것 같다. 우리나라 노동자계급 여성들은 자녀양육과는 달리 가사노동은 양과 시간의 조절과 변화로 적응해가는 것 같았다. 대부분의 가내노동여성(71.1%)은 가사노동의 양이 자기들이 가내노동을 시작하기 전과 같거나 증가하였다고 말했다. 이와 대조적으로 가외노동여성의 거의 절반은 가사노동이 유급노동을 시작한 이래 줄었다고 생각했다. 가사노동이 감소한 것은 조리와 장 보기가 줄어들고 모든 것을 더러운 채 그대로 두기 때문이었다. 한편 가사노동이 늘어난 것으로 느끼는 여성들은 다음과 같은 이유를 들었다. 즉, 첫째로 시간이 날 때까지 집안일의 처리를 미루어야 하고 그 결과 일이 더 힘들게 느껴지고, 둘째로 특히 가내노동여성의 경우 집안에서 일하므로 집이 지저분하여 더 자주 청소를 해야 하며, 셋째로 가외노동여성 역시 감독을 받지 않는 자녀들이 집을 더 지저분하게 만들고 옷을 더 더럽힌다고 생각하기 때문이다.

가사노동이 증가했느냐 감소했느냐와 상관없이 대부분의 가내노동여성(64.4%)과 가외노동여성(84.5%)이 현재 가사노동을 할 시간이 더 적어졌다고 말했다(<표 4>). 가사노동시간을 단축하는 것은 수입을 얻기 위

<표 4>   직업별 가사노동 시간의 변화   (단위: %)

	가내노동자	가외노동자
똑같음	28.9	13.3
감소	64.4	84.5
증가	6.7	0.0
미상	0.0	2.2
계	100.0	100.0
	(n=45)	(n=45)

p=.05060

한 노동시간을 확보하는 데도 필요하여 여성이 이전보다 가사노동에 시간을 덜 할애하는 결과를 초래했다. 가사노동 시간을 줄인 여성의 비율이 가사노동의 양을 줄인 여성의 비율보다 더 높은데 이는 일반적으로 이 여성들이 유급노동을 하지 않는 시간 중에 더욱 집중적으로 가사노동을 하는 것을 의미한다. 자녀양육과는 달리 가사노동의 양과 시간에서의 융통성 때문에 여성들이 가사노동을 덜 중요시하게 된 것으로 보인다.

3) ㅅl동 여성들의 가사노동

남편 또는 다른 여성과의 가사노동의 분담이나 가사노동의 융통성에도 불구하고 대부분의 가사노동을 노동여성 스스로 처리하였다. 그럼에도 불구하고 이 지역 여성들은 대체로 가사노동을 큰일로 생각하지 않았다. 그 이유를 살펴보기 위해 그들이 날마다 하고 있는 가사노동을 검토해 보려고 한다. 세 가지 측면으로 논의하려고 하는데, 첫째, 생활여건의 변화에 따르는 가사노동의 양의 변화, 둘째, 그들이 성장할 무렵의 농촌 및 도시지역의 과거와 비교한 현재의 가사노동, 셋째, 그들의 경험과 관련된 가사노동의 기술과 숙련이 그것이다.

① 생활 형편과 가사노동

모든 여성들은 가사노동, 즉 요리, 설거지, 집안 청소, 시장 보기 등 거의 같은 일을 한다고 생각되고 있다. 그러므로 가사노동의 양과 질이 보통 규명되지 않은 채로 남아 있다. 그러나 인종, 생활주기의 단계 또는 대리인의 고용 등에 따라 여성의 가사노동은 다양하다는 것을 인식해야 한다(Lopata, 1971: 138, 369-376). 빈민지역의 여성들은 우리나라의 다른 계층이나 지역에 사는 여성들과 똑같은 가사노동을 하는 것은 아니다.[2]

'여성의 일'로 규정되는 가사노동 가운데 음식만들기는 가정에서 가장 중요한 일이다. 우리나라 사람에게 가장 중요한 음식은 밥과 김치이다. 음식 소비수준이 우리나라의 경제발전에 따라 분명히 향상되어왔다 하더라도 노동자계급의 사람들은 여유가 없어 매일 가장 기본적인 음식을 먹을 뿐이다. 그러므로 가정에서 여성들은 식사 때 소수의 몇 가지 음식을 준비한다. 전기 밥솥과 전기 보온밥통이 노동자계급을 포함해 거의 모든 가정에서 사용되고 있는데, 이는 노동여성이 밥을 하루에 2~3번이 아니라 한 번만 해도 밥을 따뜻하게 보존하여 모든 끼니마다 주식으로 먹을 수 있게 해준다. 이러한 가전제품의 등장으로 노동여성들은 노력을 절약하게 된다. 이 책에서 인터뷰한 가구의 대부분(96.7%)이 전기 밥솥이나 전기 보온밥통을 갖고 있었고 나머지는 압력밥솥을 가지고 있었다.

우리나라 사람들이 식사를 할 때는 언제나 김치를 함께 먹게 된다. 겨울철에는 12월경에 김장을 하여 보통 다음 해 2, 3월까지 먹게 되고 여름철에는 보통 1~2주일마다 김치를 담근다. 여름철에는 더운 날씨로 김치를 자주 담궈야 하기 때문에 김치 담그는 일이 여성에게 큰 부담이 된다.

---

2) 김혜경(1985: 110)이 가사노동이 생활상의 큰 차이로 인하여 계층간에 다르다는 것을 지적하였으나 그밖에 이에 대해 구체적으로 연구된 것이 없다. 김혜경도 노동자계급과 기타 계층 사이의 가사노동의 양과 질에서의 어떠한 차이가 있는지 밝히지 않았다.

하지만 요즈음은 더운 날씨에도 김치를 냉장고에 보관할 수 있어 이전보다는 덜 자주 담아도 되게 되었다. 냉장고는 우리나라 노동자계급에도 널리 보급되어 사용되고 있으며 이 책의 조사 대상인 90가구 모두 냉장고를 한 대씩 소유하고 있었다. 이밖에 오늘날에는 포장된 인스턴트 식품들, 예를 들면 여러 가지 라면이 보급되어 쉽게 조리할 수가 있다. ㅅ 1동 사람들은 여러 가지 식품을 살 수 있을 만큼 충분한 돈이 없기 때문에, 음식 준비하기가 여성의 필수적인 일로 생각되고 아직도 주로 여성의 영역이기는 하나, 만들기 쉽고 조리하는 데 오래 걸리지 않는 값싸고 간단한 음식을 마련한다. 가전기기들이 여성의 일을 줄이는 데 기여한 것은 부정할 수 없다.

설거지는 가정에서 중요한 일은 아니다. 간단한 반찬 몇 가지로 식사하기 때문에 많은 접시나 그릇이 사용되지도 않고 따라서 씻는 일도 간단하다. 식기세척기를 사용하지 않아도 그릇을 씻는 데 거의 시간이 들지 않는다. 더욱이 깨지기 쉬운 그릇은 거의 사용하지 않기 때문에 크게 주의를 요하지도 않는다.

집안청소 또한 노동자계급 가구에는 큰 부담이 되지 않는다. 우리나라에서 토지와 집 값이 비싸기 때문에 도시지역의 빈곤정도는 사람들이 차지하고 있는 공간에서 뚜렷이 드러난다. 도시지역의 거의 모든 빈곤가구는 세를 들든 자기 소유이든 상관없이 작은 공간을 차지하고 있다. <표 5>에서 보는 바와 같이 가내노동여성의 88.9%와 가외노동여성의 62.2%가 한두 개의 방과 작은 부엌, 그리고 공동으로 사용하는 변소 또는 개별 화장실을 가지고 있었다.

작은 방에서 모든 가족이 식사를 하고 텔레비전을 시청하고 친구와 친척들과 만나 즐거운 시간을 보내며 또 그 방에서 잠을 잔다. 작은 부엌은 음식을 만들고 설거지하는 데뿐만 아니라 빨래를 하거나 아침, 저녁으로 세수를 하는데 그리고 여름에는 샤워를 하는 목욕탕으로도 쓰여진다.[3]

<표 5>　　　　　　　직업별 방의 수　　　　　　(단위: %)

	가내노동자	가외노동자
1개	37.8	31.1
2개	51.1	31.1
3개	8.9	35.6
4개	2.2	2.2
계	100.0	100.0
	(n=45)	(n=45)

p= .02150

　방에는 냉장고, 텔레비전 수상기, 비디오 카세트, 라디오, 찬장, 이불장, 전화, 자녀들의 책상, 책 및 책꽂이가 공간을 차지한다. 차지하는 공간을 줄이기 위하여 이러한 물건들을 층층이 쌓아 놓고 있으나 물건이 작은 방에서 많은 공간을 차지하고 있어 청소할 방바닥의 면적은 극히 적다. 이 책에서 11.1%의 가구가 진공청소기를 갖고 있지만 이를 자주 사용하는 것 같지는 않았다.

　손빨래는 어렵고 육체적으로 힘든 일이다. 특히 대부분의 남편들이 건설이나 공장 노동자로서 이들은 손으로 빨기가 매우 어려운 더러운 작업복을 집으로 가져온다. 그러나 우리나라 노동자계급의 가정에서는 탈수기가 널리 보급되어 사용되었으며, 최근 들어 세탁기를 구입하는 가구가 늘어가고 있었다. 이 책에서 90가구 중 75.6%가 세탁기를 가지고 있었다. 세탁기 때문에 빨래하는 일이 더욱 쉬워졌다. 여성들은 다음과 같이 말한다.

　　아들이 월급 받아 세탁기를 사주었다. 빨래가 훨씬 수월해졌다(가외노동여성 45).

---

3) 그들은 더운 여름을 제외하고는 통상 일주일에 한 번씩 인근 공중 목욕탕에 가서 목욕을 한다.

더러운 옷 모아다 세탁기에 넣고 단추만 누르면 기계가 빨래 다해준
다. 하기 쉽다(가외노동여성 28).

세탁기의 등장으로 빨래를 하는 데 드는 시간과 육체적 노력이 모두
감소한 것은 분명하다.

이 지역 사람들은 물품을 구입할 수 있는 돈이 넉넉하지 않기 때문에
물품 구입 또한 큰일이 아니다. 그러나 가장 중요한 생필품인 식품은 자
주 구입하지만 식품 구입은 시간이 많이 들거나 어려운 일이 아닌데, 이
는 그들이 여러 가지 식품을 소비하는 것이 아니고 또한 반면에 빈민지
역의 가난한 사람들이 생계를 유지하기 위하여 동네에 작은 수퍼마켓을
군데군데 열어 놓고 있어 편리하게 생필품을 구입할 수 있기 때문이다.
조사 지역인 ㅅ 1동의 한복판에는 노천시장이 있는데 그곳에는 야채가게
외에 여러 개의 옷가게와 신발, 약 및 내구 소비재를 파는 작은 가게가
있었다. 내구 소비재는 집에서 외판하는 여성을 통하여 살 수도 있다. 외
판 여성들은 집집마다 방문하여 판매하고 제품을 집에까지 배달해주며,
대금 지불도 매달 집에서 외판 여성을 통하여 내거나 은행을 통하여 내
기도 한다.

사실 많은 사람들은 옷이나 기타 물건을 가게에서 구입하는 것이 아니
라 친척, 친구, 이웃 등으로부터 공짜로 얻었다. 이 여성들은 다음과 같이
말했다.

돈 아끼려고 길거리 쓰레기통에서 애들 옷이랑 내 옷을 주워다 입었
다. 사람들이 '저 여자 좀 봐라. 거지 같다'라고 수군거렸다. 내 친구가
헌 책 줘서 우리 아이들에게 갖다주었다(가내노동여성 21).

나는 옷 안 산다. 여동생이 자기 식구 입던 옷 중에서 유행 지나거나

 직업별 월별 의류비 지출 (단위: %)

	가내노동자	가외노동자
없음	28.9	20.0
1만원 이하	28.9	28.9
1만원 이상 2만원 이하	28.9	17.7
2만원 이상 3만원 이하	4.4	13.3
3만원 이상 4만원 이하	0.0	6.7
4만원 이상 5만원 이하	8.9	6.7
5만원 이상	0.0	6.7
계	100.0	100.0
	(n=45)	(n=45)

p= .12212

싫증난 옷 주면 가져다 입는다. 나와 아이들뿐 아니라 남편도 여동생 남편이 입던 옷 입는다. 흑백 텔레비전도 길거리에 누가 버린 것 주워다 본다(가외노동여성 23).

<표 6>을 보면 22가구(가내노동여성의 28.5%와 가외노동여성의 20.0%)가 전년도에 옷을 구입하는 데 돈을 한푼도 쓰지 않았다. 그리고 두 집단의 약 2/3 정도가 식비로서 매월 10만원을 못 미치게 썼다(<표 7>).

<표 7> 직업별 쌀을 제외한 식료품비 (단위: %)

	가내노동자	가외노동자
5만원 이하	35.6	20.0
5만원 이상 10만원 이하	31.1	40.0
10만원 이상 15만원 이하	13.3	22.2
15만원 이상 20만원이하	13.3	6.7
20만원 이상	6.7	11.1
계	100.0	100.0
	(n=45)	(n=45)

p= .29143

물품 구입에는 시간과 돈이 모두 거의 들어가지 않은 셈이다. 이 지역 여성들은 다리미질도 많이 하는 것 같지가 않았다. 다리미질을 하는 번거로움을 피하기 위하여 면이나 모로 만든 옷은 자신과 가족들이 거의 입지 않는 것 같았다. 노동자계급의 남성들은 예를 들면, 중·상류계층의 남성들이 입는 흰 와이셔츠와는 달리, 다리미질이 필요 없는 면과 합성섬유를 섞어 만든 옷을 입는다.

가족들에게 중요한 일 중의 하나가 쓰레기 버리는 일이다. 조사지역에서는 쓰레기차가 올 때 주민들이 스스로 쓰레기를 버려야 하는데, 쓰레기차가 오는 시간이 규칙적이지 못하다. 가외노동여성은 쓰레기차 오는 시간이 확실치 않고 낮 동안에는 자신들이 집에 없기 때문에 쓰레기를 버릴 수 없었다. 그들 중 일부는 사람을 고용하여 쓰레기를 버리거나 어떤 사람들은 밤에 길거리에 쓰레기를 몰래 버리기도 한다.

연탄 때는 일은 여성에게 가장 성가신 일인 것 같다. 노동자계급 가족의 난방 및 조리용 연료는 대개가 연탄인데 이는 연탄이 다 타서 꺼지기전에 새 것을 갈아넣어야 하기 때문에 수시로 살펴보아야 한다. 특히 추위가 심한 겨울에는 난방을 위해 많은 연탄을 소비하게 되는데 이때에는 하루에 두 번씩 때로는 한밤중에도 연탄을 갈아야 한다. 이러한 일은 무거운 중량 때문에 육체적 힘을 요하고 구멍을 잘 맞추는 기술이 어느 정도 필요하다. 그들에게는 분명 귀찮고 걱정되는 일이다. 최근 연탄 보일러가 보급되어서 과거처럼 방마다 연탄을 넣는 대신 화덕 하나에 몇 개의 연탄을 한꺼번에 넣어 모든 방을 데울 수 있게 되었기 때문에 연탄 가는 일은 보다 수월해졌다. 일부 노동자계급가구들은 연료를 가스나 기름으로 바꾸고 있었다. 프로판가스는 이 지역에서도 이미 조리용으로 널리 사용되었는데 가구 중 96.7%가 조리용으로 프로판가스를 사용하였다. 90가구 중 6가구는 기름 보일러를 설치하여 난방을 하는 일은 더욱 손쉬워지고 있다. 그러나 연탄을 때는 가구는 연탄 갈기가 가장 성가신 일인데,

남편은 가사 노동 중에 연탄 가는 일을 가장 많이 도와주고 있었다.

요약하면, 비록 김치를 담그고 겨울철에는 많은 연탄을 갈고, 세탁기 없이 빨래를 하며 쓰레기를 버리는 부담이 힘들고 귀찮은 일이라 하여도, 낮은 수입으로 가계를 꾸리고 좁은 생활공간에다가 가전기기가 보급되므로 해서 실지로 여성들에게 가사노동은 양과 부담면에서 그다지 크지 않은 것 같았다.

② 과거와 비교한 현재의 가사노동

여성들은 가사노동을 큰일로 생각하는 것 같지가 않았는데 그 까닭은 첫째 대가족이 모여 살던 과거에 비하여 가사노동의 양이 크게 줄어들었기 때문이다. 둘째로는 현대식 설비나 가구가 발달되었기 때문이다. 자녀를 포함하여 3~4명으로 이루어진 핵가족에서의 가사노동은 이 여성들이 자라난 6명 이상의 형제자매와 부모로 구성된 대가족에서의 그것에 비하면 크게 부담이 줄어들었기 때문이다.

더욱이 도시지역의 현재의 가사노동은 이들 여성 대부분이 자랐던 농촌지역의 과거의 가사노동에 비하여는 훨씬 적어진 것이 틀림없다. 농촌지역에서는 조리와 난방을 위하여 산과 들에서 장작과 짚을 끌어 모아야 하고 여성은 불 피울 때 나는 연기를 견디면서 식사준비를 해야 했다. 마을의 공동우물이나 자기 집 정원에 있는 우물에서 힘겹게 물을 길러와야 했고 흰색의 무명 옷과 삼베 옷은 삶아야 하고 방망이로 두들기면서 숯불 다리미로 다리미질을 했다.

<표 8>　　　　　　직업별 형제·자매와 자녀의 평균 수　　　(단위: 명)

	가내노동자	가외노동자
형제·자매	6.5	7.2
자녀	2.0	2.2

이 여성의 대부분은 농촌지역에서 어릴 때 자신의 어머니들이 설비나 기구 없이 불편하고 힘들게 일하는 것을 보았거나 스스로 농사를 짓고 가축을 돌보는 일 외에도 가사노동을 해 본 경험을 갖고 있었다. 나머지 다른 여성들은 도시빈민지역의 가난한 가정 출신들로서 그 아버지가 막노동자나 공장노동자, 혹은 실직자이거나 없는 경우였다. 이 지역의 환경과 여건은 훨씬 더 나빠서 1970년대까지 수도나 하수도가 없었고, 일부 지역에서는 전기마저 없었다. 그리고 그들은 난방과 조리를 위해서 화덕마다 연탄을 넣어야만 했다.

이 여성들의 어린 시절에 가사노동이 더 힘들었다는 것은 부정할 수 없다. 그러므로 우리나라 가정에서 현대적인 기술설비와 편리한 식품 개발로 가사노동에 드는 여성들의 육체적 노력과 시간이 줄어들게 된 것은 거의 의심할 여지가 없다. 가정 내 설비기술과 경제발달이 진전됨에 따라서 가사노동을 줄이는 상품과 서비스는 우리나라 노동자계급 사람들도 이용할 수 있게 되었다. 이는 일부의 연구자들이(Beechy and Whitelegg, 1986: 25; Robinson, 1980: 64; Cowan, 1989: 208; Hartmann, 1981: 385) 생활수준이 올라가고 남편과 자녀가 하던 일(세탁, 설거지 등)이 여성들에게 옮겨왔기 때문에 가정 설비와 기구가 가사노동의 감소와 아무런 관련이 없다고 주장한 것과는 상반된다.

③ 가사노동에서의 기술과 숙련

인터뷰를 한 여성들은 가사노동에 익숙해 있었기 때문에 이를 더 이상 취업에 대한 장애로서 생각하지 않았다. 연구대상자의 64% 이상이 10대 때부터 가사노동을 해왔다(<표 9>). 특히 맏딸인 경우 어린 나이 때부터 가사노동을 한 것으로 드러났다. 그들은 먼저 어린 동생들을 돌보는 일로서 어머니를 돕기 시작했다. 이 여성들은 다음과 같이 말했다.

<표 9>　　가사노동을 시작한 나이　(단위: %)

7～10세	13.3
10～15세	38.9
15～20세	12.2
20세 이상	35.6
계	100.0
	(n=90)

나는 동생들 돌보느라 초등학교도 일 년 늦게 입학했다(가내노동여성 18).

나 혼자 두 동생 다 키웠다(가내노동여성 22).

나는 아침부터 저녁까지 남동생을 등에 업고 다녔다(가외노동여성 42).

여성들은 곧이어 설거지, 빨래, 집안청소 및 밥짓는 일을 시작하여 김치를 포함한 반찬을 만드는 일은 마지막으로 배웠다. 농촌지역에서 부모가 논이나 들에서 한창 바쁘게 일할 때에는 모든 집안일을 혼자서 거의 다해야 했다. 일부 여성들은 마침내 어머니를 대신하여 가사노동의 대부분을 떠맡았다. 몇몇 여성들은 이렇게 말했다.

모내기 때가 되면 학교도 못 가게 했다(가내노동여성 29).

나는 밥과 반찬을 해서 논에서 일하는 엄마에게 갖다 주었다(가외노동여성 12).

12살 때부터 집안일도 했고 논일도 했다(가외노동여성 34).

엄마가 내가 18살 되던 해에 돌아가셨다. 그때부터 혼자서 집안일 모두 다 했다(가외노동여성, 24).

이 여성들 중 대부분이 10대 때부터 가사노동을 해왔기 때문에 그 일에 익숙하고 능률적이어서 가사노동이 쉬운 일로 느끼는 것 같았다. 게다가 그 결과가 눈에 보이지 않기 때문에 가사노동을 하는 여성들조차 그 부담을 무시해버릴 가능성이 있다. 더욱이 돈을 벌기 위해 공장에서 노동자로, 가게에서 자영업자로 또는 다른 집에서 파출부로 일하는 것 또한 단조롭고 반복적이고 훨씬 힘들기 때문에 자신들이 집에서 하는 가사노동이 특별히 어렵다거나 지루하다고 생각하지 않는 것 같았다.

3. 결론

유급노동에서의 어려움과 고생 때문에 여성들은 가사노동을 힘들게 생각하지 않았다. 그 이유는 첫째, 가사노동은 다른 사람들, 예를 들어 남편, 딸, 어머니 및 시어머니와 부분적으로 분담하기 때문이었다. 특히 가외노동여성은 남편과 함께 살고 있는 여성들로부터 보다 많은 도움을 얻었으며 남편의 도움에 만족할 가능성이 더 크다. 그러나 이는 아직도 소수에 지나지 않는다. 가외노동여성이 함께 살고 있는 여성들, 즉 맏딸, 시어머니 등의 도움을 더 받을 수 있다 해도 흔한 것은 아니며 남편으로부터 도움을 받는 것보다 적었다. 그러므로 여성은 주요한 가사 일을 주로 처리해야 한다.

그러나 가사노동 때문에 여성들이 취업을 못하게 되는 것은 아닌데, 자녀양육과는 달리 가사노동은 양과 시간에 있어서 줄일 수 있는 여지가 있는 융통성 때문이다. 가외·가내노동여성 모두 가사노동의 양과 시간을 줄였지만 가외노동여성이 더 많은 경우 가사노동을 축소시켰다.

더 나아가 그들은 낮은 생활수준 때문에 가사노동 자체에 크게 부담을 느끼고 있는 것 같지는 않으며 또한 가정 설비, 가정용품 및 편의 시설의 보급과 여성들이 자라던 가정과 비교하여 가족 규모의 감소의 결과로 인하여 과거보다 일이 적어졌다. 더욱이 오랫동안 가사노동을 해온 경험 때문에 부담을 적게 느끼는 것 같았다.

비록 여성이 유급노동과 가사노동이라는 이중적인 부담을 주로 지고 있다 하더라도 가사노동 자체는 우리나라에서 여성의 노동참여에 적은 영향을 미칠 뿐인 것 같았다. 그 결과 가사노동이 여성이 가정 내에서 해야 하는 주요한 역할이라 해도 집 밖에서 돈벌이를 위해 취업하는 데에는 장애로 크게 작용하는 것 같지는 않다는 결론을 도출할 수 있다.

제7장
여성의 노동참여와 남편

　무엇이 여성의 노동시장 참여에 제재를 가하는가에 관한 이전의 연구들은 대부분 여성의 가사노동, 특히 자녀양육에 대한 책임에 초점이 맞추어져왔다. 그러나 앞의 두 장에서 자녀양육 책임은 어머니의 가외노동을 단지 부분적으로 제한할 뿐이며 가사노동은 거의 제한하지 않는다고 지적하였다. 자녀양육 책임으로 우리나라 노동자계급 내에서 기혼여성의 노동에 대한 제약을 전부 설명할 수는 없다.

　그렇다면 다른 어떤 요소가 기혼여성의 노동에 대해 영향력을 발휘하는가? 무엇이 가내노동여성과 가외노동여성 사이의 현실적인 차이점인가? 이 장의 목적은 여성의 유급노동참여에 남편이 미치는 영향을 검토함으로써 이러한 의문에 대한 답을 구하려는 데 있다.

　남성이 자기 아내를 통제하는 문제는 아주 부분적으로 제기되어왔을 뿐이다. 델피는 프랑스 농촌 가정에서의 노동에 대한 어버지(남편)의 통제를 다음과 같이 정확히 지적하였다. "역사적으로 그리고 어원적으로 가족은 하나의 생산단위이다. 라틴말로 Familia는 그 가족의 아버지의 통제 아래에 있는 토지 노예, 여성 및 어린이 모두를 의미한다.[1] 아버지는 아직 오늘도 가족을 지배한다. 그의 권위 아래에 있는 사람들의 노동은 아버지에게 속한다"(Delphy, 1984: 62).

---

　1) '가족의 아버지'는 '아내의 남편'으로 대체할 수 있다.

가내노동여성에 관한 일부 연구도 여성이 집 밖에 돈 벌러 나가는 것을 남편이 반대하기 때문에 여성은 집에 머물러 있어야 한다는 것을 보여주고 있다. 베네리아와 롤단은 멕시코 가내노동여성에 관한 연구에서 남편의 태도가 아내의 노동에 중요한 요소이며 남편의 반대는 아내의 노동참여에 제재를 가한다고 지적하였다. 그들은 연구대상자 남편 가운데 40%가 아내가 직장, 특히 집 밖의 직장을 구하고자 하는 결정에 반대한다는 것을 밝혔다(Beneria and Roldan, 1987: 146). 게다가 알렌과 월코비츠는 영국의 가내노동여성에 관한 연구에서 "가외노동이 아니라 가내노동을 한다는 결정은 흔히 남편의 영향을 받는다.… 남편의 의견이 결정적인 것으로 보인다. 가내노동여성들은 그들의 남편이 아내의 가외노동에 찬성 또는 반대에 대해 명확한 기호를 가지고 있음을 잘 알고 있다"(Allen and Wolkowitz, 1987: 128)고 지적했다.

그들은 기혼여성의 노동참여에 미치는 남편의 영향뿐만 아니라 '어린 자녀의 존재는 많은 요소 중의 하나의 요소일 뿐'이라고 말하면서 자녀가 어머니 취업에 미치는 영향이 제한적임을 밝혔다(Allen and Wolkowitz, 1984: 74). 그럼에도 그들은 이 두 가지 사항이 갖는 의미를 더 이상 논의하지 않았다. 그들은 남편이 여성이 가내노동에 종사할 것인가를 결정하는 데 있어 중요한 한 요소라고 주장하지 않고 단순히 가내노동여성들의 자율성 결여의 작은 한 부분으로 보았을 뿐이다.

이렇게 남편 태도의 중요성을 명확히 제시하지 못한 것은 찬트의 연구 분석에서 가장 분명히 보여진다. 그녀는 다음과 같이 주장했다.

> 퀘레타로(Quere'taro)에서의 여성노동참여에 있어서 가장 뚜렷한 인상은 많은 여성들이 직장을 구할 수 없기 때문이 아니라 주로 남성 파트너와 동거할 경우에 그들이 일하는 것을 허락하지 않기 때문에 집에 머물러 있다는 점이다(Chant, 1991:132).

그녀는 더 나아가 "이것이 함축하는 의미는 중요하다. 즉 여성의 빈곤 경험이 번번이 개개의 남성과의 관계에 달려 있다"(Chant, 1991: 132)라고 주장했다. 그렇지만 이러한 중요성은 '하나의 전체적인 인상'으로 보고될 뿐이었고, 남편의 영향은 빈민 여성의 노동참여에 있어서의 중요한 요소에 관한 그녀의 논의에서는 빠져버렸다(Chant, 1991: 139). 대신에 찬트는 가족구조의 견지에서 자신의 주장을 펼친다. 즉 가족구조가 성인여성의 노동참여를 조정하는 데 있어 중요한 역할을 한다는 것이다(1991: 175-176). 그녀는 가족구조에 따라 여성의 노동참여율이 다름을 보여준다.

그녀는 대가족제 하에서 남편은 아내가 노동하는 것을 다음과 같은 이유로 허용한다고 주장하였다.

한 사람 이상의 성인여성이 있으면 여성의 단결과 힘이 커지고 이에 따라 여성의 삶에 대한 전통적인 남성의 통제에 도전하게 된다. 이에 반해 핵가족제 하의 여성은 남성의 통제에 대담하게 맞설 수 있도록 다른 여성들로부터 도움을 받지 못한다. 더욱이 확대가족에서의 일의 분담은 핵가족을 특징지우는 노동의 엄격한 성적 분업을 완화시키는 것 같다. 대가족제 하에서 남자들은 같은 가족에 속하는 또 다른 여성이 유급노동을 할 경우에 자기 아내더러 유급노동을 해서는 안된다고 주장하기란 어렵다(Chant, 1991: 133-134).

그러나 대가족에서 여성들 사이의 단결이 항상 보장될 수 있는 것은 아니다. 우리나라의 경우 대가족에서 시어머니와 며느리 사이에 단결보다는 분열과 갈등이 오랜 동안 흔한 일로 되어왔다. 대가족에서 여성들은 분명 다른 여성들로부터 집안일을 도와 달라고 요청하기가 더 쉽지만 여성들은 남자들이 아닌 여성들 사이에서 일을 분담하며 그래서 이는 반드시 '노동의 성적 분할을 완화'하는 것은 아니다.

　한편으로 찬트는 핵가족에서 '자기 아내의 노동력에 대해 남성의 통제의 정도가 더 크기' 때문에 핵가족에서 남편은 자기 아내가 노동하는 것을 반대한다고 주장하였다(Chant, 1991: 155). 핵가족구조는 지배적인 성이데올로기, 노동의 엄격한 성적 분업 및 가족 내에서의 지위를 가장 잘 지탱해주는 것이라고 하는데, 그 이유는 "남성이 가족 내에서 보통 유일한 수입원이고 그 자격으로서 아마도 다수의 수입원을 가진 가족에서보다는 그들 식구에 대해 더 많은 권위와 통제를 행사할 수 있기 때문"(Chant, 1991: 155-156)이라는 것이다. 그러나 핵가족에서 남성의 유일한 소득원 역할을 하는 것은 자기 아내의 노동에 대한 반대의 원인이라기보다는 그 결과이다.

　비록 찬트가 가족구조가 여성의 노동시장 참여를 차별화한다고 주장하지만,2) 그녀 자신은 그것이 여성의 노동참여를 결정하는 요소를 전부 설명할 수 없다는 것을 알았다. 그러므로 그녀는 '여성의 노동참여에 대한 추가적인 이유들'이라는 절을(Chant, 1991: 157) 하나 더 써야 했다. 이 절에서 그녀는 비록 앞장에서 남편의 수입이 아내의 노동과 상관관계가 전혀 없다고 주장했지만, 남편의 실직의 영향과 여성이 남편의 재정적인 지원에 의지할 수 없음에 관하여 언급하였다(Chant, 1991: 129). 비록 찬트가 앞장에서 기혼여성의 노동시장 참여를 누가 결정하는가에 대한 요인들에 대한 논의를 빠트렸다 하더라도, 그녀는 가족구조와는 별도로 자신의 주된 주장에 남편의 태도에 관련된 여러 가지 요소를 덧붙이지 않을 수 없었다. 여성의 노동참여에 미치는 남편의 영향은 많은 부분에서 언급되지만 하나의 주요한 주장으로 충분히 통합되지는 못하였다.

　전세계에 걸친 여성노동에 관한 경험적 연구들로부터 나온 많은 증거

---

2) 가족구조와 여성의 노동시장 참여 사이의 관련성에 대한 찬트의 주장은 우리나라에서 입증될 수 없었다. 이 연구의 제5장에서 본 것처럼 대가족이 모든 기혼여성들이 가외노동에 참여하도록 자동적으로 허용해주지는 않았다.

에 의하여 아내의 노동참여에 미치는 남편의 영향이 밝혀졌다.[3] 이들 연
구물이 여성의 노동참여에 미치는 남편의 영향을 널리 보고했지만 이들
주장은 단지 연구의 극히 일부분을 차지했을 뿐이다. 또한 증거들은 산발
적이며, 기혼여성의 노동참여에 있어서 장애에 관한 주류의 연구물에서
는 실질적으로 구체화되지 못하였다.

몇몇 연구물에서 남편이 아내의 노동참여를 반대하는 이유를 제시하
였다(Chant, 1991: 131-133; Scott, 1990: 207; Youssef, 1972: 151). 예를 들면
찬트는 핵가족에서 남편이 자기 아내가 밖에 나가 취업하는 것을 꺼리는
이유는 가사노동과 자녀양육을 해야 하는 것과 관련된 문제에 관한 실제
적인 걱정, 여성의 수입이 커질수록 남편의 체면이 더 깎인다는 생각, 아
내에 대한 권위를 부리지 못하지나 않을까 하는 두려움, 아내의 정절에
대한 위협 및 아내에게 자기 인생을 독자적으로 통제하게끔 허락한다는
두려움과 직접적으로 연결되어 있다고 주장했다(Chant, 1991: 131-133). 이
주장은 충분히 논의되지 못하였다. 특히 기혼여성이 대가족에서 유급노
동에 참여할 가능성이 더 큰 이유가 남편의 반대 관점에서 충분히 설명
되지 못하고 있다.

한편으로 유세프는 중동지역의 여성의 낮은 노동참여율을 아내의 정
절에 대한 강력한 통제를 그 근원으로 설명했다(Youssef, 1972: 151). 그러
나 그녀는 성적 통제가 실제 여성의 노동시장 참여에 관련된 의사결정에
어떻게 영향을 미치느냐에 관하여 구체적인 증거를 제시하지 못하였다.
더욱이 일단 남편이 아내가 돈벌이를 위해 노동하는 것을 수용할 경우에

---

3) 브라질(Humphrey, 1987: 171), 페루(Scott, 1990: 204), 멕시코(Beneria and Roldan,
   1987: 113, 146), 미국(Dex, 1985: 41; Pleck, 1985: 94), 영국(Allen, 1983: 660;
   Stubbs and Wheelock, 1990: 136), 그리스(Safilios-Rothschild and Dijkeers, 1978: 70),
   에콰도르(Moser, 1989: 15), 잠비아(Munachonga, 1988: 174), 인도(Stone, 1983: 40),
   아일랜드(Pyle, 1990: 147) 등.

아내의 노동조건에 얼마나 영향을 미치는가가 앞의 연구물에서는 상세히 조사되지 않았다.

이 장은 두 부분으로 나누어진다. 첫째로 아내의 유급노동에 대한 남편의 태도와 남편이 반대하는 이유가 밝혀질 것이다. 섹슈얼리티에 대한 통제, 남편에 대한 서비스 및 가장으로서의 남편의 권위 유지가 반대의 주요한 이유라고 제시된다. 둘째로 아내가 유급노동에 종사하는 것을 수용한 후에도 남편은 아내가 하는 일의 형태, 노동시간 및 수입에 영향을 미칠 수 있다는 점이 논의될 것이다. 아내가 집 밖에서 노동하는 것을 허락받는 경우에 관해서는 다음 장에서 검토될 것이다.

1. 여성의 노동참여에 대한 남편의 태도

제4장에서 지적한 바와 같이 가내노동여성들은 마지못해 집에서 일하고 있었는데 가내노동 여성의 남편은 자기 아내가 집 밖에서 노동하는 데 대해서 분명히 제약을 가하였다. 가내노동여성의 절반 이상이 가내노동일을 하는 주요한 이유로 남편의 반대 때문이라고 말했다(제5장의 <표 1> 참조). 남편들은 자기 아내의 취업이 유일한 소득원인 자신들에 대한 부담을 감소시켜주고 가족의 생활수준을 향상시켜줄 것이라는 사실에도 불구하고 자기 아내가 돈벌이를 위해 집 밖으로 나가지 말아야 한다고 주장했다.

가내노동여성에 따르면 남편들 중 2/3가 아내가 돈 벌기 위해 집 밖으로 나간다는 생각을 분명히 싫어하고 있음을 <표 1>이 보여주고 있다. 두 가지 표, 즉 제5장의 <표 1>과 다음의 <표 1>은 우리나라 가내노동여성들이 남편의 기호에 의해서 제약을 받고 있음 확실하게 나타내고 있다. 가내노동여성들의 다음과 말은 이러한 점을 예증해 준다.

<표 1>　　　　가내노동을 하는 아내의 일에 대한 남편의 태도　　　　(단위: %)

어떤 일에도 반대	15.5
가내노동은 인정하나 가외노동은 반대	51.1
가내노동은 인정하나 가외노동에 대해 모름	2.2
어떤 일도 인정	28.9
가외노동은 찬성하나 가내노동은 반대	2.2
계	100.0
	(n=45)

　　남편의 허락 없이 결혼 후에 처음으로 공장에 일하러 나갔을 때 남편은 공장에 못 나가게 하려고 '니가 먹여 살릴 거니까 나는 일하러 안 나가도 된다'면서 일하러 안 나갔다. 그래서 더 이상 일하러 나갈 수가 없었다. 그 다음 날로 그만두어야 했다(가내노동여성 10).

　　내가 남편에게 일하러 나가게 해달라고 하니까 남편은 '너하고 나하고 같이 벌어도 돈이 많이 벌어지지 않는다. 그러니까 잠자코 집안일이나 하고 있어라'라고 했다. 그래서 나는 '집안에서 할 일이 별로 없다. (아내 일하러 나가는 것을 허락하는) 다른 남자들 좀 봐라'고 했다. 그렇지만 남편은 '암말 하지 마라. 행복한 줄 알아라'라고 했다(가내노동여성 14).

　　남편은 부업하는 것을 좋아한다. 남편은 '나가려면 이혼하고 나가라'라고 한다. 남편은 일하러 나가는 여자는 다 버린 여자라고 생각한다(가내노동여성 25).

　　가외노동여성의 경우, 남편들 중 대부분이 처음에는 아내가 밖에서 일하는 것에 동의하지 않았다. 한 가외노동여성은 '대한민국 어떤 남자가 아내가 돈벌이하러 집 밖에 나가는 것을 좋아하겠느냐'라고 주장하면서 자신의 남편이 자신의 집 밖 노동에 처음 종사하기 시작했을 당시 반대했던 이유를 설명하였다(가외노동여성 28). 가외노동여성들의 남편 중 71.1.%가 처음에 아내가 집 밖으로 일하러 나가는 것을 반대하였다. 그러나 가내노동여성 사정과는 대조적으로 대부분의 가외노동여성들은 좋아서든 마지못해서든 남편의 동의를 얻어내었고 남편의 찬성을 받아 가외노동을 할 수 있었다. 이 두 형태의 여성의 남편들이 보이는 상반된 태도는 남편이 자기 아내의 노동에 얼마나 많은 영향을 미치는가를 분명하게 제시해준다.

가내노동여성이 말한 남편의 반대 이유 중의 하나는 앞장에서 지적한 것처럼 자녀양육의 책임이다. 그러나 제5장(<표 2>)를 보면 반대의 주요한 이유는 자기 아내가 다른 남자와 사귀지나 않을까 하는데 대한 남편의 불안이다. 또 다른 이유는 남편이 '여자는 집안에 있어야' 하고 집안이 바로 자신의 아내의 자리라고 생각하는 점이다. 남편이 아내가 집 밖으로 일하러 나가는 것을 허락하지 않는 마지막 이유는 집에서 아내로부터 받는 서비스를 상실할까 두려워하는 우려이다. 아내가 집 밖에서 일하는 것에 반대한 가외노동여성의 남편은 비슷한 이유를 들었다.[4] 그러나 이러한 이유들은 더 검토하여 재해석되어야 한다.

1) 여성 성에 대한 남편의 통제

남편이 집 밖에서 일하는 것을 반대하는 이유들 가운데 '여자는 집안에 있어야 한다'라는 것이 가장 강한 이유인 것 같다. 왜냐하면 그것이 가정주부인 아내에 대한 남성 가장의 포괄적인 요구를 표현하는 또 하나의 방식처럼 보이기 때문인데, 이는 자녀양육, 남편에 대한 서버스 및 아

---

4) 가외노동여성의 남편들이 처음에 반대하다가 어떻게 그리고 왜 찬성하게 되었는가는 제8장에서 상세히 밝힌다.

내의 혼외정사에 대한 두려움을 포함하고 있다. 이는 제3장에서 언급한 매우 전통적인 유교상의 '내외법'(남녀간의 엄격한 분리 규칙)을 반영하고 있다. '여자는 집안에 있어야 한다'라는 생각은 바로 여성이 다른 남자와 만나서 혼외정사를 가질는지도 모른다는 두려움의 표현인 '여자와 사기그릇은 집 밖으로 내돌려서는 안된다'(그렇지 않으면 깨어진다)라는 우리나라 옛 속담의 직접적인 반영이다.

남편은 아내의 섹슈얼리티를 통제하기 위하여 여성의 지리적 경계를 집으로 제한하려고 한다. 가내노동여성의 28.9%와 가외노동여성의 13.3%만 자신들의 혼외정사에 대한 그들 남편들의 두려움을 솔직히 말하였지만 더 흔히 말하는 '여자는 집안에 있어야 한다'라는 이유가 결국 동일한 것으로 볼 수 있다. 비록 남편들이 분명하게 자녀양육, 남편에 대한 서비스 및 가사노동과 같은 다른 이유를 들었다 하더라도, 그들의 반대는 역시 혼외정사에 대한 잠재적인 두려움에 뿌리를 두고 있을지도 모른다. 여러 가지 이유들은 서로 연결되어 있는 것 같다. 요컨대, 아내의 외도에 대한 남편의 두려움이, 남편이 그것을 솔직하게 표현하였느냐 아니냐에 상관없이 남편이 아내의 가외노동을 반대하는 근본적인 이유였다.

여성들 스스로는 성의 관점에서 자신들에 대한 남편의 태도를 명확하게 표현하였다.

남편은 나를 집안에 묶어 놓고 감시한다(가내노동여성 1).

남편은 나를 의심하고 집 밖에 못 나가게 한다. 내가 집에 있어야 하니까 부업하는 것은 허락한다(가내노동여성 7).

남편은 내가 돈벌이하러 나가서 다른 남자 만날까봐 두려워한다(가내노동여성 24).

남편은 여자는 집에서 남편이 벌어다 주는 돈으로 살림살이나 해야 한다고 생각한다. 내가 돈벌이하러 나가게 해달라고 할 때마다 남편은 '아들이 초등학교 입학하고 나면 생각해 볼게'라고 말한다. 나는 집에 있기 싫다. 나는 공장에 일하러 나가고 싶다. 그러나 남편은 아들이 커도 또 다른 이유를 대고 못 나가게 할 거다. 남편이 내가 바람 필까봐 걱정하는 것 같다(가내노동여성 15).

동거하자마자 남편은 일하러 나가지 못하게 했다. 나는 거세게 대들었지만 남편은 일하러 나가는 것을 끝끝내 반대했다. 남편이 내가 다른 남자와 사귈까봐 걱정하는 것을 나는 안다(가내노동여성 26).

남편이 자신이 집 밖에서 노동시장에 참여하는 것을 반대하지 않은 여성조차도 남편이 자기들을 통제하고 있다고 말했다.

내가 공장에서 처음 일하기 시작했을 때 남편이 내가 다른 남자와 바람 피지 않는가 의심해서 (남편과 나는) 심하게 너무 많이 싸웠다(가외노동여성 44).

남편은 아무도 왔다가지도 않았는데도 자기가 집에 들어오기 직전에 이 방을 나간 남자가 누구냐면서 심심하면 때린다(가외노동여성 42).

남편은 나를 믿지 않고 내가 다른 남자와 바람 피웠다고 생각하고 술 먹을 때마다 때린다(가외노동여성 45).

남편의 초기 반대를 이겨낸 한 여성도 다음과 같이 말한다.

남편은 나를 내버려두지 않는다. 수시로 전화해서 내가 공장에서 집

	가내노동	가외노동
자유	15.6	42.2
남편이 없는 동안은 자유(낮시간 동안)	40.0	13.3
남편의 허락을 받고	4.4	13.3
남편이 싫어함(금지)	31.1	13.3
밖으로 나가지 못함	8.9	8.9
남편 없음	0.0	6.7
미상	0.0	2.2
계	100.0	100.0
	(n=45)	(n=45)

p= .00203

에 돌아왔는지 알아본다. 남편은 내가 다른 남자와 관계를 가질까봐 걱
정하는 것 같다(가외노동여성 20).

가외노동여성들 또한 남편들이 질투하고 있다고 생각했다.

아내의 외출에 대한 남편의 태도를 검토해보면 역시 섹슈얼리티에 대
한 통제를 밝힐 수 있는데, 여성을 집에 있도록 한정시키는 것이 그것과
밀접히 연관되어 있는 것 같기 때문이다. <표 2>는 두 집단의 기혼여성
들 사이에 외출의 자유의 정도에 있어서 중요한 차이가 있음을 분명히
보여주고 있다. 가외노동여성의 남편이 아내에게 보다 많은 자유를 허용
하고 있는데 반하여 가내노동여성의 남편은 아내의 외출을 보다 엄격하
게 제한하였다. 한 가내노동여성은 이렇게 말했다.

남편은 저녁에 여자가 밖에 돌아다니는 것은 다른 남자 만나서 술 먹
고 춤추는 것 외에 딴 할 일이 없다고 생각한다(가내노동여성 1).

그러나 가외노동여성의 이 더 큰 자유가 가외노동의 원인이든 결과이

든 어느 한 쪽일 것이다. 바꾸어 말하면, 가외노동여성의 남편이 아내의 활동에 대해 더 방임적일 가능성이 더 크고 그 결과 가외노동에 반대하지 않은 것이냐 또는 아내가 어떻든 거의 매일 집 밖에 나가기 때문에 남편이 아내의 보다 커진 자유를 받아들일 수밖에 없게 된 것이냐는 잘 알 수 없다. 그러나 아내가 돈 벌러 밖에 나가는 것을 허용해 주는 것이 남편의 통제로부터 완전히 자유롭게 되었음을 의미하지는 않는다. 가외노동여성의 절반 이상이 비록 거의 매일 일하러 나간다 할지라도 남편의 통제를 어느 정도는 받고 있었다.

2) 여성 성 통제에 대한 배경

제3장에서 지적한 바와 같이, 조선시대의 여성의 정조는 남편이 살아 있을 때는 물론이고 죽은 후에도 유교사상에 근거를 둔 정절 이데올로기와 재가금지법에 따라 가장 중요한 규범이었다. 전통적으로 여성의 부정은 가문에 커다란 불명예를 가져다주었으며 자녀의 장래를 가로막았다. 더욱이 아내의 혼외정사는 남편의 사회적 위신과 권위를 무너뜨리는 가장 수치스러운 일로 간주되었다. 여성의 재가금지법과 정절 이데올로기의 강제 시행이 1백년 전에 철폐되었음에도 불구하고 아내의 부정은 아직도 우리나라의 가정과 남편에게 큰 쟁점이다.

우리나라 남성들은 그들 자신의 다른 여성과의 성적 관계와는 상관없이 아내의 혼전 순결과 결혼 후 정절을 요구한다. 만약 아내가 다른 남성과 성적 관계를 가진다면 '끝이다'(장필화·조형, 1991: 19). 대조적으로 남성들은 제한 없는 성적 자유를 허용받았고 또한 받고 있다. 남성들은 여러 명의 여성과 성관계를 가지는 것을 '남성다운' 것이며 오히려 이상적인 것으로 생각한다(장필화·조형, 1991: 10-12). 상호적인 정절이 전혀 아닌 것이다.

<표 3> 　　　　　　　직업별 남편의 성장지 및 출생지　　　　　(단위: %)

	가내노동자		가외노동자	
	출생지	성장지	출생지	성장지
농촌	80.0	73.3	83.3	76.2
도시	20.0	26.7	16.7	23.8
계	100.0	100.0	100.0	100.0
	(n=45)	(n=45)	(n=42)	(n=42)[a]

p: 출생지= .68840
　성장지= .75932
a: 무배우 사례 제외.

유교는 아직도 농촌의 행동문화에 더 강하게 받아들여지고 있는데 남편들 대부분이 산업부문에서 일자리를 얻기 위하여 농촌지역으로부터 도시지역으로 이주해왔다. 남편들은 특히 자기 아내의 섹슈얼리티를 통제하는 면에서 유교사상을 고수하였는데 아내의 섹슈얼리티에 대한 통제는 여성의 사회적 경계선이 매우 제한되어 있고 모든 사람들이 서로 잘 아는 농촌지역에서 훨씬 더 쉽게 가능하다. 도시지역에서는 여성이 집과 마을을 떠나서 남편들이 모르는 사람들 사이에서 취업을 할 때 남편이 아내의 섹슈얼리티를 통제하기란 매우 어렵다. 도시지역에서의 익명성과 유동성 때문에 남편은 아내의 부정에 대해서 더욱 불안해하는 것 같다. 남편들은 유교적 전통이 자기들에게 권력을 주기 때문에 이를 유지하기 원하지만 도시지역의 아내들은 생활을 향상시키기 위하여 수입을 올리기를 원하였고 집안에 가두어 두려는 전통을 배척하였다.

여성을 집에 가두어 두려고 하거나 아내와 남편에게 성적 이중 기준을 적용하는 것은 이 지역의 몇몇 기혼여성들이 바람을 피운 사실 때문에 강화되는 것 같다. 이 책에서 연구대상 여성들 중 두 명이 외도를 경험한 것으로 나타났다. 한 여성은 바람을 피우며 집을 2년 동안 떠나 있다가 다시 돌아왔으며 다른 한 여성은 현재의 남편과 외도를 하게 되어 전 남

편과 이혼하고 현 남편과 결혼을 했다. 연구대상자 중 몇몇 여성은 혼외
정사를 가질 가능성이 있다는 것을 솔직히 고백했다.

> 여자가 바람 못 피우라는 법은 없다. 여자가 집에서 자기 할 일만 다
> 하면 문제없다(가외노동여성 18).

> 나도 남자 친구가 있었으면 좋겠다 하고 생각해본다. 그러나 바람 피
> 웠던 이웃 여자를 아는데 그 여자가 자기 남편에게 자주 거의 죽을 정도
> 로 맞아서 너무 안되었다(가외노동여성 27).

남편이 자주 실직하고 도박을 하며 술을 많이 먹고, 바람을 피우며, 자
신을 때리는 것을 참고 살면서 스스로 매우 전통적인 한국여성으로 처신
하면서 가족에게 헌신해온 한 여성이 다음과 같이 말했다.

> 나도 때로는 남자 친구가 있었으면 한다(가외노동여성 43).

그녀는 남편이 자신이 바람을 피우면 결코 용서하지 않을 것을 알기
때문에 무서워 자신을 억제한다는 것이다.

서울 한 빈민지역 여성을 위한 모임에서 가진 여성 지위 향상에 관한
집단의 토의에서도 기혼여성 참가자들은 기혼여성노동자들이 혼외정사
를 가진다고 비난(강명순, 1985: 153)하였는데 이는 빈민지역에서 여성들
의 혼외정사가 문제가 되고 있음을 보여준다. 이에 더하여 몇몇 여성의
혼외정사는 터무니없이 부풀려져 뜬소문이 되어 퍼져나갔는데, 이러한
소문은 남성지배 사회에서 아내를 집안에 가두어 두려는 남편의 흔한 생
각을 정당화하는 구실을 제공하는 것 같았다. 여성들은 여성이 가외노동
에 참여하는 것을 반대하는 남편의 구실을 다음과 같이 묘사했다.

　　나가서 일하는 대부분의 아줌마들이 성실하지만 부정적인 면(혼외관계)이 있는 것도 사실이다. 그래서 우리 남편이 내가 처음 일하러 나간다니까 반대했다(가외노동여성 24).

　　남편은 여자는 집에 있어야 한다고 생각한다. 남편은 공장 아줌마들이 다른 남자와 바람 피워서 평이 나쁜 것을 알고 있다(가내노동여성 3).

　　남편은 일하러 다니는 아줌마들의 행동을 좋아하지 않는다(가내노동여성 13).

　　남편은 공장 아줌마들이 너무 화려하게 차리고 다닌다고 생각한다. 그래서 남편은 내가 일하러 나가는 것을 반대한다. 남편은 '집에서 잠자코 집안일이나 하고 편하게 살아라'라고 말한다(가내노동여성 10).

　　남편은 집 밖에 일하러 못 나가게 한다. 나는 그 이유를 모르겠다. 남편은 '우리 굶어 죽지 않으니까 집에 있으라'고 말한다. 남편은 일하는 젊은 아줌마들이 다른 남자들과 술 먹고 농담하는 것을 본다. 남편은 그걸 너무 싫어한다(가내노동여성 14).

　　남편은 공장에서 남자들이 여자들을 유혹하는 것을 잘 안다. 이것이 아마 내가 일하러 나가는 것을 끝내 반대하는 이유일 거다(가내노동여성 21).

무엇보다 외도를 한 적이 있는 남편들이 자기 아내가 다른 남자와 사귀지 못하도록 엄격하게 제약을 가하는 것 같다. 가내노동여성의 20.0%와 가외노동여성의 17.8%가 남편이 다른 여성과 바람 피운 사실을 안다고 말했다. 외도를 한 상대 여성은 대부분이 기혼여성이었고 3명만이 남편과 같은 사무실에서 근무하는 미혼여성이었다. 남편은 자기 아내가 다른 남성의 상대가 될 수 있는 가능성을 인정하는 것 같았다. 자기 아내의 정절에 대하여 크게 의심하고 있는 4명의 가외노동여성의 남편들 모두가 다른 기혼여성과 외도를 한 적이 있었다.

몇몇 응답자들은 바람을 피운 후 이혼을 하고 나서 현재의 남편과 결혼을 했는데 그들의 남편 역시 자기 아내가 다른 남성과 외도를 할까봐 두려워하고 있을 가능성이 더 크다. 한 가내노동여성은 전 남편이 교도소에 수감되어 있는 동안 현 남편과 만났고 전 남편이 석방된 후에 이혼하고 현 남편과 재혼했다. 이 여성은 다음과 같이 말했다.

내가 남편에게 일하러 나가고 싶다고 말할 때마다 남편은 '여자가 어떻게 감히 일하러 나가려고 하느냐'라고 말하면서 두려워한다(가내노동여성 7).

자신은 미혼이나 당시 기혼남성이던 현재의 남편과 동거함으로써 결혼생활을 시작한 한 가외노동여성은 이렇게 말했다.

내가 젊었을 때 남편과 함께 우물 파러 다녔는데 남편은 그때 내가 다른 남자 일꾼과 말만 해도 화를 펄펄 냈다(가외노동여성, 29).

남편들은 자신과 자기 아내의 섹슈얼리티에 대하여 모순된 이중규범을 갖고 있다. 일부 몇몇 여성의 혼외정사 사실이 과장되어 이 지역의 남성과 여성에게 도덕적 공황을 가져오고 기혼여성의 섹슈얼리티에 대한 통제를 강화시켰다. 더 나아가 자신이 외도를 한 경험이 있는 남편들은 그들 자신의 외도와 폭력은 정당화하는 반면 자신의 아내에 대해서는 병적인 의심을 하고 있다.

기혼여성의 남성과 여성의 혼외정사 외에 우리나라 빈민지역에서 일어나는 놀라운 새로운 현상은 여성이 가족을 버리는 일이다. 즉 여성이 자신의 남편과 자녀들을 남겨둔 채 가출을 한다. 이 또한 성에 관해서 도덕적 공황을 일으키게 한다. 짧은 질문지로 조사한 259가구 가운데에 아내가 없는 가구가 네 가구로 아내가 가출한 것으로 보여졌다. 남편들의 행실이나 아내가 없는 이유는 알 수 없었으나 그 중 3명의 남편이 불규칙적으로 일하는 육체노동자였고 나머지 1명은 버스기사였으나 이 조사가 실시될 무렵에는 병 때문에 실직중이었다. 남편이 돈벌이를 제대로 하지 않은 경우 일부 여성들은 가출을 하는 것 같다. 이들 외에 심층인터뷰한 여성들 중에 3명이 가출했다 돌아왔는데 1명은 시집 식구와의 다툼 때문에, 또 1명은 남편의 불성실과 게으름 때문이었으며, 나머지 1명은 연하의 남자와 2년간 외도를 한 다음 집으로 돌아온 경우이다. 그들 중 오직 1명만이 바람이 나서 가출했었다.

그러나 그들이 집에 돌아왔을 때는 모두 실제 사정과는 상관없이 남편으로부터 외도를 했다고 의심을 받았고 따라서 남편으로부터 '죽기 직전'까지 구타당하였다. 그들이 바람이 나서 가출을 했던 아니든 가족과 주위 사람들은 외도를 했다고 생각했다. 남편의 폭력은 아내가 외도를 했다고 의심할 때 제일 심하게 나타나는 것 같았다. 심한 폭력은 남성의 심정을 나타내주는 것으로 아내의 부정이 얼마나 심각하고 극적으로 남편의 사회적 위신과 권위를 무너뜨리고 남성다움을 파괴하는지를 반영하고 있다.[5]

조옥라는 서울의 한 빈민지역에 관한 연구(1990: 285)에서 가출 여성이 드물지 않음을 확인했다. 조혜란 역시 서울의 한 빈민지역에 관한 연구에서 아내가 가출한 2가구와 가출했다 돌아온 1가구를 보고했다(1990: 47). 변화순 역시 서울의 다른 한 빈민지역에서 비슷한 사례를 찾아내었다(1992: 247). 필자가 서울의 또 다른 빈민지역에서 일하고 있을 때 비록 그

---

5) 폭력에 관해서는 제9장에서 보다 상세하게 논의된다.

당시에는 주목하지 않았지만 그러한 사례가 있었다.

조혜란은 여성의 혼외정사 때문이 아니라 예컨대 주벽이나 성도착과 같은 남편의 행실에서 기인하는 괴로움 때문에 여성이 가출을 한다고 주장했다(1991: 47). 그들 모두가 남편의 비행 때문에 가출하는 것이 아님이 명백하다. 외간 남자와의 정사 때문일 수도 있는 것 또한 사실이다. 이유야 무엇이든 이는 자기 가족, 특히 자녀를 위하여 자신을 희생하는 전통적인 한국적 여성상과는 크게 상반된 것이다.[6]

이 지역에서 성에 관한 놀라운 사실은 각각 다른 배우자가 있는 기혼 남성과 기혼여성을 서로 만나도록 해주는 기회가 상업화되어 있다는 것이다. 여행사가 한무리의 기혼여성들이 모르는 한무리의 남성들과 같이 놀러가도록 주선하는데 이는 이른바 '묻지마'관광이라고 불린다. 이러한 나들이는 드물지 않은 것 같았으며 비록 여행 중에 만난 남녀가 보통은 특별한 관계로 발전하는 것은 아니었으며, 여성들은 재미있는 일로 생각하는 것 같았다. 남편들 자신들도 다른 여성들과 관광지에 놀러가 본 적이 있거나 또는 친구나 대중매체를 통해 이에 대해 알고 있는 것 같았다. 따라서 남편들은 자기 아내가 이러한 놀이에 참여하지 않을까 하고 두려워했다. 한 여성은 자신의 남편이 자기가 친구들과 관광하러 가는 것을 강력히 반대한다고 하면서 다음과 같이 말했다.

---

6) 여성들이 남편으로부터 달아나는 배경은 이혼의 법적 절차가 길고 여성에게는 낯설기 때문이다. 특히 간통죄(형법 제22장 224조)에 따라 기혼여성이 다른 남자와 외도를 할 경우 남편이 고소를 하면 교도소에 갈 수도 있기 때문이기도 하다. 또한 이혼이 법적으로 성립할 경우에도 가난한 남편으로부터 아내는 금전상의 혜택도 못 받는데 비해 법적 절차가 끝나기 전에 아내가 이혼을 요구하면 구타당할 것이 뻔하기 때문이기도 하다. 게다가 여성들은 자녀가 있는 여성이 다른 남자와 외도를 했거나 기타 이기적인 이유 때문에 이혼을 요구하면 사회적으로 비난받으리라는 것을 알고 있다. 여성을 희생시키는 사회규범을 존속하고 있지만 여성들 자신을 변화되었고 변화하고 있다.

　나는 친구들이랑 관광 가고 싶지만 우리 남편은 절대로 허락하지 않는다. 나는 왜 그러는지 모르겠다. 아마 남편은 자기 친구나 텔레비전을 통해서 무슨 얘기를 듣고 있는 것 같다(가내노동여성 10).

‘묻지마’관광 중에 한 여성은 이렇게 말했다.

　남편에게 ‘이 관광여행이 아들 학교 자모회가 주동하는 것’이라고 거짓말해서 허락을 얻었다.

이러한 형태의 관광여행을 남편들은 알고 있으며 따라서 남편들은 자신의 아내가 이러한 나들이에 참여하는 것을 허용해 주기 싫어한다. 관광여행 중에 다른 남성과의 접촉은 가외노동참여와는 직접 관련되는 것은 아니지만 급속히 퍼져나가는 노동자계급의 여가문화가 남편으로 하여금 여성이 집 밖으로 나다니는 것을 더욱 제한하도록 하는 것 같다.

결론적으로 기혼여성은 남편의 반대 때문에 가외노동을 참여에 제한을 받으며 자제하는 것 같으며 그리고 반대하는 가장 강한 이유는 다른 어떤 이유보다 아내의 섹슈얼리티를 통제하려는 남편의 태도인 것 같다. 이것은 전통적인 유교사상뿐만 아니라 몇몇 여성의 혼외정사에 관련된 과장된 소문에 의하여 야기된 도덕적 공황에서 유래한다.

3) 남편 시중

앞장에서 지적한 바와 같이 남편들은 아내와 가사노동을 분담해야 하는 압력을 받고 있으며 가외노동여성의 남편은 가내노동여성의 남편보다 실제로 더 많은 가사노동을 하는 것으로 나타났다. 가외노동여성의 남편은 가사노동 분담에 대한 압력을 더 받을 뿐만 아니라 집에서 아내로부터 시중도 덜 받았다. 아내는 '집안에 있어야 한다'고 생각하는 남편은 아내가 집에서 전통적인 여성의 책임을 다할 것을 요구했다.

이에 덧붙여 일부 여성들은 특히 남편이 집에서 제대로 된 서비스를 바란다고 말했다. 가내노동여성의 11.1%가 집에서 일하는 이유가 남편 시중을 들어야 하기 때문이라고 말한 데 반해서 남편이 처음 가외노동을 반대했던 가외노동여성의 겨우 4.4.%만이 이러한 이유를 들었다(제5장의 <표 2> 참조). 남편이 불규칙적으로 식사하러 집에 들어오거나(택시 운전기사), 일의 교대가 불규칙적인 경우(시내버스 운전기사), 아내는 집에서 남편에게 따뜻한 식사를 제공해야 하기 때문에 밖으로 일하러 나가는 것이 특히 어려웠다.

남편에 대한 시중은 우리나라 여성에게 있어 전통적으로 가장 중요한 일이다. 우리나라 여성들은 과거에는 높은 영아사망률 때문에 자녀 중 절반만 살아 남아도 성공이라고 생각했다. 이는 '자식 농사 반타작'이라는 속담에 분명히 나타나 있다. 과거의 어머니들은 자녀들이 어린 나이에 죽을 수도 있다는 사실을 받아들여야만 했다. 병원에서 치료를 받을 수 없었던 상황에서 어찌 해볼 도리가 없었다. 그러므로 여성들은 '자식은 덤덤하게 키우라', 그렇지 않으면 아이의 생명을 좌우하는 삼신할매의 노여움을 탈 것이라는 말을 들으면서 자녀들을 너무 귀여워하지 않아야 된다는 가르침을 받았다. 아기는 다시 태어날 수 있으며 자녀는 12명도 될 수도 있으나 한 가정에서 남편은 한 사람뿐이므로 귀중한 존재이다. 우리나라 여성들은 농담으로 자기 남편을 '우리 큰애기'라고 부르는데 이는 남편이 마치 어린 아이처럼 한없이 보살펴 주기를 요구하기 때문이다.

델피는 "기혼여성이 제공하는 서비스는 일정치가 않다.… 아내는 남편의 필요에 따라 아주 상이한 양과 종류의 서비스를 제공해야 한다"(Delphy, 1984: 71)고 주장했다. 우리나라에서 아내는 남편의 요구에 따라 집에서 여러 가지 일을 해야 한다. 앞장에서 언급한 바와 같은 가족 모두를 위한 가사노동 이외에 우리나라에서 여성이 남편을 위하여 특히 주의를 기울여야 하는 다섯 가지 일은 ① 식사 이외의 음식과 관련된 시중: 술을 사오고 술 안주를 만드는 일, 담배를 사고 재떨이를 제공하는 일, 차와 과일을 준비하는 일 및 마실 물을 가져다주는 일, ② 의복과 관련된 시중: 옷과 양말을 준비하여 장농에서 꺼내 주는 일 및 구두를 닦는 일, ③ 잠과 관련된 시중: 이불을 깔고 개는 일, ④ 씻는 일과 관련된 시중: 씻도록 더운물을 준비하는 일, 남편의 머리와 발을 씻는 일 및 자동차, 자전거 등 운송수단을 씻는 일, ⑤ 남편의 사회생활을 위한 시중: 남편의 친구들을 접대하는 일 및 남편의 일과 사교생활을 위해 전화를 받는 일이다.[7]

상당수의 여성들이 해내는 일―차 끓여 내는 일, 옷과 양말을 준비하는 일, 구두를 닦는 일 및 남편 친구들을 접대하는 일―을 비교해보면 연구대상인 두 집단의 여성들 사이에 통계상으로 상당한 차이가 난다(<표 4>). 기타 일에서는 두 집단의 여성들이 비슷하게 남편 시중을 들었다. 그러나 가외노동여성이 시종일관 남편 시중을 더 적게 드는 것으로 나타났다. 여성들이 집 밖에서 일을 하면 아내가 자신에 대한 시중을 잘 들 수 없음을 남편들은 알고 있다. 그러나 남성들은 아내가 집 밖에서 돈벌이를 하느라 바빠서 시중을 제대로 못 받는 등의 가장으로서의 특권을 잃고 싶어하지 않는다. 남성, 특히 자신의 직장에서 대접받을 기회가 거의 없이 늘상 다른 사람들을 상사로 모셔야 하는 노동자계급의 남성들은 자기들에게 유리한 가정에서의 노동의 성적 분업을 유지하고 싶어한다. 그러므로 일부 남편들은 아내의 돈벌이, 특히 가정 밖에서 종사하는 돈벌

---

7) 이러한 시중 외에 일부 여성들은 남편과의 성관계를 명백히 시중드는 것이라고 생각한다. 이는 상호 성을 즐긴다는 생각이 아니라 남편이 자신을 일방적으로 이용한다는 생각이었다. 일부 여성들은 자발적으로 남편과의 성관계에 대하여 이야기했으며 남편이 강제적으로 성관계를 하도록 강요하는 것에 대해 비난했다. 그러나 이는 아내의 노동참여에 대한 남편의 반대와 관련된 것으로 볼 수 없기 때문에 이 연구에서는 자세하게 논의하지 않는다.

<표 4>　　　　　　　　　남편에 대한 아내의 서비스　　　　　　　　(단위:%)

(1) 음식 서비스					
		항상	때때로	안함/기타	계
차 시중	가내노동자	64.5	13.3	22.2	100.0
	가외노동자	48.9	11.1	40.0	100.0
p= .03973					
(2) 의류 관련 서비스					
옷과 양말 챙김	가내노동자	68.9	0.0	31.1	100.0
	가외노동자	44.4	11.1	44.4	100.0
p= .01230					
구두닦기	가내노동자	40.0	28.9	31.1	100.0
	가외노동자	13.3	15.6	71.1	100.0
p= .00142					
(3) 집 밖의 생활과 관련된 서비스					
남편의 친구에 대한 서비스	가내노동자	60.0	28.9	11.1	100.0
	가외노동자	55.5	8.9	35.6	100.0
p= .00560					
(4) 속옷과 세차와 관련된 서비스					
머리감을 물 준비	가내노동자	17.8	8.9	73.3	100.0
	가외노동자	4.4	2.2	93.4	100.0
p= .02825					
세차	가내노동자	11.1	11.1	77.8	100.0
	가외노동자	0.0	2.2	97.8	100.0
p= .02325					

이를 반대하는 것 같다.

4) 가장으로서의 권위

'여자는 자고로 집안에 있어야 한다'는 태도는 집에서 가부장으로서의 권위와 권력을 유지하려는 남성의 의도와 관련될 수 있다. 플렉은 과거 미국에서 왜 많은 남편들이 아내가 일하는 것을 바라지 않는지를 설명할 때 다음과 같이 주장했다.

> 남편들은 자신을 가족 부양자 역할에 심리적으로 동일시하며, 이러한
> 역할에 대한 소유 관념을 가지며 자신이 그 역할을 독점함으로써 부부
> 간의 관계에서 힘을 갖도록 사회화된다(Pleck, 1985: 94).

남편들은 가정의 안락함이 빼앗기고 있음과 마찬가지로 가족 부양자
로서의 정체성, 권위 및 우월성이 위협받고 있음을 두려워하는 것 같다.
그들은 가족 부양자로서의 체면을 지키고 권위 있는 지위를 계속 지키기
위해 아내의 노동 수입을 이용하기보다는 오히려 가사노동에서 면제받기
를 원했다(Walby, 1986: 73). 어느 소규모 공장의 과장 부인을 이러한 주장
을 뒷받침한다.

> 남편은 자기가 직장에서 성공했는데도 내가 자기를 존경하지 않는다
> 고 불평한다. 지위가 높은 남자들은 자신의 권위를 세우고 싶어한다. 자
> 기 마누라가 일하면 남편의 권위를 떨어뜨리고 망치는 일인 것 같다(가
> 내노동여성 10).

또 다른 여성들도 비슷한 지적을 했다.

> 남편은 그것은 남자 자존심의 문제라고 생각한다. 남편은 가족에 대
> 해 전적으로 책임을 져야 하고 여자들은 집에서 잠자코 가사 일이나 해
> 야 한다고 생각한다(가내노동여성 8).

> 우리 남편은 내가 집에 있어야 한다고 한다. 남편은 내가 일정한 수입
> 이 있으면 내가 건방지게 될까봐 걱정하는 것 같다. 그래서 남편이 (내가
> 집에 있어야 한다고) 고집 피운다(가내노동여성 24).

남편들은 도전받지 않는 권위와 우월한 지위를 지키려는 자존심이 결합하여 아내가 집 밖에 나가 노동하는 하는 것을 반대하기도 하였다. 이들 남편에게는 아내가 가내노동을 하는 것이 자신이 가족 부양자로서의 권위를 지키고 있음을 나타낸다고 생각했다(Pennington and Westover, 1987: 18).

2. 여성의 노동조건에 대한 남편의 영향

앞절에서 대부분의 남편들이 아내가 집안이나 밖에서 노동하기로 결정하는 데 영향을 미치고 있음을 보았다. 또 하나의 의문은 '일단 아내가 집안이나 밖에서 노동하기로 결정했다면 아내의 노동에 미치는 남편의 영향은 끝나는가' 하는 점이다. 아내가 선택하는 특정한 일거리와 일단 돈벌이 일이 시작되면 일을 어떻게 해나갈 것인지에 대해 남편이 어떠한 영향을 미치는지는 아직도 논의된 바 없다.

이 절에서는 아내의 직업 선택과 노동시간과 수입 등 노동조건에 대해 미치는 남편의 영향을 살펴보고자 한다. 가설은 비록 남편이 아내가 집안이나 밖에서 일하는 것에 동의한다 할지라도 아내가 어떤 직업을 갖느냐에 대해 자유로운 선택권을 가지는 것은 아니며, 남성은 아내의 노동조건을 통제하려 한다는 것이다. 여성 노동참여에 대한 남편의 영향은 직업을 선택한 이후에도 지속된다는 것이다.

1) 일의 종류

남편은 여성노동자가 집 밖에서 직업을 선택하는 데 영향을 미친다. 특히 아내의 섹슈얼리티에 대한 남편의 통제로 인해 가외노동여성이 어떤 직업을 선택하는가가 남편의 주요한 관심사이다. 연하의 애인을 따라 가출한 적이 있는 한 여성의 남편은 아내의 직업 선택을 제한하였다. 그 여성은 이렇게 말했다.

남편이 뭐라고 안 하면 내가 지금 이 일(언니 공장에서 미싱사 일)하고 있겠나?(가외노동여성 37).

남편들이 아내가 종사하는 것을 특히 싫어하는 특정 직업이 있다. 술을 파는 일은 남편들이 가장 싫어하는 직업이다. 남편들은 술 파는 여성이 매춘부와 같이 간주된다는 것을 잘 알고 있었다. 여성들은 다음과 같이 말했다.

내가 한때 식당을 운영했는데 남편은 직장에도 나가지 않고 내가 식당에서 뭘 하는지 보고 그만두게 하려고 하루 종일 나를 뒤쫓아 다녔다. 수입을 올리려고 술을 팔았는데 남편은 그것을 특히 싫어했다. 술 파는 것 때문에 남편은 나를 의심했다. 그래서 나는 손해 보고 가게를 팔 수밖에 없었다(가외노동여성 21).

우리 남편은 손님에게 술을 팔지 않는다는 것을 알고서야 내가 식당에서 일하는 것을 허락했다(가외노동여성 20).

내가 식당에서 일하려고 하자 남편은 허락하기 전에 내가 개인 집이나 사무실에 음식 배달을 하는지, 또 술을 파는지 아닌지를 물었다(가외노동여성 23).

남편들은 다른 사람들이 자신의 아내를 접대부나 매춘부처럼 취급할 수 있는 직업을 선택해서는 안된다는 분명한 생각을 갖고 있었다. 신문 배달과 공장의 구내식당에서 일하는 것도 바람직하지 않은 것으로 본다.

다른 남자들과 혼외관계를 갖지나 않을까 하는 두려움 때문에 한 가외노동여성의 남편은 아내가 신문 배달하는 일을 그만두도록 압력을 넣었다. 그녀는 남편과 심하게 다툰 다음 신문 배달일을 마지못해 그만두어야만 했는데, 자신의 일 때문에 싸우는 것을 이웃이 알면 이웃사람들이 자신의 남편이 의처증을 가진 사람으로 인식할까봐 두려워서 곧 그만두었다는 것이다. 후에 그녀는 한 공장의 구내식당에서 일하기를 희망했지만 남편은 아내가 공장에서 일하는 다른 남성노동자와 만날 수 있다는 이유로 또다시 강력히 반대하였다. 결국 그녀가 여성노동자들만 일하고 남편보다 일찍 귀가할 수 있는 마을 내 집 부근의 작은 공장에서 일을 하게 되자 남편은 이를 받아들였다. 첫번째 인터뷰가 있은 후에 그녀는 남편의 허락을 받아 직업을 바꾸었는데 술은 팔지 않는 식당에서 조금 더 많은 임금을 받고 일을 하게 되었다.

보험 외판사원(생활설계사)은 판매를 촉진하기 위하여 남성을 포함하여 모든 사람들에게 접근해야 하기 때문에 남편들이 꺼리는 또 하나의 직업이다. 2명의 외판 여성은 남편이 그 일에 종사하는 것을 마지못해 찬성한 데 대해 이야기했다.

　내가 처음 보험 외판원이 되겠다고 남편에게 말하자 남편은 그러면 '머리에 불 싸질러 버리겠다. 그것은 과부나 하는 일이다'라고 하면서 심하게 반대했다(가외노동여성 6).

　나는 남편에게 여자가 하려면 집안에서도 바람날 수 있다고 말하면서 남편을 설득했다. 남편은 보험 외판원에 대해 나쁜 이미지를 가지고 있어 내가 외판원이 되는 것을 반대했다. 내가 고집을 피우자 마지못해 허락했다. 남편은 아직도 내가 일하는 것을 달가워하지 않는다(가외노동여성 35).

파출부는 남편들이 싫어하는 또 다른 직업이다. 여성들에 따르면 두 여성의 경우 파출부의 수입이 다른 직업에 비해 많은데도 남편들이 아내가 이 일을 하는 것을 싫어한다고 말했다. 가정부와 주인 사이의 성관계에 대한 소문은 흔해서(강명순, 1985: 47-48) 아내가 다른 남성과 접촉할 수 있다는 걱정 외에도 파출부 일이 사회적으로 천시받는 직업이라고 생각하고 아내가 파출부가 되면 자신들의 체면을 잃지나 않을까 하는 두려움에서 유래하는 것 같았다.

대조적으로 남편들이 호의적으로 생각하는 직업도 있다. 특히 남편들은 집 근처에 있는 소규모 공장에서 일하는 것을 선호하는데 공단에 있는 대규모 공장과는 달리 소규모 공장에서는 일반적으로 여성들만 일하기 때문이다. 이러한 소규모 마을 공장에서 일하는 또 하나의 장점은 여성들 중 일부가 점심 때 자녀들에게 밥을 차려 주러 집에 가는 것이 허용된다는 점이다. 2명의 여성이 남편이 자기들이 마을에 있는 공장에서 일하는 것을 더 좋아한다고 말했다.

남편은 내가 점심 때 집에 돌아올 수 있어서 내가 일하는 것에 찬성했다. 남편은 아직도 집에서 멀리 가서 일하는 것은 반대한다(가외노동여성 22).

남편이 호의적인 직업은 자녀 돌보기에 편리한 직업과 아내를 다른 남성으로부터 격리할 수 있는 직업이었다.

남편이 있는 여성과는 대조적으로 남편이 없는 한 가외노동여성은 어느 누구로부터 반대받지 않고 보험 외판원직을 선택했다. 다른 한 여성은 이혼한 이래 6년 동안 부동산 중개업을 했는데 일 때문에 사회적 관계망을 형성하기 위해 때때로 일을 마친 후 저녁에 남자들과 술집에 가서 술을 함께 마시기도 했다. 두 가지 사례에 불과하나 이 사례들은 남편이 없는 여성들은 자신의 직업 선택에 자유스럽다는 것은 분명하다(Chant, 1991: 132). 남편이 없으면 여성의 선택의 자유를 누리는 데 있어서의 주요한 장애물이 제거된 셈이다(Chant, 1991: 156; 김애령, 1987: 54).

가내노동여성에게는 그들이 이미 가정이라는 테두리 안에 갇혀 있어 통제를 받고 있기 때문에 하는 일의 형태에 대해서는 반대가 적었다. 그러나 일부 남편들은 아내가 어떤 종류의 가내 일을 해야 하는지에 대해 여러 견해를 가지고 있었다. 남편 9명은 때때로 노동조건에 대해 불만을 가지고 가내노동일을 그만두라고 재촉하거나 다른 형태의 가내노동일을 하라고 권유했다. 그들에게는 먼저 소음, 악취 및 단가가 낮은 것을 반대 이유로 들었다.

남편은 가끔 가다 나에게 '내가 차라리 술을 한잔 덜 먹지, 부업하지 마라. 단가가 너무 싸다'라고 말한다(가내노동여성 8).

남편은 인조 꽃 만들기는 너무 단가가 싸다고 하면서 구슬로 목거리나 귀거리 만드는 일을 하는 게 낫겠다고 한다. 그러나 애들이 구슬을 삼킬까봐 못한다(가내노동여성20).

남편들은 전자제품을 조립하는 과정의 일부인 땜질을 할 때 나오는 냄새와 스웨터를 짤 때 나오는 먼지를 싫어했다. 냄새와 먼지와는 달리 소음은 작업시간을 조절함으로써 남편에게 피해를 주지 않을 수 있다. 그러나 중간 오야의 독촉 때문에 남편이 집에 있는데도 일을 하지 않을 수 없을 때에는 남편의 불평을 감내해야만 한다.

남편의 영향을 분명히 드러내주는 한 사례가 있다. 한 가내노동여성은 가내노동일 가운데서 가장 높은 수입을 보장하는 미싱일을 하기 위해 재봉틀을 사고 미싱일을 시작했는데, 이는 남편이 다른 지역에 있는 건설

회사에서 일하기 위해서 집에서 떠나 있기 때문에 재봉틀이 차지하는 공간이나 작업할 때 나는 소음에 대한 남편의 불평을 걱정할 필요가 없기 때문에 가능했다는 것이다.

2) 노동시간

남편들은 자기 아내의 직업 종류뿐 아니라 노동시간도 한정하였다. 그들은 가외노동여성이 직장에서 집으로 돌아오는 시간에 대하여 특히 관심을 두었다. 남편들은 아내가 자기들보다 더 늦게 돌아오는 일을 싫어하였다. 6명의 가외노동여성은 자기들이 남편들보다 더 일찍 귀가하기 때문에 남편들이 일하는 것을 겨우 승낙했다고 말했다

아직도 남편은 내가 돈벌러 집 밖에 나가는 것을 싫어한다. 남편은 내가 자기보다 늦게 나가고 일찍 들어오는 것 때문에 할 수 없이 받아들이고 있다. 그렇지 않으면 못하게 할 거다(가외노동여성 19).

나는 남편보다 일찍 집에 들어 온다. 그래서 남편이 내가 일 나가는 것에 대해 아무 말 안 한다(가외노동여성 12).

남편은 늦게까지 일할까봐 내가 공장에서 일하는 것을 못하게 했다. 그래서 내가 지금 이 일(식당 일)을 할 수밖에 없다(가외노동여성 20).

노동시간을 조정하여 일찍 집에 오므로 해서 남편으로 하여금 아내의 섹슈얼리티가 통제되고 있어 안심할 수 있도록 하고, 남편 시중에 지장이 없도록 하여 여성들은 남편과의 다툼을 피하였다. 어떤 여성은 공장에서 초과근무와 특근을 하지 않음으로써 남편과의 다툼을 피했다고 말했다.

또 다른 여성은 남편보다 더 일찍 집에 돌아오기 위해서 직업을 바꾸기
도 했다. 그 여성은 이렇게 말했다.

공장노동자들은 수출 때문에 늦게까지 일할 수밖에 없다. 남편보다
일찍 와 있어야 하기 때문에 저녁에 6시까지만 일하는 조건으로 그 공장
에 취직을 했다. 그렇지만 그 공장을 그만둘 수밖에 없었던 것은 나 혼
자 일찍 퇴근할 수 없었기 때문이다. 다른 사람은 일하는데 나 혼자 퇴
근하는 것이 너무 부담스러웠다(가외노동여성 21).

2명의 가외노동여성은 비록 취업을 계속하고 있지만 남편이 자신들보
다 더 늦게 귀가하는 것을 싫어하고 있다고 말하면서 자신들의 불안한
심정을 털어놓았다.

남편이 일찍 들어오기 때문에 부담스럽다. 남편이 일하러 안 나가면
나도 일하러 갈 수가 없다(가외노동여성 26).

남편은 토요일마다 내가 자기보다 늦게 돌아오는 것을 정말로 싫어한
다. 남편은 토요일 오전만 일하지만 나는 오후 5시까지 일해야 한다(가
외노동여성 24).

후자는 이것이 자신에게 큰 걱정으로 그래서 곧 직업을 바꾸려고 생각
하고 있다고 말했다. 집 밖에서 취업하던 2명의 여성은 이 때문에 사직하
고 가내노동자가 되었다.

공장에서 잔업이 있는 날이면 저녁 늦게 집으로 돌아오는데, 두 달 동
안 다니다가 결국 그만두었다. 남편이 자기가 집에 있을 때 내가 집에
없는 것을 너무 싫어했다(가내노동여성 1).

내가 공장에 다니는 것을 남편은 결코 좋아하지 않았다. 특히 내가 자기보다 늦게 집에 돌아오는 것을 싫어했다. 하루는 남편은 (늦게 돌아오는 것에 대해) 심하게 화를 내면서 밥상을 던지고 내 머리를 때리면서 일 그만두라고 강요했다. 그때 이후로 돈벌이하러 나가지 않는다(가내노동여성 5).

남편들이 가외노동여성의 노동시간을 통제하였고 결국 여성들은 직업을 바꾸거나 초과근무를 기피함으로써 적응했다.

가내노동여성의 남편도 아내의 노동시간에 있어 직접적인 영향력을 발휘한다. 대부분의 가내노동여성은 자신의 노동시간을 '남편이 집으로 돌아올 때까지 또는 오기 직전까지'라고 표현한다. 35명의 가내노동여성(77.8%)은 남편이 집으로 돌아오면 즉시 작업을 중단한다고 한 데 반하여 아무도 자녀들을 위하여 작업을 중단하지는 않았다. 여성들은 대개 남편이 집에 도착한 직후에 지체 없이 저녁식사를 차려내야 한다. 앞장에서 지적한 것처럼 일 때문에 자녀와 함께 먹는 점심식사를 미루는 일은 흔하지만, 남편과 함께 먹는 저녁식사를 일 때문에 미루는 경우는 훨씬 적다(제5장의 <표 10> 참조). 그들은 어린 자녀의 요구는 무시할 수 있지만 남편의 경우는 무시할 수 없다.

남편은 직장에서 돌아왔을 때 내가 일을 계속하고 있는 것을 싫어한다. 그러면 내가 자기에게 무관심하다고 생각한다(가내노동여성 12).

남편이 직장에서 돌아오자마자 저녁식사를 차려 주어야 한다. 그렇지 않으면 심하게 화를 낸다(가내노동여성 6).

나는 남편이 돌아오기 전에 일을 끝낸다. 남편은 공장에서 기계로 매우 위험한 일을 하기 때문에 집에 있을 동안 신경 쓰이게 하고 싶지 않다(가내노동여성 17).

나는 남편이 집에 돌아올 때까지 일한다. 남편은 저녁 늦게 집에 돌아 오는데 어떤 때는 새벽 1시에도 돌아온다. 그렇지만 남편이 집에 있을 때는 남편이 싫어하기 때문에 일하지 않는다. 나는 남편이 집에 있을 때 일하는 것은 좋지 않다고 생각한다. 남편이 집에 있을 때 좁은 방에다 내 일감을 늘어놓을 수 없다(가내노동여성 15).

남편이 집에 있을 동안 만약 아내가 계속해서 일을 하면 아내는 남편의 여러 가지 요구에 시중들 준비가 되어 있지 않은 것으로 보여 남편은 무시당하고 푸대접받는 느낌을 갖게 된다. 남편들은 자기들이 집에 있는 동안 아내가 일에 열중하는 것을 보기 싫어하는데, 20명의 남편들(42.2%)은 자신들이 집에 있을 동안 일하지 못하도록 금지시켰다(<표 5>). 비록 남편들(17.7%)보다 더 많은 어린이들(53.3%)이 어머니가 집에서 일하는 것을 싫어했지만 어떤 가내노동여성도 아이들 때문에 가내노동을 중단하지는 않았고 반면 가내노동여성의 겨우 6.7%만 남편이 집에 있을 동안도 가내노동을 계속할 수 있었다(제5장의 <표 11>과 제7장의 <표 1> 참조). 이 여성들은 이렇게 불평했다.

<표 5>   남편에 대한 시중과 아내의 가내노동에 대한 남편의 태도   (단위: %)

시중 요구, 자신이 집에 있을 동안 가내노동 금지	42.2
시중 요구, 가내노동 돕지 않음	34.4
시중 요구, 가내노동 도움	26.7
일할 동안 시중 요구하나 가내노동도 돕지 않음	2.2
일할 동안 시중 요구 안 하며 가내노동 도움	4.5
계	100.0
	(n=45)

남편은 직장을 쉽게 그만두고 해서 직장을 자주 바꾸면서 '니가 벌어
먹고 살아라' 하면서 돈을 잘 주지 않는다. 그래서 내가 열심히 일해야
한다. 그렇지만 남편은 자기가 집에 있을 때에는 부업을 못하게 한다. 저
녁에는 내가 자기 옆에 누워 있기를 바란다. 남편이 잠들면 다시 일어나
일을 계속한다(가내노동여성 33).

남편은 자신이 집에 있을 때 일을 안 하기를 바란다. 남편은 애처럼
내가 자기를 하루 종일 쳐다보고 있기를 바란다(가내노동여성 21).

남편은 내가 부업하는 것을 싫어하는데 자신이 공장에서 부품을 가지
고 하루 종일 지루한 일을 하기 때문이다(가내노동여성 9).

나는 남편이 없는 동안과 저녁에 잠들고 나면 부업 일한다. 내가 자기
가 있는 데서 일하면 심하게 화낸다(가내노동여성 5).

저녁에는 단칸방에서 미싱일을 할 수 없다. 남편과 애들이 텔레비전
보는 데 시끄럽다고 못하게 한다(가내노동여성 34).

비록 남편들이 자기들이 집에 돌아온 후 아내가 일하는 것을 개의치
않는다 할지라도 남편이 집에 있으면 작업을 방해를 받는다. 가내노동여
성은 일요일이나 다른 날 남편이 집에 머물고 있는 날에는 남편이 집에
없는 날보다 아예 일을 못하거나 적게 하게 된다고 한다.

토요일에는 주중보다 (부업)일을 적게 한다. 나는 남편 뒷바라지하는
데 우선한다(가내노동여성 32).

나는 남편이 멀리 가 있어서 일을 더 많이 할 수 있다. 남편이 집에

있으면 이것저것 챙겨 주느라고 바쁘다(가내노동여성 13).

남편은 내가 집에서 부업하는 것 승낙했지만 남편이 있는 동안 남편
이 짜증을 내는지 눈치를 본다. 남편이 집에 있을 때는 일을 많이 못한
다(가내노동여성 24, 2).

어떤 남자도 자기 마누라가 자기가 있는 데서 일하는 것을 좋아 안
한다. 오야가 일해달라고 하면 책임 때문에 일 안 할 수가 없다. 나는 정
확히는 모르겠지만 남편이 집에 있으면 일하는 시간은 짧고 다른 날보
다 일한 분량도 적다(가내노동여성 4).

가내노동여성의 남편들이 집에 있는 것이 그들의 노동시간에 제약을
가하는 것이 분명하다. 한편 남편 없는 여성은 노동시간에 아무런 제약이
없다. 즉 그들은 보통은 집 밖에서 직장을 가지고 장시간 노동을 하는데,
때로는 밤 늦게까지 또 일요일에도 일을 한다. 이전에 부동산 중개소에
일한 적이 있는 한 이혼여성은 일 때문에 사람들과의 접촉이 필수적인데
이 때문에 밤 늦게까지 집 밖에서 있곤 했다. 그 일을 그만둔 후 그 여성
은 직업을 2개를 동시에 가졌는데 주된 직업은 한 회사에서 사무직 일을
보는 것이며 부업으로 고등학생의 가정 교사가 되어 밤 늦도록 일했다.
보험회사의 외판원으로 일하는 한 이혼여성은 이렇게 말했다.

나는 일을 열심히 한다. 혼자 살아야 하고 빚도 갚아야 하지만 자유롭
기 때문이다. 나는 오랜 시간 일할 수 있고 일요일에도 할 수 있다(가외
노동여성 30).

한 공장에서 일하는 한 과녀는 평일과 토요일에는 초과근무를 빠짐없

이 했고 일요일과 기타 공휴일에는 특근을 했다. 그 여성이 초과근무를 할 때에는 일이 아침 8시 반부터 시작되어 다음날 새벽 1시까지 계속되었으며 집에는 30분이 더 지나서야 도착한다. 이는 가외노동여성 45명 가운에 가장 오랜 시간 동안 일한 경우이다. 남편이 없는 여성은 경제적 필요성 때문에 더 오랜 동안 일하기도 하지만 한편에서는 남편에 의한 그 여성들에 대한 섹슈얼리티에 대한 통제나 남편 시중이 없기 때문에 장시간 노동이 가능했다.

이밖에 2명의 가내노동여성은 남편이 해외에 나갔거나 다른 지방에서 일하기 때문에 남편이 없어서 더 열심히 더 오랜 시간 일하는 것에 관해 이야기하였다.

> 남편이 집에서 멀리 떨어져 해외(중동)에서 일할 때 일을 지금보다 훨씬 더 많이 했다. 저녁 늦게까지 일하고 때로는 밤을 새우기도 했다. 거의 규칙적인 생활을 못했다(가내노동여성 32).

> 남편이 충청도에 있는 건설회사에서 일하고 있어 (나는) 오랜 시간 일할 수 있다. 사실은 일감이 오히려 부족하다(가내노동여성 6).

이 두 여성은 혼자 가정에 대한 책임을 지고 있는 것은 아니었고 남편들은 노동자계급 가운데에서 가장 높은 수입을 얻었지만,[8] 가사노동 부담이 가볍고 남편의 제약이 없어서 더 오랜 시간 동안 일할 수 있었다.

아내의 노동시간을 조정하는 데 주로 두 가지 이유가 관련된다. 하나는 남편들이 가장 및 가족 부양자로서 집에 머무는 동안 편안하게 시중

---

8) 중동에서 취업은 1970년대 말과 1980년대 초에 높은 임금 때문에 노동자계급이 재산을 모을 수 있는 좋은 기회로 생각되었다. 건설노동자의 임금은 1990년대 초부터 국내에서도 노동력의 부족 때문에 치솟았다.

받기를 원한다는 것이다. 또 하나는 자기 아내, 특히 집 밖에 나가서 일하
는 아내들이 다른 남성과 관계를 맺지나 않을까 하는 의심과 불신이다.
남편의 이러한 불안은 저녁이나 밤이 되면 더 심해진다. 요컨대 남편이
아내의 취업을 반대하는 주요 이유인 성적 질투심과 남편 시중에 대한
결여가 역시 아내의 노동시간에도 영향을 미친다고 말할 수 있다.

3) 수입

가외노동여성과 가내노동여성 모두의 수입이 남편이 행하는 노동형태
와 노동시간에 대한 통제로 영향을 받았다. 앞에서 본 바와 같이 일부 가
외노동여성의 남편은 특정한 직업에 대해서는 반대했고 여성들은 더 많
은 수입을 얻을 수 있는 직업, 예를 들면 식당 일, 신문 배달, 공장 구내
식당, 그리고 보험회사 외판원 등을 남편의 반대 때문에 포기해야만 했다.
더 오랜 시간 동안 일하는 것은 가내노동여성과 가외노동여성 모두에
게 더 높은 수입을 가져다 준다. 가게를 운영하는 경우를 제외하고는 가
외노동여성의 대부분이 일당을 받으며 초과근무에 대해서는 시간당 수당
을 받는다. 만일 남편이 아내의 노동에 조건을 붙이지 않고 아내가 공장
이나 작업장에서 더 오랜 시간을 일할 수 있다면 그들의 수입은 더욱 높
아질 것이다. 가내노동여성은 단가로 계산하여 보수를 받는데 남편이 자
신이 집에 있을 때 아내가 일하는 것을 금지하거나 싫어하면 수입은 더
낮아지게 된다. 가내노동여성에게는 일을 중단하거나 일의 능률이 떨어
지게 되면 수입에 손실이 초래된다.

3. 결론

　남편은 여성의 일 선택에 커다란 영향을 끼친다. 남편들 중 대부분이 아내가 집안이나 집 밖에서 노동하는 것을 반대하였다. 이유는 어린 자녀 양육과 가사노동 외에도 아내의 외도에 대한 남편의 두려움, 가족 부양자로서의 남성의 권위, 남편에 대한 아내의 시중 등으로 나타났다. 특히 여성 섹슈얼리티에 대한 통제는 가장 중요한 요소인 것 같았다.

　일부 남편들이 아내가 집 밖에서 노동하는 것을 받아들인다 하더라도 아내가 일하는 데 대한 동의가 아내의 직업과 노동시간의 자유로운 선택을 허용하는 것은 아니다. 남편의 태도는 여성의 일의 종류, 노동시간, 그리고 그 결과 수입을 규제한다. 다시 한번 남편에 대한 시중과 함께 섹슈얼리티에 대한 통제가 주요한 이유였다. 남편에 의한 아내의 섹슈얼리티에 대한 우려는 제3장에서 언급한 바와 같이 여성에 대한 전통적인 억압에 근거를 두고 있을 뿐만 아니라 아내의 혼외정사가 남편의 사회적 위신을 완전히 파괴해 버릴 수 있는 가능성에 그 근거를 두고 있다.

　노동의 성적 분업에 기반하여 어머니 및 아내로서의 여성의 역할이 우리나라에서는 자연스러운 것으로 생각되고 있다. 여성이 '자연'을 바꾸려고 할 때 아내에 대한 남편의 통제는 숨김없이 보여진다. 우리나라에는 '여자 팔자 뒤웅박 팔자'라는 속담이 있는데 이는 여자나 뒤웅박이나 주인 만나기 나름이라는 뜻으로 여자는 남편에 의해서 자신의 삶이 규정됨을 표현하고 있다. 우리나라에서 자기 아내에 대해 남성이 힘을 행사하는 주요한 기제는 기본적으로 유교의 가르침, 즉 아내는 남편에게 복종하여야 한다는 데서 나온다. 노처녀, 과녀나 이혼녀라고 낙인찍는 것은 이 주요한 기제를 지탱하게 하는 것 같다.

　여성에게 결혼하라는 압력은 무척 강하고 30대 후반의 나이까지 결혼하지 않은 경우 일반적으로 여성이 '문제가 많다'고 여겨진다. 결혼한 후

여성은 남편과 쉽사리 이혼할 수가 없으며 이혼한 여성을 우리 사회는 '이혼녀'라고 낙인을 찍는다.[9] 재혼은 아직도 우리나라에서 매우 어려우며 이혼녀나 과녀들은 경제적으로 어려움에 직면한다. 제4장에서 본 바와 같이 기혼여성들의 수입은 그들이 독립적으로 생활하기에는 충분치 못하며, 가족 생계비 수준보다도 수입이 적은 데 비해 혼자된 어머니를 위한 복지 지원이 미미하다.

낙인, 재혼의 어려움, 경제적 궁핍 때문에 비록 이혼 숫자가 증가하고 일부 여성들이 가출하기도 하지만 남편이 자신을 원하지 않는 방향으로 통제하더라도 결혼생활을 '참아내야 한다'고 여성들은 가르침을 받는다. 아내가 남편에게 복종을 거부하면 폭력을 야기하고 점점 많은 여성들이 남편의 통제와 권위에 도전함에 따라 더 많은 폭력이 야기되고 있다.

---

9) 우리말에 '이혼녀'와 같은 동격인 '이혼남'이라는 단어는 없다.

제8장
여성의 노동참여에 대한 남편의 허락과 남편의 통제에 대한 여성의 저항

    비록 두 집단의 노동여성의 남편 중 대부분이 아내가 돈벌이를 시작하는 것을 반대하거나 처음에는 반대했더라도 이 여성들은 실제로 일하고 있으며 <표 1>에서 볼 수 있는 바와 같이 남편의 태도가 바뀌었다. 즉 가외노동여성의 남편 55.5%, 가내노동여성의 남편 73.3%가 태도를 바꾸었다. 그러나 후자의 68.9%가 아직도 아내가 집에서 일하는 것만을 허용했을 뿐이다.

    이러한 사실에서 몇 가지 의문이 제기된다. 왜 일부 남편이 처음에는 반대했지만 마침내는 마음을 바꾸어 아내의 유급노동을 받아들였는가? 무엇이 가외노동여성의 남편으로 하여금 우려됨에도 불구하고 아내가 집 밖에서 일하도록 허용하게 만들었는가? 왜 일부 남편은 전혀 아무런 반대를 하지 않고 아내가 집 밖에서 취업하는 것에 찬성했는가?

    이전의 일부 연구들은 여성의 노동시장 참여가 가정의 경제적 궁핍으로 촉진된다고 주장하였다(Stichter, 1990: 55, 37; Sen and Sen, 1985: ws-49). 만일 남편이 실직하고 가정의 수입이 낮으면 여성은 돈벌이를 한다고 주장하였으며(Zevella, 1987: 72; Kuhn and Bluestone, 1987: 27), 기타 연구들은 남편의 경제적 무능의 결과로 남편이 아내의 노동참여에 대한 반대를 철회한다고 한다(Moser, 1981: 24; Brannen and Moss, 1991: 197). 예를 들면 유세프는 다음과 같이 주장한다.

<표 1>　　　　　　　　　　　남편의 태도 변화

가외노동자의 남편		
처음의 태도	현재 태도	%
가외노동 반대	-가외노동 반대	8.9
	-조건부 동의	13.3
	-가외노동 찬성	42.2
가외노동 찬성	가외노동 찬성	28.9
없음	없음	6.7
계		100.0
		(n=45)

가내노동자의 남편		
처음의 태도	현재의 태도	%
어떤 일도 반대	-가내노동은 찬성하나 가외노동은 반대	48.9
	-어떤 일도 찬성	6.7
가내노동은 찬성하나 가외노동은 반대	-가내노동은 동의하나 가외노동은 반대	17.8
	-어떤 일도 찬성	13.3
	-가외노동은 찬성하나 가내노동은 반대	2.2
어떤 일도 찬성	-어떤 일도 찬성	8.9
	-가내노동은 찬성하나 가외노동은 반대	2.2
계		100.0
		(n=45)

하류계층의 가장인 남성은 여성의 수입이 흔히 전 가족을 부양하는 데 도움이 되기 때문에 아내가 노동을 못하도록 막는 사치를 부릴 여유가 없다(Youssef, 1974: 111).

남편의 수입이 아내의 취업에 미치는 영향은 우리나라 여성에 관한 여러 연구에서도 실증되고 있다(김수곤·심영옥, 1984: 76-77; 조혜란, 1990: 52-53; Park Chungsun, 1991: 36).

이와 대조적으로 찬트는 멕시코에 관한 연구에서 다음과 같이 상이한 견해를 제시하였다.

남편의 실직	10.7
남편의 실직 및 잦은 직업 변동	12.5
남편이 수입을 주지 않음	7.1
남편의 수입으로 불충분	10.7
남편의 군복무	3.6
이혼	5.4 (1명 재혼)
사별	1.8
소계	51.8
빚	30.3
집구입	5.4
소계	35.7
더 이상의 가내노동은 불가능	3.6
돈을 벌 수 있는 좋은 기회	1.8
아이들이 다 성장	3.6
탁아시설	1.8
미상	1.8
소계	12.5
계	100.0
	(n=56)

a: 일부는 한 번 이상 고용상태의 변화에 따라 복수응답. 몇몇 여성은 계기에 대해 복수응답.

전체적으로 남성 가장의 주 평균급여와 여성의 노동참여 사이에 관련성이 희박하며 남성의 급료의 '불충분성'을 실제로 결정적 변수로 들 수는 없다(Chant, 1991: 129).

이 문제는 보다 많은 연구를 필요로 한다. 우리나라에서 가구의 경제적 사정은 가족을 위한 전통적인 부양자인 남편의 능력에 주로 달려 있다. 45명의 가외노동여성 가운데 집 밖에서 일을 한 경험이 56사례나 밝혀졌다. <표 2>에서 볼 수 있는 바와 같이 가외노동여성의 87.5%가 남편의 경제적 무능(44.6%), 남편의 부재(7.2%), 재정적 어려움(35.7%) 등에 관련되어 있다. 가외노동여성의 겨우 5.4%만이 자녀양육 사정이 변화한

<표 3> 아내의 가외노동에 남편이 반대하지 않는 이유 (단위: 건수)	
남편의 실업	3
남편의 실직 및 잦은 사직	2
남편의 실직 및 경제적 이유	1
남편의 실직 및 빚	2
남편의 경제적 기여도 없음	1
빚	2
탁아시설 이용 가능하게 됨	1
돈을 벌 좋은 기회	1
계	13

것에 그 이유가 있다.

<표 3>에서 볼 수 있는 바와 같이, 아내의 가외노동에 전혀 반대를 하지 않은 13명의 남편의 사정은 이를 보다 분명히 입증해준다. 그들은 대개 경제적 필요성—가정의 생활비 부족이나 빚—때문에 반대할 수가 없었던 것 같다. 더욱이 가외노동의 경험을 가진 12명의 가내노동여성도 역시 남편의 실직이나 부재, 혹은 빚을 갚거나 저축을 하기 위해서 등 주로 경제적 필요성에서 집 밖에서 직업을 택했었다. 이 집단의 2/3가 <표 4>에서 볼 수 있는 바와 같이 경제적 어려운 사정에서 회복한 후—남편이 직업을 얻었거나 가정으로 돌아오고 혹은 빚을 갚은 후—에 사직하였다. 몇몇 가내노동여성도 가내노동을 시작한 이유에서 남편의 경제력과의 관련성을 밝혔으나 대부분은 가구를 위한 가욋돈을 벌기 위해 일을 시작하였다(<표 5>).

이 장에서는 남편이 아내가 일하는 것을 받아들인 사정을 밝히고자 한다. 첫 부분에서는 여성들이 말하는 취업의 계기를 좀더 살펴보기 위해, 전통적인 부양자로서 남편의 경제적 능력이 남편 수입의 크기, 신뢰성 및 규칙성, 가정경제에 대한 남편의 기여도 그리고 부의 보다 장기적인 안정성의 견지에서 자세히 검토하려고 한다.

<표 4> 가외노동 경험자 12명 가내노동자의 직업을 가진 이유와 그만둔 이유 (단위:건수)

직업을 가진 이유	
남편의 실직	3
남편의 계절적 실직	2
남편과의 별거	1
주택 마련때 진 빚	1
돈을 벌어 저축을 하기 위해	5
계	12
그만둔 이유	
남편의 취직	1
남편과의 재결합 및 임신	1
빚청산	1
남편의 반대(충분히 부유함)	1
사업실패	1
둘째 아이의 출산	1
육아	1
공장 문닫음	1
계	12

<표 5>　　　　　　　　가내노동을 시작한 이유　　　　　　　(단위: %)

돈을 보태기 위해	84.5
남편의 실직	6.7
남편의 경제적 기여도 없음	2.2
남편의 야간 학교 진학	2.2
시간을 보내는 것이 무료해서	4.4
계	100.0
	(n=45)

　　기혼여성의 노동참여에 대해 남편의 태도 및 경제적 능력이 영향을 미친다면 몇 가지 의문이 더 제기된다. 즉 여성은 자신의 노동력에 대한 남편의 통제의 단순한 수용자일 뿐인가? 가구의 경제적 어려움이 남편으로 하여금 아내가 노동을 시작하는 것을 자동적으로 허용하도록 하는가?

많은 페미니스트들의 여성에 관한 연구는 여성의 저항에 관해서는 거의 관심을 두지 않고 여성을 억압받는 집단, 그리고 수동적인 희생자라고 묘사하는 경향이 있다. 페미니스트들은 남녀평등을 향한 첫단계로서 여성들이 얼마나 이용당하고 불리하게 차별당해왔는가를 강조했다. 오직 몇몇 연구만이 억압에 대한 여성들의 일상생활 속에서의 투쟁에 관하여 증거를 제시한다(Mies, 1986: 69; Boserup, 1970: 63-64; Rosa, 1989: 12-13).

베네리아와 롤단은 여성은 변화의 수동적인 수용자이고 통제하지 못하는 힘의 희생자라고 보는 것은 문제가 많다고 지적한다(Beneria and Roldan, 1987: 7). 그들은 연구 중 인터뷰한 여성들이 계급과 성 관계의 수동적인 수용자가 아니며 때로는 개인적으로 또는 집단적으로 저항하고 투쟁한다고 하였다. 그러나 그들은 단지 높은 수입을 얻는 여성은 남편과의 재교섭 과정을 통해 그들 관계에서 더 많은 힘을 가지고 또 자부심[1]을 가진다고 설명하고 있을 뿐이다. 그들은 여성이 어떻게 그리고 무엇 때문에 저항하고 투쟁하는지를 구체적으로 보여주지 않았다.

비록 여성의 선택과 투쟁이 매우 제한적이고 아직 남편의 억압을 무력화시킬 만큼 강력하지 못하다 하더라도 자신들의 직업을 선택하고 상황을 변화시키는 여성의 투쟁에 더욱 주목해야 한다. 그러므로 이 장의 두 번째 부분에서는 여성들이 직업을 얻기 위하여 남편의 통제에 대항하여 어떻게 저항하고 투쟁했는지를 밝혀보고자 한다.

1. 남편 수입의 크기

남편의 경제적 능력에 관련된 요소들 가운데 남편의 수입 정도가 아내의 노동에 대한 태도에 가장 결정적으로 영향을 미치는 것 같다. 실직자

---

1) 여성의 지위와 자부심의 문제는 제9장에서 검토된다.

<表 6>　　　아내의 직업별 상태에 따른 아내와 남편의 수입　　　(단위: %)

가내노동자

남편의 수입 ＼ 아내의 수입	5만원 미만	5만원 이상 15만원 미만	15만원 이상 30만원 미만	30만원 이상	계
수입 없음	0.0	0.0	0.0	0.0	0.0
실직	(0.0)	(0.0)	(0.0)	(0.0)	(0.0)
남편 없음	(0.0)	(0.0)	(0.0)	(0.0)	(0.0)
미상	0.0	0.0	0.0	0.0	0.0
10만원 이상 30만원 미만	0.0	0.0	0.0	0.0	0.0
30만원 이상 50만원 미만	2.2	13.4	4.4	0.0	20.0
50만원 이상 70만원 미만	4.4	26.7	6.7	0.0	40.0
70만원 이상 90만원 미만	4.4	8.7	4.4	2.2	20.0
90만원 이상	0.0	20.0	0.0	0.0	20.0
계	11.1	68.9	15.6	2.2	100.0
					(n=45)

가외노동자

남편의 수입 ＼ 아내의 수입	5만원 미만	5만원 이상 15만원 미만	15만원 이상 30만원 미만	30만원 이상	합계
수입 없음	0.0	0.0	0.0	11.1	11.1
실직	(0.0)	(0.0)	(0.0)	(4.4)	(4.4)
남편 없음	(0.0)	(0.0)	(0.0)	(6.7)	(6.7)
미상[a]	0.0	0.0	2.2	4.4	6.7
10만원 이상 30만원 미만	0.0	0.0	0.0	4.4	4.4[b]
30만원 이상 50만원 미만	0.0	0.0	8.9	15.6	24.4[c]
50만원 이상 70만원 미만	0.0	0.0	8.9	24.4	33.3
70만원 이상 90만원 미만	0.0	2.2	2.2	11.1	15.6[d]
90만원 이상	0.0	0.0	2.2	2.2	4.4
계	0.0	2.2	24.4	73.3	100.0
					(n=45)

가내노동자 남편의 평균 수입=666,222원/가외노동자 남편의 평균 수입=467,333원

p (남편의 수입)= .0163

a: 남편이 수입을 용돈으로 우선해서 쓰기 때문에 여성들은 남편의 수입을 모름.

b: 한 명은 월 35만원의 별도의 수입이 있음.

c: 한 명은 월 38만의 집세 수입과 이자 수입이 있음.

d: 한 명은 월 10만원의 집세 수입이 있음.

나 저소득자를 위한 사회적 복지혜택이 마련되어 있지 않기 때문에 남편
의 수입이 전혀 없거나 불충분한 상황은 우리나라 가구에서는 아주 중요
한 요인이다.

  평균적으로 아내의 수입은 이 지역의 가족생계비 수준보다 훨씬 낮고
독립하여 살기에는 불충분하며 이에 비해 남편은 평균적으로 아내보다
더 많은 수입을 올린다. <표 6>에서 볼 수 있듯이 모든 가내노동여성의
남편은 최소한 30만원의 수입이 있다. 남편이 자신의 수입을 스스로 관리
하여 남편의 수입 정도를 알지 못하는 여성들 역시 수입을 올리기 위하
여 집 밖에서 돈벌이를 해야 했다. 가외노동여성의 남편 중 거의 50%가
전혀 수입이 없거나 50만원 이하로 벌었다.

  가내노동일에서 얻는 수입이 일반적으로 불충분하고 불규칙적이기 때
문에 실직한 남편은 아내가 돈벌이, 특히 집 밖에서 돈벌이에 종사하는
것을 허용하지 않을 수 없었다. 단지 2명의 가외노동여성의 남편이 인터
뷰할 당시에 실직하고 있었지만 여성의 가외노동 참여와 남편의 실직 사
이에는 분명한 관련성이 있음이 <표 2>에 나타나 있다. 이 여성들 중
26.8%가 남편이 군복무를 포함하여 직업이 없을 때 집 밖에서 직업을 구
했다. 또한 남편의 실직이 아내의 가외노동을 허용하였으며 많은 경우 남
편이 직장을 구한 후에도 계속하였다. 가외노동을 시작한 동기에 대한 설
명을 통하여 그들의 경제적 사정이 생생하게 밝혀진다.

  우리 식구들은 맨손으로 시골에서 서울로 올라왔다. 우리는 이 큰 도
  시에서 스스로 삶을 새로 시작해야 했고 남편은 내가 집에 있어야 한다
  고 우기지 못했다(가외노동여성 18).

  남편은 창틀을 만드는 가게를 가지고 있었다. 그런데 새로운 재료로
  만든 창틀이 생겨났고 남편은 큰 빚을 떠안은 채 파산했다. 내 여동생이

방을 한 칸 얻어 주어서 여기로 이사왔다. 남편은 아파서 내가 파출부로 생전 처음으로 돈벌러 나섰다(가외노동여성 14).

남편이 실직하자 남편과 시어머니가 내가 공장에서 일하는 것에 합의했다. 그때 이후로 남편은 직장에 다녔다 안 다녔다 한다. 남편은 거의 4, 5년 동안 실업자였다(가외노동여성 27).

남편이 직장을 그만두자 세 달 된 아들을 등에 업고 식당일을 시작했다(가외노동여성 42).

남편과 내가 같이 술집을 하다 그만두자 남편은 건축노동자가 되었는데 아는 사람도 없고 해서 매일 놀고 지낸다. 술집도 실지로는 나 혼자 모든 일을 다했다(가외노동여성 44).

수입이 부족한 것은 실직 때문만이 아니고 사업상 손실 때문이기도 하다. 2명의 가외노동여성은 남편의 사업 확장을 돕기 위하여 또는 사업상의 빚을 갚기 위하여 일하고 있었다(가외노동여성 6, 7의 경우). 또 다른 가외노동여성은 자기가 결혼 전부터 하던 일을 계속하는 것은 남편의 사업 때문이라면서 다음과 같이 설명했다.

결혼을 하자 남편은 야심이 크고 더구나 나와 같은 직장에 못 다니겠다고 직장을 그만두었다. 남편은 건설사업을 시작했다. 그렇지만 남편 사업은 투자는 많이 했는데도 잘 되지 않았다(가외노동여성 17).

4명의 가내노동여성 역시 자기들이 일을 시작한 이유로서 남편의 실직이나 수입이 없는 것을 들었다. 한 여성은 남편의 교통사고에 이어 소규모 사업의 몰락으로 출산 직후에 가내노동일을 시작할 수밖에 없었다. 2

명의 여성은 남편이 실직했음에도 불구하고 아내가 밖에 나가 돈 벌어오는 것을 허락하지 않아서 집에서 남편과 함께 가내노동을 시작했다. 나머지 가내노동여성은 남편이 당시 고용주로부터 임금을 받지 못해서 어쩔 수 없이 가내노동을 하게 되었다고 말했다. 이밖에 전에 가외노동을 한 경험이 있는 가내노동여성 12명 중 3명은 남편이 실직에서 벗어나자 자발적으로 또는 강제적으로 집 밖에서의 일을 그만두었다. 2명의 여성이 이에 관하여 다음과 같이 이야기했다.

> 외동 아들이 자동차 사고로 죽자 남편은 너무 충격을 받았다. 더 이상 살고 싶지 않았다. 남편은 텔레비전 시청료 받은 것을 모두 다 써버리고 (TV시청료 수금원) 직장에서 해고당했다. 남편은 내가 나가서 돈벌어 오는 것을 허락하지 않을 수 없었다. 1년 후에 남편 이 다른 직업을 가지게 되자 아직 갚아야 할 빚이 있는데도 일하러 나가지 못하게 했다(가내노동여성 25).

> 남편은 공장에서 일하다 사고로 다쳐서 직장을 그만두었다. 내가 전자공장에 취직을 했다. 그렇지만 남편이 회복되고 다시 직장에 나가자 남편은 별로 개의치 않았지만 애들 때문에 (스스로) 그만두었다(가내노동여성 45).

2명의 가내노동여성과 2명의 가외노동여성이 남편의 실직이 여성의 노동에 미치는 영향을 뒷받침해주는 증거를 보태준다. 2명의 건설노동자(건설노동자는 겨울철에는 일거리가 거의 없다)의 아내는 남편이 일거리가 없을 때만 집 밖에 나가 일하도록 허락을 받았다. 다른 2명의 여성은 남편이 군 복무했던 2년 6개월 동안 집 밖에서 일하였으며 남편이 돌아오자 자녀들이 비교적 나이가 들었지만 일을 그만두었다.[2]

남편이 나와 1년 6개월 된 아들을 두고 군대에 가자 시골에 있는 시아주버님 집에서 살았다. 좀 지내다 아들과 함께 인천으로 왔다. 둘째를 가져 임신 6개월이 지난 몸으로 식당에서 일해서 먹고 살았다. 아들은 내가 일하는 동안 친정엄마가 돌봐주었다. 남편이 둘째 애 낳기 직전에 군대에서 제대하고 돌아오자 일을 그만두었다(가외노동여성 37).

남편이 군대에 가자 곧바로 둘째 애가 태어났다. 아이가 한 살쯤 되자, 첫애는 친정엄마에게 맡기고 둘째 애는 공장에 데리고 다니면서 공장에 다녔다. 남편이 돌아오자마자 곧 남편은 나를 집에만 있게 했다(가외노동여성 4).

남편의 적은 수입 또한 여성이 일자리를 구하는 중요한 동기이다. <표 6>은 가내노동여성의 남편과 가외노동여성의 남편 사이의 수입 차이를 분명히 보여주고 있는데, 가내노동여성의 남편이 더 많은 수입을 올리고 있다. 남편의 수입이 적은 경우 아내가 집 밖에서 노동할 가능성이 더 높았다. 여성들 중 10.7%가 가외노동을 하는 이유로서 남편의 적은 수입을 들었다.

남편은 장남이다. 그래서 시골에 계시는 시부모님에게 매달 돈을 보낸다. 남편의 수입은 우리 식구와 시집 식구가 먹고 살기에는 부족하다(가외노동여성 1).

남편은 나무를 운반하는 일로 돈을 번다. 그렇지만 건강이 좋지 않아 매일 일을 하지는 못해서 수입은 적은데, 남편은 병원비와 약값으로 돈을 많이 쓴다(가외노동여성 14).

---

2) 얼마 후 경제적 어려움 때문에 그들은 또 다른 일자리를 구해 집 밖에서 일을 해야만 했다.

집 수리하느라 진 빚 때문이다. 그렇지만 아이들 교육비 부담도 느낀
다. 아들 낳기를 바라다보니 아이가 넷이나 된다(가외노동여성 28).

그들 남편의 수입이 충분치 못한 것은 자녀교육, 병치료, 시부모 부양
등 때문이다. 남편의 수입이 충분치 못하다는 것은 언제나 그들이 완전히
가난하다는 것을 뜻하지는 않는데, 그것은 흔히 여성들의 주관적인 판단
에 의해 좌우되기 때문이다. 요약하면, 남편의 수입이 전혀 없거나 적은
것은 남편이 아내가 집안이나 밖에서 돈벌이를 하는 것을 용납하지 않을
수 없도록 하거나 부추키는 상황을 조성한다.

2. 남편 수입의 신뢰성

남편의 수입 정도는 아내의 취업에 대한 남편의 태도에 영향을 미치는
중요한 요소이다. 그러나 비록 남편이 직장을 가져 충분한 수입이 있다
하더라도 이 수입의 불안정성 또한 여성이 노동 특히 집 밖에서 취업하
는 중요한 이유이다. 남편이 직업을 바꿀 때에는 얼마 동안 수입이 없게
마련이다. 이런 일이 흔하면 경제사정은 악화되어 마침내 극히 불안정하
게 된다. 수입의 손실을 예상하지 못하기 때문에 대체 수입원이 없다면
상황을 타개할 수가 없다.

가외노동을 하는 이유로서 남편의 실직을 든 여성의 절반이 역시 남편
의 잦은 전직에 대하여 불평을 했으며, 또한 5명의 가내노동여성이 노동
을 시작한 이유로서 남편의 실직을 들지는 않았지만 같은 문제로 남편을
비난했다. 그러나 두 집단간에는 차이가 있다. 7명의 가외노동여성들이
남편 모두가 동료나 상사 등을 비난하면서 미래에 대한 아무런 계획도
없이 직장을 그만둔 데 반하여, 가내노동여성의 남편은 1명을 제외한 4명

이 보다 높은 수입을 얻을 수 있는 좋은 직장을 얻기 위하여 사직을 하였다. 따라서 가내노동여성 남편의 실직기간이 가외노동여성의 남편의 경우보다 훨씬 더 짧았다. 나이보다 훨씬 더 늙게 보이는 한 가외노동여성은 자신의 남편을 이렇게 비난했다.

> 지난 10년 동안 남편은 적어도 1년에 한두 번은 직장을 그만두었다. 급한 성미 때문에 직장동료들과 원만한 관계를 가지지 못했다. 내가 생각하기에는 그 때문인 것 같다. 남편이 다시 취직될 때까지는 한참 동안 논다(가외노동여성 13).

가내노동여성들이 남편이 자주 직장을 옮기는 데 대해 불평을 하더라도 그것이 그들의 생존을 위협하는 것은 아니었지만 남편이 장래에 대한 대책 없이 직장을 그만둘 때에는 기혼여성은 남편에게 경제적으로 의지할 수 없기 때문에 집 밖에 나가 노동을 해야만 했다.[3] 결국 남편의 수입이 신뢰할 만한 것이 못 될 때에는 기혼여성이 집 밖에서 노동할 가능성이 더욱 크다.

3. 남편 수입의 규칙성

수입정도와 안정성 외에 남편 수입에 관한 중요한 측면 가운데 하나가 규칙성으로, 이 또한 여성의 취업에 영향을 미친다. 이것은 잠재적으로

---

3) 남편의 가족 부양 역할에 대한 신뢰는 남편의 불안정한 고용상태 때문에 흔들릴 수 있다. 그러나 1980년대와 1990년대 초에는 우리나라에서 잉여노동력이 거의 없어서 회사와 공장은 오히려 노동력 부족과 치솟는 임금 때문에 어려움을 겪었다. 이 연구대상자 중에서는 노동력 과잉에 따른 해고로 인해 남편이 실직한 사례는 하나도 없다.

<표 7>　　　　　　직업별 남편 수입의 정규성　　　　(단위: %)

	가내노동자	가외노동자
정규적	77.8	71.1
비정규적	22.2	17.8
실직	0.0	4.4
없음	0.0	6.7
계	100.0	100.0
	(n=45)	(n=45)

p= .14747

여성의 일 선택에 영향을 미친다. 규칙성이라는 문제는 우리나라에서 남편의 직업과 밀접한 연관이 있다. 예컨대 공장근로자, 사무직과 관리직 근로자, 공무원과 같은 직업은 통상적으로 규칙적인 수입을 얻는 데 반해서 건설노동자, 소매상인 및 택시기사는 계절에 따라 영향을 받거나 불규칙적인 수입을 올린다. 가내노동여성 및 가외노동여성의 남편의 직업은 제4장 <표 10>에서 언급된 바와 같이 매우 유사하다. 따라서 남편 수입의 규칙성은 가외노동여성의 남편이 실직자이거나 남편이 없을 가능성이 더 크다는 점을 제외하고는 <표 7>에서 볼 수 있는 바와 같이 매우 유사하다. 두 집단 사이의 수입의 규칙성 면에서 보이는 작은 차이는 불규칙적인 것을 알거나 예상하고 따라서 수입이 줄어드는 시기에 대처할 준비가 되어 있느냐 하는 점이다.

4. 남편의 가정경제에 대한 기여도

남편 수입의 정도와 안정성은 여성이 집안에서 또는 집 밖에서 돈벌이를 할 것인가를 선택할 때 영향을 미치는 것 같다. 그러나 궁극적으로 남편의 가계에 대한 기여도가 매우 중요한 것으로 보인다. 일부 남편은 얼마나 버느냐와 상관없이 가계에 충분한 기여를 하지 않았다. 8명의 가외노동여성들은 남편의 수입이 가계에 도움이 못 된다고 불평하였고, 1명의 가외노동여성과 2명의 가내노동여성은 남편이 약간의 도움밖에 못 준다고 말했다. 4명의 가외노동여성과 1명의 가내노동여성이 일을 시작한 이유로서 남편의 가계에 대한 기여도가 낮았기 때문이라는 점을 들었다(<표 2>와 <표 5> 참조).

두 집단 사이에는 차이가 분명 있다. 더 많은 가외노동여성의 남편이 가계에 공헌을 거의 또는 전혀 하지 않았다. 남편이 가계에 기여하지 않았기 때문에 여성은 바로 집 밖의 노동시장에 뛰어든 것이었다. 여성은 전적으로 또는 주로 자신의 수입으로 가계를 꾸려나가야만 했다. 가계에 조금밖에 또는 전혀 기여를 하지 않는 주된 이유는 남편의 불성실과 무책임 때문이었다. 여성들은 남편에 대하여 다음과 같이 불평했다.

남편은 매일 술 마시고 돈을 다 써버린다. 곤드레만드레가 되어 나를 때리고 밤새도록 괴롭힌다. 하느님을 믿지 않았다면 못 살았을 거다. 나는 희망을 버렸다. 그것이 현명한 것 같다(가외노동여성 2).

내 고통은 끝이 없다. 어떻게 다른 사람들에게 모두 말할 수 있나. 남편은 도박과 다른 여자한테 돈을 다 써버린다. 매일 돈 달라고 남편에게 잔소리하고 매일 돈 때문에 싸운다. 남편은 닥치는 대로 아무 거나 던지고 부수고 나는 울고 집에서 쫓겨나고 또 금방 들어가는 일을 되풀이한다. 남편은 내가 집 밖에서 일을 시작한 후 이전보다도 돈을 더 적게 준다. 그 때문에 직장을 그만둘까도 생각해보기도 했다(가외노동여성 29).

결혼하고 처음에는 술 먹는 것 때문에 자주 심하게 다투었다. 남편에게 너무 많이 맞았다. 술 마시면 돈 쓰고 밤 늦게 돌아온다. 아직 봉급 전부를 나에게 주어본 적이 없다(가외노동여성 12).

봉급에서 4만 5천원 한 번 준 이래 한푼도 안 주었다. 과거는 생각하지 않는다. 지나간 일이다. 그러나 아직도 술을 많이 먹고 나를 때린다. 피곤할 때에는 남편에게 심하게 맞아서 머리와 무릎이 매우 아프다. 왜 내가 술 먹느냐면 너무 고통스럽기 때문이다. 아이들 공부시키려고 돈 벌러 다닌다(가외노동여성 43).

남편은 돈 있으면 술 마시고 도박하고 다른 여자들에게 잘 보이려고 사치하는데 다 써버린다(가외노동여성 45).

매일 술 먹고 돈 다 써버린다. 술에 취하지 않고 집에 들어오면 이상하게 보인다(가외노동여성 25).

계획도 없이 애들처럼 돈을 쓴다. 돈 있으면 모두 써버린다. 남편은 저축이 있으면 어떻게 쓸까 하는 궁리만 한다. 도박을 하고 젊은 여자와 연애한다. 매일 밤 술에 취해 늦게 들어온다(가외노동여성 6).

여성들은 가정에 대한 책임을 대부분 떠맡아야만 하고, 생계를 유지하기 위하여 취업 외에는 달리 방도가 없다. 이러한 경우 남편은 자신의 아내가 집 밖에서 일자리를 갖는 것을 수용하거나 또는 권장하기까지 한다.

5. 부의 장기적인 안정성—집의 소유와 빚

남편의 수입과 기여도가 일상생활을 영위하는 데 충분하다 하더라도 그것이 항상 가정경제에 충분한 것은 아니다. 가정경제의 장기적인 안정성이 여성의 노동참여에 영향을 미칠 수 있다. 이 때문에 주택의 소유와 부채[4]정도를 검토함으로써 가정경제의 장기적인 안정성을 파악하고자 한다.

주택의 소유는 가정의 장기적인 안정성을 가늠하는 데 가장 중요한 요소이다. 주택을 확보한다는 것은 노동자계급 사람들에게는 가장 큰 꿈을 이루는 것이다. 부채도 주로 주택을 사느라 지게 된다. 자기 집을 가지고 있는 가외노동여성의 수가 가내노동자의 수보다 훨씬 많다. 즉 전자는 51.1%인데 비해 후자는 31.1.%이다. 집의 소유라는 면에서 가외노동여성이 가내노동여성보다 더 안정적임을 보여준다.

그러나 부채액을 비교해보면, 세대당 평균금액이 가내노동여성의 경우는 87만 7,778원이고 가외노동여성의 경우는 248만 2,222원이다. 후자는 전자보다 거의 3배 정도나 더 많은 부채를 지고 있다. 따라서 집 밖에서 취업하는 이유로 든 56개 가운데 1/3이 부채를 갚는 것과 관련되어 있다(<표 2>).

집 밖에서 일자리를 구하는 데 있어 부채를 갚거나 집을 사는 것과 관련한 사정을 한 가외노동여성은 다음과 같이 말했다.

처음 공장에 취직했을 때 남편의 심한 반대로 한 달 만에 그만둘 수밖에 없었다. 얼마 후에 남편은 집을 사기 위해서 할 수 없이 나가는 것을 허락했다(가외노동여성 4).

---

4) 가계 저축의 금액을 계산하기란 쉽지 않다. 은행 또는 보험회사와 장·단기 계약을 맺어 매월 적금을 붓고 있는데 여성들은 계약 기간 도중에 자신들의 현재 저축 금액을 산정하기가 어렵다. 여성들은 예를 들면 '2년 후에 적금 ** 짜리를 탄다'는 등으로 대답하여 현재 저축 금액에 관한 자료를 만들기가 어려웠다. 그러나 가내노동여성의 경우 2명의 가정을 제외하고 모두가 매달 규칙적으로 얼마의 돈을 저축하고 있는 데 반해서, 가외노동여성의 경우는 12명의 가정이 저축을 하지 않고 있어 전자가 보다 안정적으로 살림살이를 유지하는 것으로 보인다. 그러나 부채의 계산이 가정의 경제적 형편을 파악하는 데 더 적절한 것으로 보인다.

여성이 집 밖에서 취업하는 일과 집을 사는 일의 연관성은 다음 2사례에서도 분명히 보인다. 한 여성은 집을 사려고 남편의 수입 모두를 저축하기 위해 자신이 신문 배달을 해서 번 돈으로 생활을 꾸렸는데 집을 사자 남편의 요구로 2년 반 동안 해온 신문 배달일을 그만두어야 했다. 또 다른 한 여성의 경우도 남편이 집을 사느라 진 부채를 다 갚자 아내더러 가외노동을 그만두라고 강요하였다(<표 4>).

가외노동여성 가구와는 대조적으로 가내노동여성 가구가 집을 가진 경우가 더 적었다. 그러나 이들은 부채 또한 가외노동여성 가구보다 훨씬 적다. 가내노동여성은 노동을 시작한 이유로 부채를 갚거나 집을 사는 일을 든 사람은 하나도 없는데 반해서 전에 가외노동을 한 적이 있는 12명 가운데 1명이 빚을 갚기 위해 일하러 나가야 했다고 밝혔다. 오히려 가외노동을 한 경험이 있는 12명 가운데 5명(41.7%)과 가내노동여성이 가내노동을 시작한 동기의 84.5%가 <표 4>와 <표 5>에서 볼 수 있는 바와 같이 돈을 벌거나 저축을 하기 위하여 노동을 하였다. 결론적으로 재산의 장기적인 안정성이 남편이 아내가 집안이나 집 밖에서 노동하도록 허락하는 이유가 됨을 알 수 있다.

6. 여성의 노동참여와 남편의 부재

남편의 부재는 나머지 가족구성원의 생존에 영향을 미치는 중요한 요소이다. 가족 부양자로서의 역할이 다른 사람에 의하여 대체되어야 한다. 과녀가 되거나 이혼하거나 별거한 여성은 경제적인 위기상황을 타개하기 위해 가외노동시장에 참여할 수밖에 없음이 분명하다. 김애령은 우리나라에서는 남편이 사망하면 바로 여성가장은 노동을 시작한다고 밝혔다(1987: 55, 68). 그리고 최동규와 김대영 역시 혼인별 지위가 여성의 노동시장 참여에 영향을 미치는 중요한 요소라고 주장한다. 우리나라에서 이혼녀나 과녀의 취업률은 남편이 있는 여성의 취업률보다 훨씬 높다(Choi Dong Kyu and Dai Young Kim, 1976: 106). 스탠딩은 인도에서도 남편이 사망하면 곧바로 여성은 일자리를 구할 결정을 내린다고 보고했으며(Standing, 1991: 40), 요커스(Joekes, 1985: 204-205)와 찬트(Chant, 1991: 132) 역시 남편 없는 가정의 여성 가장은 모로코와 멕시코에서 각각 취업할 가능성이 훨씬 높다고 주장한다.

이 조사대상자 중에서 남편이 없는 3명의 여성 모두가 이혼하거나 과녀가 된 직후에 바로 가외노동을 시작하였다. 전통적인 가족부양자인 남편이 존재하지 않으면 경제적 위기상황이 초래되어 여성들이 생계를 유지하기 위하여 취업을 하지 않을 수 없게 한다. 그들은 다음과 같이 말하였다.

나는 가난한 시골 농사꾼이었던 친부모로부터 내버려져 지금 부모의 양녀로 자랐다. 지금 부모에게는 자식이 나 하나밖에 없다. 아버지는 퇴역군인으로 한동안 사업이 아주 잘 되었다. 그러나 내가 대학생일 때 갑자기 사업이 망하고 아버지는 병들었다. 그러자 부모들은 서둘러 나를 결혼시켰다. 그러나 남편은 의식을 잃을 정도로 술을 많이 마셨고 근거도 없이 나를 의심했다. 남자로는 점잖고 가족에게 성실한 아버지밖에 몰랐기 때문에 남편을 견딜 수가 없었다. 임신이 되었으나 이혼하기로 결심하였다. 아기가 태어나자마자 부모님과 아기 그리고 나 자신을 위해서 생계를 꾸려나가기 위해 일을 시작했다. 친형제자매들은 부모님이 농사짓던 땅이 산업단지로 바뀌면서 정부로부터 보상을 많이 받아 부자가 되었다. 그러나 나의 어려움은 모른 체하고 있고 나도 도와 달라고 하지 않는다(가외노동여성 31).

남편은 제재소에서 일했다. 남편이 술을 자주 먹고 가난했어도 행복

했었다. 아들을 낳기 위해 아이를 네 명이나 낳았으나 아들은 없고 딸만
넷을 낳았다. 막내딸 돌잔치를 치른 직후에 남편은 간암으로 37세에 죽
었다. 다행히 병원비와 장례비는 친구들이 내어 주었다. 그러나 그 날부
터 나 혼자서 아이들을 먹여 살려야만 했다. 돈을 벌어 본 적이 전혀 없
었지만 아이들만 집에 둔 채 수출용 스텐냄비 만드는 공장에 취직했다.
남편이 죽은 이래 8년간 같은 일을 계속하고 있다. 일을 그만두어 한 달
이라도 수입이 없으면 아이들과 굶어 죽을 것 같아 그냥 계속 다녔다.
학교에서 아이들 수업료를 면제해주는 것이 부끄럽다. 다른 사람에게 기
대고 싶지 않다(가외노동여성 32).

　　술 취한 아버지가 어머니를 때리는 것을 보면서 자랐다. 할아버지와
할머니 역시 어머니를 구박했다. 어머니에게 고통을 주는 이 세 사람을
어떻게 하면 한꺼번에 죽일까 하고 자주 궁리하곤 했다. 나는 학교에서
깡패였다. 그러나 컴퓨터 회사에 다니는 전 남편은 나를 사랑했고 또 선
량하고 부지런한 사람이었다. 그렇지만 나는 너무 못됐다. 남편이 벌어
온 돈 다 쓰면서 돈이 적다고 늘 불평했고 돈을 빌려서까지 썼다. 집안
일은 다 팽개친 채 밖에 나가 밤 늦도록 돌아다녔다. 남편에게 아침밥도
차려 주지 않았다. 그런데 같이 데리고 있던 내 육촌 여동생이 남편과
관계가 있는 것을 알고 이혼하자고 요구했다. 남편만 더 이상 안 보면
좋을 것 같았다. 이혼한 후 보험회사 외판원이 되었다. 먹고 살고 빚을
갚기 위해 열심히 일하고 있다. 판매실적도 많이 올리고 친구들도 많다.
그러나 남편이 보고 싶다(가외노동여성 30).

이혼하거나 과녀가 된 여성 이외에도 두 여성이 남편과 일시 별거하고
있는 동안 공장에서 일한 경험을 밝혔다. 이 여성들은 남편 및 시댁가족
과의 불화로 아이 하나를 데리고 집을 나왔었다. 한 여성은 농촌에서 이
사 나온 남편과 재결합하게 되자 가외노동을 그만두고 가내 하청일을 하

게 되었으며 다른 한 여성은 가외노동을 그만둔 후 농촌에 사는 남편에게로 돌아갔다.[5]

이밖에 인터뷰가 진행될 무렵 남자와 동거를 막 시작한 한 이혼녀는 첫 남편과 이혼한 후 공장에 취직하여 아들을 데리고 다니다 집에 둔 채 직장에 다니고 있었다. 그러나 현장조사가 끝나기 직전 그녀는 새 남편과 좀더 큰 방을 세 얻어 이사하였고 직장을 그만두고 행복한 가정주부가 되었다. 남편의 일시적 또는 영속적 부재는 전통적인 가족부양자의 부재를 초래하여 여성들은 생계 유지를 위해 직접 일을 하게 되는 계기가 되었다.

7. 남편의 통제에 대한 여성의 저항과 투쟁

앞에서 보듯이, 여성취업에 대한 남편의 태도가 바뀔 수 있다는 것이 밝혀졌다. 그러나 그러한 변화가 여성의 노동시장참여에 대해 남편이 자동적으로 동의하거나 태도가 변한 것은 아니다. 여성의 노동참여는 순탄한 과정이 아니다. 남편과 아내 사이에 충돌과 세력다툼이 일어난다. 남편의 여성노동 참여에 대한 허락은 이를 쟁취하기 위한 여성의 투쟁이 없었다면 얻어낼 수 없었을 것이다.

남편이 가족을 안정적으로 부양하지 못하면 남편의 힘은 약화되는 반면에 취업 결정을 둘러싼 여성의 '협상력'은 증대된다. 게다가 협상력을 높이기 위하여 여성은 취업에 걸림돌이 되는 문제를 스스로 해결했다. 남편의 반대이유가 주로 자녀양육 문제인 경우, 자녀양육의 대안을 마련하거나 자녀들이 스스로 자신을 돌볼 수 있을 만큼 자라게 되면 남편과 협

---

5) 그후 이 여성은 전 가족이 인천으로 이주했는데 남편이 자주 실직하고 가족에게 무책임하여 다시 집 밖에서 취업하였다.

상하는 데 더 강력한 위치에 서게 되었다. 한 여성은 다음과 같이 말했다.

남편이 (내가) 일하러 나가는 것을 반대했기 때문에 오랫동안 내내 싸
웠다. 남편에게 한 달간만이라도 아이를 친정에 맡기고 일하도록 해달라
고 사정하고 돈 벌어 좀더 큰 전세방 얻어 살자고 했다(가외노동여성 10).

다른 2명의 가외노동여성 18, 22도 역시 남편의 주된 반대 사유인 자녀
양육 문제를 해결함으로써 가외노동 참여에 대한 남편의 동의를 얻어낼
수 있었다. 즉 한 여성은 직장에 아이를 데리고 다니고 다른 여성은 점심
시간에 집에 돌아와 아이들에게 점심을 차려 줄 수 있게끔 집 부근 공장
에 취직하였다.

더욱이 집 밖에서 취업하는 것을 허락하면 아내가 바람이 나지 않을까
하는 남편의 두려움이 여성이 늙어감에 따라 줄어드는 경향이 있다. 우리
나라는 전통적으로 손자를 볼 나이가 되면 비성적인 존재로 간주되어 전
통사회에서조차 내외법에서 면제받았다. 늙은 여성은 남성과 같이 대우
받아 전통적으로 남성이 하는 일, 예를 들면 담배를 피우고[6] 술 마시는
일이 사회적으로 용인되었다. 남편이 아내의 부정에 대해 염려하지 않을
나이가 되면 보다 효과적으로 협상할 수 있게 된다.

또한 여성은 정절을 입증함으로써 자신의 입장을 강화시킬 수 있다.
한 여성은 다음과 같이 말했다.

남편이 내가 보험외판원이 되는 것을 심하게 반대하는 것을 알고 있
었다. 그래서 몰래 보험 외판일을 시작해서 6개월 동안 일하면서 내 돈
으로 텔레비전과 컴퓨터를 샀다. 남편이 무슨 돈으로 샀느냐고 물어서

---

6) 우리나라에서 담배를 피우는 여성의 숫자가 늘었지만 젊은 여성은 아직도
   문화적인 제약 때문에 공개적인 장소에서는 담배를 거의 피우지 않는다.

외판일한다는 것을 고백했다. 6개월 동안 내가 바람 피우지 않았기 때문
에 남편은 결국 내가 보험 외판원하는 것을 받아들였다(가외노동여성 6).

여성은 또한 남편과 싸우고, 남편을 설득하거나 속이고 무시하기도 하
며 또 고집을 부리는 등의 여러 가지 전략을 써서 남편에게 도전했다. 우
선 설득부터 시작된다.

남편은 자신의 아버지가 돈을 못 벌어서 어머니가 혼자 돈을 벌어 자
식들을 먹여 살리는 것을 보고 자랐다. 남편은 가족을 부양하는 것은 남
자의 책임이라고 주장하고 아버지를 미워했다. 이 때문에 내가 집 밖에
나가 돈 버는 것을 싫어했다. 며칠 동안 밤낮으로 남편을 설득해서 남편
이 마지못해 허락했다. 지금 남편은 아무 말 하지 않고 있지만 시누이
결혼비용 때문에 진 빚을 내 수입으로 갚아 나가서 내심 좋아하고 있는
것을 (나는) 알고 있다(가외노동여성 25).

나는 남편에게 원하는 것 뭐라도 따를 테니 믿고 돈벌이하러 나가게
해달라고 했다(가외노동여성 23).

남편의 반대에도 불구하고 일부 여성은 일하기를 고집하였다. 그러면
부부간의 싸움이 자주 벌어지게 된다. 여성 취업을 둘러싼 부부간의 견해
차이가 언쟁으로 해소되지 못하게 되면 일부 여성은 남편의 반대를 무시
하고 취업을 고집했다. 여성이 자신들의 투쟁을 생생하게 묘사한다.

남편은 생활비를 안 준다. 내 아이들은 내 생명이다. 남편의 반대를
물리치고 끈질기게 싸웠다. 어떤 사람들은 내가 힘들게 열심히 일하는
것을 보고 남편이 없느냐고 묻기도 한다. 지금은 내가 남편이 게으르고
돈 못 버는 것을 불평하지 않기 때문에 내가 돈벌이하러 나가는 것을 아

무 말 안 한다(가외노동여성 43).

처음에는 남편과 매일 매일 싸우면서 일하러 나갔다. 내가 일하는 것을 반대해서 남편은 직장에 결근까지 했다. 그러나 나는 계속 일하러 다니면서 앞날을 위해서 한푼이라도 벌어야 할 것 아니냐고 설득했다. 남편이 받아들이지 않을 수 없었다. 내가 이겼다(가외노동여성 12).

(아이들 때문에) 죽을 수 없어 일하고 있다. 남편이 싫어해도 먹고 살기 위해 돈벌러 나간다. 남자가 살림에 대해 얼마나 아나?(가외노동여성 29).

집 사려고 조금이라도 저축하려고 (돈벌이) 한다. 남편은 지금도 반대가 심하다. 그래서 나는 일하는 것이 힘들어도 아무 말도 할 수 없이 참는다(가외노동여성 36).

가내노동여성들도 역시 남편을 설득하기 위해 싸운 것을 털어놓았다.

남편은 수시로 '일감을 당장 갖다 주라'고 소리 지르면서 화를 낸다. 나는 '나도 이 일을 하고 싶지 않지만 지금보다 조금이라도 낫게 살기 위해서는 아무리 적은 돈이라도 벌어야 한다'고 말하면서 설득한다. 며칠 지나고 나면 또 일을 시작한다(가내노동여성 14).

남편의 반대에도 불구하고 계속 일하고 있다. 내가 일하는 것 때문에 많이 싸웠다. 일감을 집어던지기도 하고 구두 만드는 가죽 조각을 갈기갈기 찢어버리기도 했다. 그런 후에는 얼마 동안 일을 그만두었다(가내노동여성 18).

남편은 내가 집에서 일하면 욕하고 뜨개질 바늘을 부러뜨린다. 새 바늘을 사서 또 한다(가내노동여성 1).

처음에는 남편은 자기 보는 앞에서 내가 일하는 것을 싫어했지만 계속했다. 지금은 내가 일하는 것 보는 데 익숙해졌다(가내노동여성 3).

중간 오야가 일 재촉을 하면 저녁에 남편이 있는 데에서 일을 하게 되는데 남편은 '누가 너보고 이 일을 하라고 했냐'고 따진다. 나는 '이것은 내 일이다. 아무 말 하지 말라'고 대꾸한다. 우기고 일한다(가내노동여성 11).

앞서 보험 외판원의 사례에서 본 것처럼 남편의 반대에도 불구하고 돈벌이를 하기 위해 일하고자 하는 여성이 택하는 전략 가운데 하나가 속이기이다. 여성들은 자신의 노동참여에 대한 남편의 태도를 미리 알고 있기 때문에 남편과 상의하지 않고 몰래 직장을 가졌다. 이 보험 외판원 외에도 다른 가외노동여성들은 다음과 같이 얘기했다.

나는 남편이 뭐라고 할지 알기 때문에 말 안 하고 몰래 공장에 취직했지만 남편이 알아차리고 나서도 계속 나간다(가외노동여성 21).

남편 몰래 공장에서 일하기 시작했다. 며칠 후 옆집 아줌마에게 남편을 설득해주도록 부탁했다. 남편은 처음에는 '당신이 번 돈 필요 없다. 여자가 번 돈은 살림에 도움이 안된다'고 하면서 무지 반대했다. 그래도 나는 우겼는데 얼마 후 자기보다 늦게 나가서 더 일찍 집에 돌아오고 해서 남편이 잃을 것이 없다는 것을 알고는 더 이상 반대하지 않는다(가외노동여성 15).

가내노동여성의 경우는 몰래 돈을 벌기가 보다 쉽다. 그러나 이 여성들도 역시 남편을 속이기 위해 고심하고 있음을 다음과 같이 털어놨다.

남편이 집에 없는 동안 몰래 집에서 부업 일을 했다. 남편이 집에 돌아올 때쯤에는 일감을 재빨리 숨겼다. 그렇지만 일단 일을 시작하면 누구나 더 많이 계속하고 싶은 욕심을 내게 된다. 나도 그랬다. 집안일에 자연 소홀해지고 남편은 내가 부업하고 있다는 것을 알게 되었다. 그래서 부업과 가사일을 함께 할 수 있다고 설득했다. 그래도 남편은 아직도 내가 부업 일하는 걸 좋아하지 않는다(가내노동여성 8).

남편이 집에 돌아올 때쯤이면 아들이 나서서 일감을 치운다. 아들은 내가 부업하는 것 때문에 남편이 화를 내고 나와 싸우는 것을 걱정한다. 나는 몰래 일한다. 돈이 필요하기 때문에 그만둘 수가 없다(가내노동여성 19).

집안이나 밖에서 취업이 남편에 의해서 허용된 이후에도 남편의 반대 이유는 간단히 없어지는 것이 아니기 때문에 남편과의 알력은 일반적으로 계속된다. 일을 계속하려면 여성들은 남편을 불편하게 하는 일을 피해야 하고 가외노동에 대한 남편의 우려와 걱정이 근거 없는 기우에 불과하다는 것을 보여주어야 한다. 남편을 달래고 안심시키는 전략은 '잃을 것이 없다'(가외노동여성 15)는 것을 남편에게 확신시키기 위하여 채택된다. 여성은 자신의 수입이 남편의 가장으로서의 권위를 손상시키지 않도록 조심하였다.

남자의 자존심을 상하게 하지 않도록 굉장히 조심한다(가외노동여성 1).

나는 남자로서의 자존심을 해치지 않도록 남편에게 내 수입금에 대해서 아무런 말도 하지 않는다(가내노동여성 34).

남자는 누구나 자존심을 갖고 있는데 나는 내가 돈을 벌더라도 남편
에게 존경심을 보이도록 노력한다(가외노동여성 5).

내가 돈을 벌어 보태고 내가 살림살이를 알뜰히 꾸려서 산 집이지만
우리 집은 남편의 명의로 등기되어 있다. 저축통장 역시 남편의 이름으
로 되어 있다. 내 은행통장은 생활비 넣어두는 통장이다(가외노동여성 23).

여성이 수입을 갖게 되면 오히려 더 겸손하고 복종적인 태도를 취함으
로써 남편의 남성적 우월감에 대한 훼손을 하지 않으려고 노력한다. 여성
은 또한 자신의 행실에 대한 불신을 야기하지 않도록 노력하였다.

나는 (혼외정사에 관한) 어떤 의심도 받지 않도록 굉장히 조심한다(가
외노동여성 23).

남편은 내가 자신보다 일찍 집에 돌아오고 아무런 나쁜 짓을 하지 않
기 때문에 결국 밖에 나가 일하는 것을 용납했다(가외노동여성 12).

노동시간을 조절하여 남편보다 노동시간을 줄이는 것은 가외노동을
둘러싼 남편과의 마찰을 피하는 또 하나의 달래고 안심시키기 전략이다.
여성은 외도에 대한 두려움을 줄이기 위하여, 또 남편에 대한 시중을 소
홀히 함으로써 생기는 남편의 불편을 줄이기 위해 남편이 집에 있을 동
안에는 집 밖에 나가는 것을 피했고, 아이들 문제 때문에 집에 있어야 하
기도 했다.

이밖에 여성들은 남편이 일하는 것에 대해 화를 내면 남편의 의견을
받아들이는 체했다. 이들은 얼마 동안 일하는 것을 그만두다가 다시 계속
했다(가내노동여성 18). 또 다른 여성은 자신의 일을 계속하기 위해서 남

편의 외도에 대해 잔소리하는 것을 중단했다고 말했다(가외노동여성 43). 달래고 안심시키기 전략을 사용함으로써 여성들은 취업을 하고 계속 일하는 데 대해 남편과 보다 쉽게 협상할 수 있었다.

여성의 취업을 둘러싸고 남편과 아내 사이에 역동적인 관계가 일어난다. 한편에서 남편은 아내가 가외노동을 하는 것을 막거나 통제하려고 노력했고 다른 한편 아내는 남편의 주장에 언제나 복종하지는 않았고, 또 직장을 가지고 일하는 동안에는 남편을 달래고 안심시키면서 남편의 허락을 얻어내기 위해 여러 가지 전략을 사용하였다. 여성은 남편의 통제에 고분고분하게 순종하는 존재가 아니라 자신의 노동에 대한 남편의 통제에 맞서는 힘찬 투사이자 전략수립가였다.

8. 결론

우리나라 남편들 대부분은 아내의 노동참여를 반대하는 것을 이상으로 하지만 경제적 필요나 어려움 때문에 아내의 취업, 특히 가외노동을 어쩔 수 없이 받아들이고 있다. 남편의 수입이 전혀 없거나 불충분하고 수입의 지속성을 믿을 수 없는 경우, 또 수입이 있어도 살림에 보탬을 주지 않는 경우, 빚이 존재하는 것 등이 경제적인 어려움을 초래하는 주된 이유이다.

그러나 남편이 경제적으로 무능하고 다른 수입이 필요하다고 해서 남편이 아내의 취업을 곧바로 허락하는 것이 아니었고 또한 여성들은 남편에 순종하지도 않았다. 아내들은 남편의 통제력 행사에 대항하여 싸운다.

제9장
가정에서의 여성의 지위

앞에서 기혼여성의 노동참여에 영향을 미치는 주된 요소가 아내의 취업에 대한 남편의 태도라는 것이 밝혀졌다. 이는 여성의 취업이 그들의 지위에 어떠한 영향이 미치는가라는 의문을 낳는다. 모든 여성학 연구물들은 명시적으로나 묵시적으로 여성의 지위에 관련되어 있는데 이는 여성학의 궁극적인 목표가 여성의 지위를 향상시키는 데 있기 때문이다. 특히 그들의 수입과 관련하여 여성의 지위에 초점을 맞춘 연구물들도 많이 있다. "여성 해방을 위한 첫째 조건은 전 여성을 공공산업에 참여시키는 것이다"(Engels, 1884: 136)라는 엥겔스의 주장은 여성학자들의 주요 관심 주제가 되어왔다.

남편의 아내에 대한 태도는 여성의 수입 능력과 관련하여 두 가지 관점에서 논의되어왔다. 여성이 돈을 많이 벌면 벌수록 여성은 더 자주적이 되고 남편의 억압에 더 효과적으로 저항한다는 주장이 있으며, 일부 학자들은 취업이 여성에게 어느 정도 경제적인 독립을 성취케 하고 자존심을 높여준다고 지적하였다(Feinstein, 1979: 74; Safa, 1981: 431; Cragg and Dawson, 1981: 5-6; Charles, 1983: 8, 12; Stone, 1983: 37; Allen and Wolkowitz, 1987: 71; Fernandez-Kelly and Garcia, 1989: 178). 더욱이 여성의 독자적인 수입은 남녀 사이의 힘의 균형을 바꾼다는 것이다(Hartmann, 1981: 379; Green, 1983: 322; Great London Council, 1985: 5).

이러한 연구들은 경제활동에 참여하는 여성을 단일집단으로 간주하고 있는 데 반하여, 일부 다른 연구들은 여성 취업이 여성의 지위에 미치는 영향을 개괄적으로 일반화할 수는 없다고 주장했다. 다시 말해, 경제활동에 참여하는 여성이 남편에 대한 관계에서 자기의 지위를 변화시킴에 있어 수입이 미치는 영향의 정도는 편차가 있다고 한다(Beneria and Roldan, 1987: 145-163; Moser, 1989: 18; Anthias, 1983: 88).

베네리아와 롤단은 확실한 수입을 가지고 있으며 가계에 결정적으로 기여하는 가내노동여성은 남편으로부터 존중받고 의사결정력이 높아진다고 주장한다(Beneria and Roldan, 1987: 161). 게다가 고소득 근로여성은 남편의 외도나 폭력에서 초래되는 부부간의 불만을 해결할 가능성이 높다는 주장이 있다(Anthias, 1983: 88). 모저도 확실한 수입을 가진 여성은 남편으로부터 더 존중받으며, 이는 경제적 자립을 이루며 따라서 가정 폭력이 줄었다고 한다(Moser, 1989: 18). 왈비도 "여성의 가정 내의 지위는 주로 유급노동에서의 그들의 지위에 의하여 결정된다"라고 주장하면서 높은 수입을 가진 여성은 남편으로부터 더 좋은 대우를 받을 수 있다고 밝혔다(Walby, 1986: 70).

이와는 반대되는 주장도 있다. 즉 취업하는 기혼여성이 수입을 얻는다는 사실로 인하여 남편과의 관계에서 힘이 커지지는 않았는데, 그 이유는 여성의 수입이 가족 전체를 위해 쓰이는 데 반하여 남편은 자신의 수입에서 개인적 비용으로 더 많이 지출하기 때문(Pahl, 1980: 322; Whitehead, 1981: 107)이라는 것이다. 여성의 수입이 가정 내의 지위나 관계에 영향을 미치지 못하며 여성이 비주체적인 사회적 존재로 규정된 전통적 지위에서부터 여성을 실제로 해방시킬 수 없다는 주장이 가장 널리 받아들여지고 있다(Elson and Pearson, 1981: 99; Green, 1983: 322; Beechy, 1983: 35; Munachonga, 1988: 192). 다시 말해서 남편과 관련한 여성의 경제적 지위는 여성이 취업한다고 해도 급격히 개선되지는 않는다는 것이다. 이러한 논의들이 여성의 지위와 여성의 경제활동 참여의 정도와의 상관관계에 대해 보편적인 해답을 주는 것은 아닌 것 같다. 이 장에서는 여성의 경제활동 참여와 여성 지위의 상관관계를 살펴보고자 한다.

여성의 지위는 일반적으로 사회체제 내에서 여성의 힘과 권위가 남성의 그것과 비교하여 어느 정도인가로서 규정되어질 수 있다. 어떤 사회 내에서의 여성의 지위를 측정하는 데에는 교육, 고용, 정치참여 및 법률이 주요한 척도가 되어왔다. 그러나 개인의 지위가 역할에 의하여 표현되고 역할을 통하여 실현된다면(The National Committee on the Status of Women, 1975: 3-4) 여성의 사회적 지위는 일상생활상의 여성의 지위의 참된 모습을 반영하지 못할지도 모른다.

가족 및 결혼과 관련한 여성의 지위는 그들의 사회적 지위보다 더 중요하다. 왜냐하면 아직까지 가정이 여성의 일차적인 영역으로 간주되고 있으며 여성의 기본적인 역할이 어머니와 아내로서의 역할로 규정되기 때문이다. 가정에서의 여성의 지위는 여성의 삶의 중심이다. 그러나 가정은 가부장적 이데올로기가 강력하게 지배하고 있는 곳이기도 하다. 특히 가정 내에서 남편과 관련된 여성의 지위는 여성해방의 본질적인 요소이다. 앞에 말한 일부 연구물들이 '가족과 결혼'이라는 척도를 포함하고 있지만 남편과 관련된 여성의 지위는 논의되고 있지 않았다.

이 책에서는 가정에서의 여성의 지위, 특히 남편과의 관계가 중시될 것이다. 문제는 여성의 가정 내에서의 힘과 권위를 남편과 관련지어 어떻게 측정하느냐이다. 예컨대 교육, 연령 또는 소득과 같은 객관적인 자료는 여성의 가정 내 지위를 밝혀주지 못한다. 남편과 아내 사이의 관계가 관찰자에 의하여 일정한 척도로 객관적으로 측정되기는 어렵다. 오히려 여성 자신에 의하여 표현되는 '주관적'인 평가가 중요한 자료가 될 것이다. 또한 여성의 사회적 지위와 마찬가지로 가정 내의 지위에 관해서 많은 논의가 있어왔지만 여성이 자신들의 지위에 관해 스스로 어떻게 느끼고 평가하는지는 주목하지 않았다. 여성들의 가정 내의 지위에 관한 자신의 관점[1]이나 '여성 자신의 인식'이 여성의 지위를 논의함에 있어서 주요하게 포함되어야 한다. 객관적인 척도에 의한 평가는 '고정적'(hard)[2]인 자료라고 할 수 있는데 비해, 주관적인 평가는 '유동적'(soft) 자료라고 볼 수 있는데 '유동적' 자료는 남편과의 관계를 논의함에 있어서 유용하다.

　이 책에서는 여성의 지위에 관한 논의에서 척도로 이용되어 온 자아인식, 남편으로부터의 존중, 소득 배분방식 및 소비에 관한 의사결정을 고찰할 것이다. 그러나 이들은 우리나라 가정 내 여성의 현실적인 지위를 밝히는 데 충분한 것 같지는 않다. 여성의 지위에 관한 주관적인 자료는 여성이 처한 상황에 따라 다른 나라와 공유하는 것 외에도 개별 국가에서 특별히 개발되어야 할 것이다.

　취업과 직장 선택에 관한 결정은 우리나라에서 가장 중요한 요소 중의 하나로 보인다. 남편 행실의 여러 가지 측면—가정 내의 폭력, 음주, 혼외정사 및 가사 분담의 정도—도 주요한 척도가 된다. 폭력, 음주, 혼외정사는 이 책의 연구대상 여성들에 의해서 오랜 동안 주요한 척도로 간주되어 온 것으로 보인다.[3] 폭력과 음주는 서방 국가에서도 비슷할 것으로 보인다. 우리 사회에서는 여성이 일반적으로 남편의 외도를 참고 견디어야 하기 때문에 남편의 혼외정사 문제는 가장 중요한 척도 중의 하나이다. 이혼은 사회적인 혜택이 없다면 경제적인 어려움과 이혼녀라는 낙인 때문에 매우 어렵다. 가사노동의 분담은 여성학자들이 강조해왔으며 또한

---

1) 여성의 관점에서 사물이나 상황을 평가하는 것이 유엔 등에서 강조되었다.
2) 주관적인 인식은 유연성이 있고 역동적이기 때문에 유연(soft)하다고 보는데 비해 객관적인 자료, 예를 들면 연령, 교육 또는 소득 등은 경직되어 있기 때문에 고정적(hard)인 것으로 본다.
3) 우리나라 여성들은 자신의 인생을 부정적으로 묘사할 때 이러한 기준으로 평가한다. 예를 들어 자신의 불행을 말할 때 '남편이 돈벌어서 혼자 술 먹고, 바람 피우며 다 탕진하고, 집에 와서 때리기까지 한다' 등으로 설명한다.

여성의 노동참여 증가와 더불어 여성들로부터 관심을 끌고 있다.

그러므로 이 장에서는 첫째로 취업 여부와 직장을 결정함에 있어서의 자주성을 제7장의 자료를 다시 살펴봄으로써 검토할 것이다. 둘째로 남편의 행실-가정 내의 폭력, 음주, 외도-과 남편의 가사 분담을 검토하고자 한다. 제7장과 제8장에서 일부 논의한 남편의 행실을 여성의 지위와 관련하여 다시 검토한다. 가사 분담은 제5장과 제6장에서의 남편의 가사 참여를 다시 살펴봄으로써 논의한다. 셋째로 소득 배분방식과 가정관리 상의 소비형태를 고찰한다. 넷째, 여성의 자아인식, 돈벌이와 관련하여 남편으로부터 받는 존중, 그리고 남편에 대한 여성의 만족도를 역시 고려한다. 이 요소들 중 어느 것도 여성의 가정 내 지위를 측정하는 유일한 척도가 될 수는 없다. 즉 그들의 총체적인 모습이 지위를 누적적으로 반영할 수 있는 것이다. 따라서 다섯째로 여성의 가정 내 지위에 관한 총체적 논의는 사용된 모든 척도를 종합할 것이다.

1. 노동참여에 관한 의사결정권

여성이 자신의 문제에 관하여 결정을 내린다는 것은 여성의 가정 내 지위를 보여주는 하나의 중요한 척도이다. 여성의 지위에 관한 전술한 연구의 주장 가운데 여성의 취업과 관련하여 가장 중요한 점은 여성의 노동참여를 독립변수로 간주하고 있는 점이었다. 그러나 여성의 노동참여에 관한 결정은 사실 여성의 지위를 재는 가장 중요한 척도 가운데 하나이다. 전 여성을 공적인 산업에 참여시키는 것이 저항 없이는 가능할 것 같지 않다.

앞에서 여성의 노동시장 참여가 남편에 의하여 통제되고 있다고 주장하였다. 임금을 포함한 여성의 노동조건도 역시 남편의 통제를 받았다.

<表 1>　　　　　　직업별 남편의 음주문제　　　　　　(단위: %)

	가내노동자	가외노동자
과도한 음주	0.0	28.6
음주	37.8	26.2
음주문제 없음	62.2	45.2
계	100.0	100.0
	(n=45)	(n=42)(a)

p= .00059

여성의 취업은 남편의 통제 아래에 있다. 노동참여에 관한 결정에서 여성이 자주성과 힘이 없다는 것은 남편과 관련한 여성의 지위가 여성의 노동시장 참여에 영향을 미치는 것으로, 기존 연구의 주장과는 반대임을 보여주고 있다.

우리나라에서 여성의 지위는 취업과 수입의 결과라기보다는 그 원인이다. 그러므로 여성의 취업이 여성의 지위에 미치는 영향은 제한적이며 그 결과 여성의 경제적 독립은 여성이 남편의 통제 아래 있는 한 기본적으로 환상인 것처럼 보인다.

2. 남편의 태도와 가사노동의 분담

1) 주벽

음주는 여성에게 불만을 가져다주는 주요 요인 중의 하나이다. 가내노동여성의 1/3 이상과 가외노동여성의 절반 이상이 <표 1>에서 볼 수 있는 바와 같이 남편이 술집에서 술을 마시고 밤에 늦게 집에 돌아오는 것에 대하여 불평을 했다. 가외노동여성이 남편이 술 마시는 데 대해 더 많이 불평을 했는데, 불평의 강도에서도 두 집단 사이에는 차이가 있다.

가외노동여성의 1/4(28.6%)이 남편의 과음에 대해 절망적으로 호소하는데 비해 가내노동여성은 그렇지 않았다. 과음하면 대체로 돈을 낭비하게 되고 남편이 가정경제에 미치는 기여도도 떨어진다. 이 때문에 술을 많이 마시는 남성의 아내가 보다 많은 수입을 얻을 수 있는 직업(가외노동)을 가지게 되는 것 같다. 바꾸어 말하면 일부 가외노동여성은 남편이 술을 마셔 수입을 다 써버리기 때문에 경제활동에 참여하지 않을 수 없었다.

가내노동여성들은 남편의 음주를 가정경제에 대한 기여와 연결시키지는 않았지만 남편이 늦게 집에 돌아오는 것에 대해 불평했다. 대부분의 가내노동여성은 남편이 술을 마시지 않고 보다 일찍 집에 돌아오기를 희망하는 것에 그치는 데 비해, 가외노동여성은 남편이 음주를 한다고 불평한 경우 대부분이 그 정도가 심하여 절망감을 느끼고 있었다.

일반적으로 비교적 높은 수입을 올리는 가외노동여성들은 남편의 음주라는 측면에서 가내노동여성에 비하여 상대적으로 낮은 지위를 갖고 있다고 할 수 있다. 그들의 높은 수입이 그들의 가정 내 지위에 긍정적인 영향을 미친다기보다는 오히려 남편의 과도한 음주가 가족의 생존을 보장할 수 있는 높은 수입을 얻도록 하는 결과를 가져온다.

2) 폭력

남편의 폭력은 비록 음주와는 달리 이 지역 여성들 사이의 대화에서 많은 비중을 차지하는 것은 아니라 해도 ㅅ 1동의 많은 여성들에게 고통을 안겨주는 또 하나의 요인이다. 적어도 여성의 절반이 남편으로부터 신체상 또는 언어상의 폭력을 겪고 있다고 말했는데 가외노동여성이 가내노동여성에 비하여 그 빈도가 더 잦았다. 그러나 구타당하는 여성의 실제의 숫자는 보고된 숫자보다 더 높은 것 같다. 폭력이 얼마나 빈번한지는 어느 가내노동여성들에 의하여 다음과 같이 표현되었다.

<表 2>　　　　　　　직업별 남편의 구타　　　　　(단위: %)

	가내노동자	가외노동자
자주(심하게)	13.3	26.2
일년에 한두 번	6.7	7.1
평생 한두 번	15.6	9.5
없음	64.4	57.2
계	100.0	100.0
	(n=45)	(n=42)[a]

p= .44704
a: 무배우 3명의 가외노동여성 제외.

남편으로부터 안 맞고 산다는 거는 거짓말이다(가내노동여성 19).

신체상 폭력의 경우 <표 2>에서 볼 수 있는 바와 같이 그 비율[4]은 두 집단이 비슷하여 각 경우 1/3을 상회했다. 그러나 비록 두 집단에서 차지하는 숫자는 소수라 할지라도 가외노동여성이 가내노동여성보다 더 자주 더 심하게 맞았다. 남편한테 '자주 그리고 심하게' 맞는 가외노동여성의 숫자가 가내노동여성의 숫자에 비하여 두 배가 된다. 가내노동여성들은 남편의 구타에 대하여 다음과 같이 불평했다.

나는 매일 머리가 아프다. 결혼 초기에 남편한테 자주 맞아서 그렇다 (가내노동여성 1).

남편은 결혼 초 직장에 문제가 있을 때마다 나에게 화풀이를 했다(가내노동여성 42).

가외노동여성의 하소연을 들어보면 이들은 더욱 절망적이라는 것을

---

4) 이 비율은 손덕수와 이미경의 연구(1983: 34)에서 보여준 48.8%보다는 적지만 안순덕 등의 연구(1991: 97)에서 나타난 28.2%보다는 많다.

알 수 있다.

　　남편은 화가 나면 집에 있는 아무 거나 닥치는 대로 모두 때려 부순
다. 나는 안 맞으려고 도망간다. 남편은 내가 집에 돌아오면 때리려고 이
불 밑에 막대기를 감추어 두고 있다. 언젠가는 맞아 의식을 잃은 적도
있다. 집에 있는 물건이 모두 나에게는 너무 소중해서 나는 하나도 부술
수가 없었다(가외노동여성 29).

　　남편은 심심하면 나를 때린다. 발로 차기도 하고 칼을 집어던지기도
한다(가외노동여성 37).

　　술을 마시고는 남편은 막대기로 내 머리를 때리고 발로 무릎을 짓밟
는다. 몸이 안 좋으면 맞아서 그런지 머리와 무릎이 너무 아프다(가외노
동여성 43).

　　남편은 거의 하루 걸러 술을 먹는데 먹을 때마다 나를 때린다. 죽인다
고 칼로 위협하기도 했다. 매맞고 과로해서 온 몸이 다 아프다(인터뷰가
진행될 때에도 이 여성은 눈이 충혈되어 있었다). 남편은 창문의 유리창
을 하도 다 깨뜨려서 유리 대신 베니다판을 붙였다. 큰아들은 남편이 나
를 때리는 것을 볼 때마다 자기가 아버지를 죽일까봐 따로 방을 얻어 살
고 있다. 남편이 직장에서 집에 돌아오는 것이 겁이 난다(가외노동여성
45).

이밖에 어느 가내노동여성은 남편이 때려서 자기의 갈비뼈가 부러진
적이 있다고 말했고 또 다른 한 가내노동여성은 전 남편이 때려서 늘상
허리가 아프다고 호소했다. 2명의 가외노동여성도 의식을 잃을 정도로
남편에게 얻어맞은 적이 있다는 것이다. 두통은 남편의 폭력으로 생기는

<table>
<tr><td><표 3></td><td colspan="2" align="center">직업별 남편의 폭언</td><td align="right">(단위: %)</td></tr>
</table>

	가내노동자	가외노동자
자주	33.3	28.6
때때로	20.0	26.2
없음	44.5	45.2
미상	2.2	0.0
계	100.0	100.0
	(n=45)	(n=42)[a]

p= .69217

a: 무배우 3명의 가외노동여성 제외.

보편적인 증상으로 많은 여성이 두통에 시달리고 있다고 호소했다.

물리적인 폭력은 언제나 언어상의 폭력을 동반하는 것이지만 구타하지 않는다 할지라도 많은 여성들은 남편의 욕설에 모욕감을 느낀다. 두 집단 여성의 절반 이상이 남편의 욕설을 견디고 있는 반면 자신들은 남편에게 공손하게 말해야 한다. 이러한 언어상의 폭력은 두 집단 사이에 차이가 없었다(<표 3> 참조).

신체적 폭력을 초래하는 다툼의 주된 원인으로 남편의 외도, 금전 낭비 및 음주에 대한 여성의 불만으로 나타났다(<표 4>). 술을 마신 후 남편들은 더욱 폭력적이 되었다. 돈과 직장(예를 들면, 상사나 동료와의 관계 등과 관련하여)에 대한 좌절감이나 어려움, 그리고 작업조건에 대한 불만 때문에 아내에게 폭력을 휘둘렀다. 가내노동여성들은 남편의 허락 없이 외출한 것을 가지고도 남편은 아내의 정조에 대해 의심하면서 구타했다고 고백했다. 남편은 아내가 외도를 한다는 의심을 할 때 아내에게 가장 심한 폭력을 행사하였다. 앞장에서 본 바와 같이 때리는 정도는 '죽기 직전까지'로 묘사되었다.

아내들은 맞는 것을 피하기 위하여 나름대로 요령을 터득했다.

<표 4>　　　　　　　　　　직업별 남편의 구타 이유　　　　　　(단위: %)

	가내노동자	가외노동자
남편에 대해 불평	26.7	12.0
술 마신 후	4.4	9.7
남편에 관한 불평과 술 마신 후	0.0	7.3
아내의 외출	8.9	2.4
경제적 어려움	0.0	4.8
자신의 직업에서의 좌절	0.0	2.4
없음	60.0	61.4[a]
계	100.0	100.0
	(n=45)	(n=42)[b]

p= .11643

a: 비폭력적인 남편의 비율은 <표 2>와 약간 차이가 나는데 이는 조사대상자
　들의 응답이 일관성이 없었기 때문이다.

b: 무배우 3명의 가외노동여성 제외.

나는 (남편으로부터) 늘상 맞고 살았다. 그렇지만 지금은 피하는 방법을 알고 있다. 남편이 화가 나면 숨도 안 쉬고 가만히 있는다(가외노동여성 12).

이제는 남편이 술에 취하면 아예 집을 나와서 거리에서 밤을 지샌다. 겨울에는 너무 춥고 힘들다. 맞지 않기 위해서 아무 말도 하지 않는다. 남편은 내가 불평하지 않는 것이 이상하다고 생각한다. 내가 애인이 생겨서 그렇다고 하면서 다시 때린다(가외노동여성 42).

남편한테 얻어 맞은 날은 하루 종일 드러누워 있는다. 나를 때린 것을 항의하는 뜻으로 밥도 하지 않았다. 지금은 '당신이 나를 다시 때리면 더 이상 참고 살지 않겠다'고 말하면서 남편을 위협하여 때리는 버릇을 없앴다(가내노동여성 19).

		가내노동자		가외노동자	
아무도 없음			20.0		35.7
친척	형제		2.2		0.0
	자매	15.6	8.9	2.4	2.4
	시부모		4.4		0.0
이웃			2.2		2.4
친구			0.0		2.4
때리지 않음			62.2		57.1
계			100.0		100.0
			(n=45)		(n=42)[a]

p= .12506

a: 무배우 3명의 가외노동여성 제외.

남편이 아내를 때리는 것은 '여자와 명태는 때려야 맛이 있다'거나 '여자는 사흘들이 때리지 않으면 여우가 되어 산으로 간다'는 우리나라 속담에 의하여 정당화되어왔다. 우리 사회에서 매 맞는 여성에 대한 일반적인 태도는 '여자가 맞을 짓을 했겠지'라는 틀에 박힌 말 속에 반영되어 있으며 이웃들은 다른 가정 내의 폭력에 간섭하지 않는다. 매 맞는 여성들의 대부분이 <표 5>에서 볼 수 있듯이 자신이 구타당하고 있다는 사실을 다른 사람에게 말한 적이 없다. 더욱 심한 폭력을 겪고 있는 가외노동여성들은 이에 대해 침묵할 가능성이 더 큰 것 같았다.

아내 구타에 관해서 널리 퍼져 있는 위와 같은 억설, 수치심 그리고 보복의 두려움 때문에 다른 나라들(Dobash and Dobash, 1992: 4)에서와 같이 우리나라에서도 여성들은 입을 다문다. 폭력은 남성들이 힘과 권위를 누리는 지위를 유지하거나 힘을 휘두르는 데 중요한 것 같았다.

요약하면, 두 집단 여성들 중 일부가 남편의 폭력을 호소하였다. 그러나 가외노동여성은 가내노동여성보다 더 많이, 더 심하게 남편의 폭력에 시달렸다. 일하는 여성들이 비록 수입이 많다 하더라도 남편의 태도를 바

<表 6>　　　　　　　　　직업별 외도 인지　　　　　　(단위:%)

	가내노동자	가외노동자
알고 있음	17.8	21.5
(현재는 가능성이 있음)	(4.4)	(9.5)
아니오	75.5	69.0
모름	6.7	9.5
계	100.0	100.0
	(n=45)	(n=42)[a]

p= .78050
a: 무배우 3명의 가외노동여성 제외

꾸지는 못한다는 점을 다시 한번 보여준다. 오히려 남편의 심한 구타는 가족에 대한 남편의 무책임과 관련이 있으며, 이는 여성들로 하여금 자신의 수입으로 주로 또는 오로지 생계를 유지하기 위하여 보다 높은 수입을 얻고자 가외노동에 종사할 수밖에 없도록 만들었다.

3) 혼외정사[5]

여성을 가장 고통에 몰아넣는 것은 남편의 혼외정사였다. <표 6>에서 볼 수 있는 바와 같이 가내노동여성의 17.8%와 가외노동여성의 21.5%가 남편의 혼외정사 사실을 알고 있었다. 이들 가운데 가내노동여성의 4.4%와 가외노동여성의 9.5%가 남편이 현재 바람을 피우고 있거나 또는 또다시 바람을 피우지나 않을까 걱정하고 있었다.

남편의 폭력이나 음주로 고통당하는 여성의 숫자에 비하여 이 문제를 언급한 여성의 숫자가 적음에도 불구하고 그것이 여성에게는 큰 걱정거리이며 여성들은 남편이 집 밖에서 무엇을 하고 있을까 그리고 누구를 만나고 있을까를 언제나 우려하고 의심하였다. 2명의 가외노동여성과 2

---

5) 혼외정사는 예를 들면 술집 접대부나 매춘부와 같은 여성과의 우연한 성관계가 아니라 다른 여성과의 계속적인 성관계를 말한다.

명의 가내노동여성을 관찰한 결과 이 지역에서 점 보러 가서 비싼 복채[6] 를 내고 점쟁이에게 물어보는 주제가 바로 남편의 외도에 관한 것이었다. 한 가내노동여성은 남편이 바람을 피우는 것 때문에 부부싸움이 일어나 고 남편은 아내에게 폭력을 휘두르며 이혼을 제기한 후 저금통장을 가지 고 집을 나가버리자 점쟁이에게 찾아가 많은 돈을 주고 앞으로의 사태 진전에 대한 예언을 들었다. 며칠 후 마침내 점쟁이의 말대로 남편이 집 에 돌아와 안정을 되찾자 이 여성은 점쟁이가 정확히 예언했다고 생각하 고 고마워했다. 이와 반대로 한 가외노동여성은 많은 돈을 지불했음에도 불구하고 남편의 외도에 관한 그 점쟁이의 예언이 정확하지 못하였고 따 라서 점쟁이가 능력이 없다고 실망하여 점 보러 가는 것을 그만두었다. 점쟁이로부터 남편이 외도를 하고 있다는 말을 들은 다른 2명의 여성은 그 말을 믿고 걱정했다. 한 가내노동여성은 남편이 바람 피우고 있다고 생각할 때마다 두통이 심하게 일어나 거의 매일 진통제를 먹었다. 그녀는 이렇게 말했다.

　술 마시는 것은 괜찮다. 그렇지만 다른 여자와 바람 피우는 것은 견딜 　수가 없다. 어릴 때 아버지가 바람 피우는 것에 질렸다(가내노동여성 　38).

　어느 토요일에 이 여성은 자신의 남편이 직장 동료여성과 함께 외출할 지도 모른다고 생각해 감시하러 남편의 공장으로 달려가기도 했다. 여성 들이 때로는 잘못이 없는 남편에 대해 과도하게 의심하는지도 모른다.

---

6) 복채는 약 30분 동안 점괘를 봐주는 데 1만원이었다. 그러나 불륜을 예방하 　거나 그치게 하기 위하여 무당이 특별히 제작한 부적을 사거나 굿을 하게 되 　면 그 비용은 대략 20만원 내지 50만원이 드는데 이는 가계의 한 달 수입의 　절반 이상에 해당된다.

과거에 외도를 한 적이 있는 남편을 둔 아내들은 외도를 더 이상 하지 않는다는 것에 대해서는 안심했으나 남편을 용서하지 않았고 또 그 사실을 잊지도 않았다.

나는 남편과 그 애인이 여관에서 벌거벗고 있는 것을 보았다. 결코 남편을 용서할 수 없다(가외노동여성 6).

내가 26살 때 남편은 직장에 같이 다니는 유부녀와 바람을 피웠다. 이혼할까 많이 생각했지만 아이들 때문에 모욕감과 배신감을 참기로 했다. 그러나 결코 잊지 못하며 남편을 용서하지도 못한다(가내노동여성 10).

어느 가내노동여성은 야간대학에 다니는 남편을 뒷바라지하기 위하여 가내노동을 시작하는 등 남편을 위해 헌신하였음에도 불구하고 남편이 다른 여성과 외도하자 심한 상처를 받아 정신병에 걸렸다가 회복되었다고 했다. 이 여성은 남편이 외도를 청산한 후에도 아직 배신감으로 심한 고통을 겪고 있다. 아직 이 여성은 남편을 미워하며 남편이 집에 돌아와도 남편을 위해 어떠한 뒷시중을 들지 않는다고 한다.[7]

남편의 외도를 알고 있는 여성의 숫자는 두 집단 사이에 크게 다르지 않다. 여성의 돈벌이가 남편의 외도에 영향을 미치는 것 같지는 않다고 말할 수 있을는지 모른다. 그러나 남편의 외도가 여성의 노동참여에 두 가지 아주 다른 방식으로 영향을 미치는 것으로 보인다. 즉 하나는 남편이 아내를 집안에 엄격히 가두어두는 방식이며 또 다른 하나는 남편이 바람을 피움으로써 가정경제에 거의 또는 전적으로 도움을 주지 못하여 아내가 정규적이며 보다 높은 수입을 얻기 위해 일하러 나간다.

행실이 좋지 못한 남편은 소수이다. 그렇지만 남편의 그러한 행실의

---

7) 그러나 그녀는 만약 남편이 이혼 후 바람을 피운 그 여자와 결혼하게 된다면 자기는 패배자가 되어버린다고 생각하기 때문에 이혼하기를 원하지 않았다.

<표 7>　　　　　　　　　　　남편의 연령별 음주문제　　　　　　　　(단위: %)

	20~29세	30~39세	40~49세	50세 이상	계
과도한 음주	20.0	4.8	41.2	50.0	13.8
음주	20.0	34.9	23.5	50.0	32.2
음주 문제없음	60.0	60.3	35.3	0.0	54.0
계	100.0	100.0	100.0	100.0	100.0
	(n=5)	(n=63)	(n=17)	(n=2)	(n=87)[a]

p= .0000

a: 무배우 3명의 가외노동여성 제외.

결과를 종합해볼 때 가외노동여성 남편의 경우가 더 많이 더 심하게 아내를 구타하고 있으며 술도 더 많이 마시는 것 같으나 외도에 있어서는 가내노동여성이나 가외노동여성이 비슷한 걱정을 하고 있었다. 그러므로 수입이 더 많다고 하여 남편의 태도나 행실, 즉 폭력, 음주 또는 외도를 변화시키는 것 같지는 않았다. 오히려 남편의 행실이 남편이 집안살림에 보탬이 적은 것과 연관되어 있고 그것 때문에 여성은 정규적이고 보다 높은 수입을 얻고자 집 밖에 나가서 일하지 않을 수 없었다.

　남편의 일반적인 특성과 연관지어보면, 여성이 남편의 음주 때문에 불만을 가진 경우에 그 남편은 나이가 많은 경향이 있다. <표 7> 40대 남편의 약 2/3와 50대 남편의 전부에 대해 그 아내가 남편의 음주 문제를 제기하였다. 그들은 또한 <표 8>에서 보는 바와 같이 저학력자들이었다. 여성들에 따르면 초등학교나 중등학교교육을 받은 남편의 약 2/3가 음주 문제를 가지고 있었다. 마찬가지로 폭력적인 남편도 대체로 나이가 많은 경향이 있다. <표 9> 40대와 50대의 남편의 약 절반이 일년에 자주 또는 한두 번 아내를 때린 데 비하여 20대와 30대 남편의 경우는 약 1/4 정도가 그러하다. <표 10>을 보면 아내를 구타하는 남편 역시 학력이 낮은 경향을 띠고 있다. 대학 교육을 받은 남편은 아내를 때릴 가능성이 더 적었다. 끝으로 폭력적인 남편은 농촌지역에서 성장한 경우가 많은 것 같았

<표 8>　　　　　　　　남편의 교육정도별 음주문제　　　　　(단위: %)

	무학	초등학교	중학교	고등학교	대학	계
과도한 음주	50.0	21.4	21.2	3.1	0.0	13.8
음주	0.0	35.7	45.5	21.9	16.7	32.2
음주문제 없음	50.0	42.9	33.3	75.9	83.3	54.0
계	100.0	100.0	100.0	100.0	100.0	100.0
	(n=2)	(n=14)	(n=33)	(n=32)	(n=6)	(n=87)[a]

p= .0000

a: 무배우 3명의 가외노동여성 제외.

<표 9>　　　　　　　　남편 나이별 아내 구타　　　　　　　(단위: %)

	20~29세	30~39세	40~49세	50세 이상	계
자주(심함)	0.0	12.7	47.1	50.0	19.5
1년에 한두 번	20.0	6.3	5.9	0.0	6.9
평생 한두 번	0.0	15.6	5.9	0.0	12.6
없음	80.0	65.1	41.2	50.0	60.9
계	100.0	100.0	100.0	100.0	100.0
	(n=5)	(n=63)	(n=17)	(n=5)	(n=87)(a)

p= .0000

a: 무배우 3명의 가외노동여성 제외.

<표 10>　　　　　　　　남편의 교육정도별 아내구타　　　　　(단위: %)

	무	초등학교	중학교	고등학교	대학	계
자주(심함)	50.0	21.4	27.3	9.4	16.7	19.5
1년에 한두 번	0.0	14.3	9.1	3.1	0.0	6.9
평생 한두 번	0.0	0.0	18.2	12.5	16.7	12.6
없음	50.0	64.3	45.5	75.0	66.7	60.9
계	100.0	100.0	100.0	100.0	100.0	100.0
	(n=2)	(n=14)	(n=33)	(n=32)	(n=6)	(n=87)(a)

p= .0000

a: 무배우 3명의 가외노동여성 제외.

<표 11>　　　　　　　　　남편의 성장지별 아내 구타　　　　　　(단위: %)

	농촌	도시	계
자주(심함)	23.1	9.1	19.5
1년에 한두 번	6.7	9.1	6.9
평생 한두 번	13.8	9.1	12.6
없음	56.9	72.7	60.9
계	100.0	100.0	100.0
	(n=65)	(n=22)	(n=87)(a)

p= .0000

a: 무배우 3명의 가외노동여성 제외.

다. <표 11> 도시지역 출신 남편의 2/3가 아내를 구타하지 않은데 비하여 농촌지역 출신의 경우는 약 절반 정도가 아내를 구타하지 않았다.

요약하면 남편의 음주나 폭력문제를 토로한 여성의 남편은 비교적 나이가 많고 학력이 낮은 경향이 있으며 농촌지역에서 성장한 사람들이었다. 그러나 왜 일부 남성들은 술을 더 많이 마시고 폭력적인데 비하여 다른 남성들은 그렇지 않은가 하는 이유는 이 책에서는 명확하게 입증되지 않았으며 앞으로 더 연구가 필요한 부분이다.

행실이 좋지 못한 남편과 살고 있으면서 비교적 높은 수입을 올리고 있는 여성은 수입이 낮은 여성보다 남편과 이혼할 경우 더 유리한 위치에 있다. 그러나 기혼노동여성은 노동시장에서 가장 낮은 수준의 임금을 받기 때문에 그 수입으로 자신과 가족을 부양하기에는 충분하지 못하다. 이 조사에서 가외노동여성은 대체로 이 책의 연구 조사대상자의 취업 남편 전체 평균 임금의 63.5%를 벌었다. 초등학교와 중학교를 나온 가외노동여성은 같은 수준의 교육을 받은 남성의 각각 72.2%와 62.6%의 수입을 올렸다. 더욱이 남편 없는 기혼여성에 대한 사회적인 낙인 때문에 여성들은 남편의 학대를 견디어낼 수밖에 없는 것 같다.

<표 12>　　　　　　　직업별 가사노동 분담 및 남편시중 정도　　　　(단위: %)

	가내노동자	가외노동자
시중 줄어들고 가사노동 남편 참여	8.9	21.4
시중 줄어들었으나 가사노동 남편 참여 없음	6.7	11.9
남편 시중 같고 가사노동 남편 참여	6.7	11.9
남편 시중 같고 가사노동 남편 참여 없음	77.7	54.8
계	100.0	100.0
	(n=45)	(n=42)[a]

p= .15054

a: 무배우 3명의 가외노동여성 제외.

4) 가사노동의 분담

　가사노동의 분담은 가정 내 여성의 지위를 나타내주는 가장 주요한 척도 중의 하나라 할 수 있다. 제5장과 제6장에서 자녀양육과 가사노동에 대한 남편의 참여가 두 집단 모두 극히 미미하다는 것을 밝혔다. 제7장에서 본 바와 같이 남편에 대한 여성의 시중 또한 크게 줄지 않았음을 알 수 있다. 그러므로 아내의 가정 내외의 노동참여와 상관없이 엄격한 성별 노동분업이 아직도 존속하고 있다. 두 집단의 노동여성의 대부분은 유급노동의 부담과 가사노동 및 자녀양육의 부담을 동시에 혼자서 떠맡고 있다.

　그러나 가외노동여성은 가사노동을 남편과 같이 분담할 가능성이 더 큰 것 같았다. 게다가 또 두 가지 요소―남편과의 가사노동의 분담과 남편에 대한 시중[8]―에 대한 여성의 평가가 <표 12>에 나타난 바와 같이 가외노동여성은 남편으로부터 더 많은 도움을 받는 동시에 남편에 대한 시중이 준다고 분명히 생각하였다. 여성의 가외노동 참여로 인하여 남편은 가사 책임의 작은 일부를 분담하였고 자신들이 받았던 아내의 시중의

---

8) 자녀양육에 있어서의 남편의 참여는 두 집단간의 자녀들의 연령 차이 때문에 비교할 수 없었다.

수준을 낮추었다고 말할 수 있다. 그 결과 가외노동여성들은 가사노동의 분담이라는 면에서 가정 내 자신들의 지위를 개선시킬 가능성이 더 크다고 말할 수 있다. 그렇지만 가사노동 분담도 남편에 대한 시중을 줄이는 것도 실질적으로 여성들에게 크게 도움이 되지는 못하며, 그 분담은 결코 평등하지도 않다.

3. 자원에 대한 권력과 권위—가구 경영과 물품 구입

가정 내의 여러 가지 상관관계 가운데 중요한 측면이 가계에 대한 통제와 관리이다. 그러므로 가정 내의 힘의 관계가 주로 물질적 자원, 특히 지출과 관련하여 논의되어왔다. 후드파는 이렇게 주장했다.

> 현금의 흐름과 처분에 대한 통제가 가정구성원의 복지와 부부간의 힘의 관계에 가장 많은 영향을 미치는 요소로서 인식되어왔다(Hoodfar, 1988: 141).

그녀는 '첫째, 희소한 물자에 대한 실제적인 의사결정 권한과, 둘째, 가정의 자원에 대한 통제 및 그 지식에 대한 접근'이라는 관점에서 힘을 정의하고 있다(Hoodfar, 1988: 122). 이 정의는 힘과 가정 내 자원에 대한 의사결정권 사이의 관련성이 강력하다는 것을 내포하고 있다. 이 절에서는 의사결정과 힘 사이의 관련성을 수입 할당방식과 가정 내 소비지출을 결정하는 사람을 살펴봄으로써 논의하고자 한다.

1) 수입 운용방식

팔은 영국에서는 대략 4가지 형태의 관리방식, 즉 아내에게 임금 전액과 관리를 맡기는 방식(wife management or the whole wage system), 수당방식(allowance system), 공동관리방식(pooling system or shared management), 그리고 독자관리방식(independent management system)이 있다고 했다(Pahl, 1989: 67-75). 그녀는 이 방식들은 국민생활의 사회·경제적인 환경과 그들의 세계관을 형성하고 있는 이데올로기에 따라 나누어진다고 주장하였다(Pahl, 1989: 120).

무나촌가는 잠비아 도시지역에는 4가지 일반적인 관리 방식, 즉 요구 시 지급방식(doling out), 수당방식(allowance), 분리관리방식(separate spending), 공동관리방식(pooling) 등이 있음을 확인했다(Munachonga, 1988: 187). 그녀는 수입 관리방식과 아내의 돈벌이 사이에는 관계가 있는데, 즉 '아내가 취업하고 있는 가정에서는 금전을 별도로 관리하는 일반적인 경향이 있다'고 주장했다((Munachonga, 1988: 194).

후드파는 금전을 배분하고 관리하는 것을 6가지 부문으로 나누어 분류하였는데, 금전관리자로서의 여성, 가족은행(family bank)으로서의 여성, 생활비를 충분히 받는 여성, 생활비 일부만 받는 여성, 금전관리자로서의 남성, 그리고 '손님'과 같은 남편이 그것이다(Hoodfar, 1988: 129). 카이로에서의 자신의 연구를 토대로 그녀는 금전관리의 형태는 가정 생활주기의 단계, 부부의 연령, 가정의 총수입, 여성의 힘과 금전관리의 정도보다는 오히려 남편의 직업의 성격—직업상 남편이 오랜 시간 집을 떠나 있느냐 아니냐 하는—과 부부가 사는 지역의 문화적 전통과 강하게 관련되어 있다고 주장하였다(Hoodfar, 1988: 141).

본 연구에서는 수입 관리방식이 앞에서 언급한 연구들과는 아주 다르다. 4가지 주요한 금전 관리방식이 확인되었는데, 남편이 아내에게 봉급

<표 13>	직업별 남편 수입 관리체제	(단위: %)

	가내노동자	가외노동자
전 수입을 부인에게	77.8	60.0
용돈을 제외한 전 수입을 부인에게	13.3	8.9
요청할 때마다 부인에게	6.7	4.4
별도 관리	2.2	0.0
수입 없음/남편 없음/주지 않음	0.0	26.7
계	100.0	100.0
	(n=45)	(n=45)

p= .00553

전액을 맡기는 방식, 남편이 자신의 용돈은 제외한 봉급 전액을 아내에게 맡기는 방식, 남편이 아내에게 필요할 때마다 주는 방식, 그리고 남편이 가정경제에 전혀 보탬을 주지 않는 경우 등이다. 우리나라의 가정관리방식은 아내와 가족에 대한 남편의 책임과 행실에 관련이 있는 것 같다.

지배적인 형태는 남편이 수입 전부를 아내에게 맡겨버리는 방식이었다(<표 13>에서 볼 수 있는 바와 같이 가내노동여성의 77.8%와 가외노동여성의 60.0%). 이 방식에서는 남편은 자기의 봉급 봉투를 아내에게 넘겨버리고 아내는 모든 수입을 맡아 살림을 꾸려나가며 남편의 요구에 따라 담배값, 차비, 술값 등을 포함한 개인 용돈으로 일정 금액을 남편에게 되돌려준다. 이 방식은 우리나라 여성은 가족에게 헌신하고 가족을 위하여 자신을 희생할 각오가 되어 있으며, 따라서 돈을 안심하고 맡길 수 있다는 전통적인 입장에 그 근거를 두고 있다. 아내는 남편의 수입에 완전히 접근할 수 있다는 데에서 만족감을 얻으며 신뢰받고 있음을 자랑스러워 하는 것 같았다.

이 방식을 따르는 여성 대부분이 자신을 가족의 모든 욕구를 충족시켜줄 책임을 지고 있는 관리자로 자처하였다. 이 방식을 취하는 남편은 일반적으로 아내의 동의를 얻어 용돈을 썼다. 그러나 남편이 용돈을 과도하게 요구하더라도 아내는 이를 거절할 수 없을 것이다. 그러므로 이 여성들이 자기들이 맡고 있는 돈에 대해 진정으로 '권한과 힘'을 가지고 있느냐 하는 것은 의심스럽다. 이 방식은 비록 아내가 남편으로부터 금전 관리를 위임받고 있다 하더라도 가정에서의 아내의 높은 지위와 바로 연결될 수는 없으나, 이러한 방식으로 수입을 관리하는 집단의 여성은 남편의 음주나 폭력에 대한 불평이 적은 경향이 있다.

두번째 형태는 남편이 자기 용돈을 제외하고 수입 전부를 아내에게 건네주는 방식9)이다. 이 방식이 수입 전액을 맡기는 방식과 다른 것은 아내의 동의와는 상관없이 남편의 용돈이 가족 전체의 필요보다 우선한다는 점이다. 그러나 남편의 기여 정도에 따라 2개의 소집단으로 나누어 볼 수 있다. 하나는 전액을 맡기는 방식과 거의 비슷한데, 약간의 자신의 용돈을 제하고 월급을 아내에게 맡기는 경우로 이 방식을 따르는 6명의 가내노동여성 가운데 4명과 4명의 가외노동여성 가운데 3명이 이 소집단으로 분류될 수 있다. 이들은 수입 전액을 맡기는 방식에 따르는 여성과 매우 유사하게 남편의 폭력과 음주에 관하여 불평할 가능성은 비교적 적다. 그러나 나머지 3명의 경우는 남편이 월급의 대부분을 용돈으로 써버려 가정경제에 거의 기여를 하지 못했다. 가정경제에 비교적 적게 기여하는 남편을 가진 여성은 모두가 자주 또는 가끔 욕설 또는 폭행으로 고통을 겪으며, 남편의 음주나 도박에 관하여 불평을 할 가능성이 더 큰 것 같았다.

남편이 아내에게 조금씩 돈을 주는 방식에서는 아내는 필요할 때마다 모든 돈을 맡아 관리하는 남편으로부터 특정한 비용으로서만 돈을 받는다. 이 방식은 여성이 비록 자신의 모든 수입은 스스로 관리한다 할지라도 남편의 수입에 대해서는 전혀 접근하지 못하기 때문에 여성에게 좌절감을 안겨준다. 이 방식을 채택한 남편에게는 두 가지 형태가 있는데 하

---

9) Pahl은 이 방식을 수입 전액 방식의 변형으로 간주한다(1989: 68). 그럼에도 우리나라 경우에는 이 두 방식간의 차이의 의미는 중요한 것 같다.

나는 아내가 수입을 관리하는 것을 못미더워하는 권위적인 남편이다. 가내노동여성의 남편 가운데 3명이 이와 같았는데 그들은 언어상 또는 신체상으로 매우 폭력적이었고 아내에게 권위적인 태도를 보였다. 다른 형태는 자신의 수입을 대부분 자신이 쓰려고 스스로 관리하는 불성실한 남편의 경우였다. 이러한 형의 남편으로 인하여 고생하고 있는 2명의 가외노동여성은 남편의 빈번한 욕설과 구타에 대해 동시에 불평했다. 형태와는 상관없이 이 방식을 따르는 아내는 돈을 필요로 할 때마다 돈을 얻기 위하여 자기 남편에게 애걸하거나 싸워야 한다는 점에서 같은 어려움을 겪고 있었다. 그러나 차이점은 앞의 형태는 수입을 어떻게 써야 하는지를 결정함에 있어 아무런 힘도 없지만 남편으로부터 일정 액수의 생활비를 받는데 비해 뒤의 형태는 남편으로부터 거의 아무런 도움을 못 받는 채 여성의 수입으로 가정경제를 꾸려나가는 책임을 떠맡았다는 것이다.

남편이 게으름, 실업 또는 부재 때문에 전혀 가정경제에 도움을 주지 못하는 가정(가외노동여성의 26.7%)에서는 여성의 수입이 가정경제의 유일한 원천이 된다. 가족에 대한 남편의 불성실, 태만, 배신은 남편의 경제적 무기여와 관련이 있다. 남편이 살아 있을 경우 다른 방식을 따르는 남편보다 술을 많이 마시고 욕설과 폭력을 휘두를 가능성이 더 크다. 실직중인 2명의 남편은 아내에게 자주 폭력을 휘두르고 술을 많이 마셨으며 외도를 한 적이 있다. 6명의 여성이 실직 중인 남편으로부터 가정경제에 전혀 도움을 받지 못하였다. 이들 가운데 5명이 남편의 '가끔 또는 빈번한 욕설과 구타' 및 심한 음주로 괴로워했으며 3명은 남편의 외도에 대해 불평을 했다.

이 방식을 따르는 여성은 돈도 없고 남편의 행실도 나빠 가장 고된 삶을 사는 것 같았다. 이러한 상황에서 여성이 가정경제에 기여하는 것은 그 지위에 긍정적인 영향을 미치지 못한다. 비교적 높은 수입을 얻는 여성들은 자신의 돈벌이를 힘의 원천으로 생각하지 않는 것 같았다. 오히려 그들은 무책임하거나 무능한 남편을 만난 자신의 불운을 탓하고 살아 남아 자녀들을 돌보기 위하여 돈벌이를 하지 않으면 안되기 때문에 할 수 없이 돈벌이에 나서고 있다고 생각했다.

전액을 아내에게 맡기는 방식을 채택한 남편들은 가족에게 충실한 반면 기타 방식을 따르는 남편의 일부 또는 전부는 가정에 불충실하거나 충실하지만 권위적이었다. 수입 관리방식이 여성의 지위를 정확히 나타내주는 것은 아니지만 남편이 아내에게 필요할 때마다 조금씩 주는 방식, 남편이 가정경제에 전혀 보탬을 주지 않는 방식 및 용돈을 제외한 전액을 아내에게 맡기는 방식 중의 하나를 따르는 여성들은 남편과 관련하여 가정 내에서 높은 지위를 누리는 것 같지가 않았다.

여성의 수입의 정도나 일의 형태는 금전 관리방식에 영향을 미치지 않는다. <표 13>에서와 같이 가내노동여성과 가외노동여성을 비교해 볼 때, 가장 뚜렷하게 차이를 나타내는 방식은 남편이 가정경제에 전혀 공헌이 없는 방식이라는 것을 알 수 있다. 남편이 가정경제에 전혀 보탬을 주지 않는 방식에 속한 가정의 여성들 모두가 가외노동여성인데 비하여 가내노동여성은 나머지 3방식 가운데 한 가지 방식을 채택한 가정에서 가계 경영에 참여할 가능성이 더 크다.

2) 물품 구입 결정

대부분의 여성들, 즉 가내노동여성의 93.2%와 가외노동여성의 88.9%가 스스로를 가정 관리자라고 생각했다. 가내노동여성의 6.7%와 가외노동여성의 11.1%만이 남편을 가정 관리자라고 생각했으며 그들은 주로 남편이 필요시 아내에게 조금씩 나누어주는 방식을 취하였다. 관리자로 생각하는 남편은 권위적일 가능성이 있다. 가정을 관리하는 것은 주로 여성의 일이었다. 관리란 가정을 위한 소비지출에서의 의사결정과 밀접하게 관련되어 있다. 바꾸어 말하면 의사결정을 통하여 가정을 관리하는 사람이 누구인가가 명확하게 나타낸다.

여성이 보다 많이 결정을 할수록 가정 내에서의 위치는 높아진다는 가정 아래 의사결정은 힘으로, 그리고 '의사결정력'(decision making power)은 적절한 용어로 간주되어왔다. 몇몇 연구논문은 여성의 수입이 수입관리 및 소비와 관련하여 의사결정력으로 어떻게 전환되는지를 밝히려고 노력하였다(Pahl, 1988: 48, 172-177; Stichter, 1988: 193, 195, 200; 1990: 58; Safilios-Rothschild, 1982; 1990: 221, 225). 앞의 논문들에는 두 가지 상반된 논점-돈벌이하는 여성은 가정 내에서 의사결정력을 증가시킨다는 논점과, 여성들이 그들의 경제활동 참여를 의사결정력으로 반드시 바꾸어 나가는 것은 아니라는 논점-이 들어 있다. 팔은 다음과 같이 주장했다.

> 남편은 아내가 취업을 하지 않고 있을 경우 의사결정을 좌우할 가능성이 더 컸다. 반대로 의사결정에 영향력이 큰 아내는 보통 유급노동에 종사했다(Pahl, 1988: 174).

이와 대조적으로 새필리오스-로스차일드는 다음과 같이 논한다.

> 유력한 문화적 이데올로기와 관련하여 남성과 여성의 역할 그리고 남편의 사회 경제적 지위에 대하여 조사할 당시, 그리스, 온두라스 및 케냐와 같은 상이한 여러 나라들로부터 입수한 연구 자료에 따르면, 아내의 수입이 반드시 노동분업에 있어서 그녀의 의사결정력과 평등을 얻어내는 귀중하고 강력한 원천이 되는 것은 아니며,… 아내의 수임이 의사결정력으로 바뀌어질 수 있는 뚜렷한 원천으로 되지 않았다(Safilios-Rothchild, 1990: 222-223)

　식료품 및 옷을 사고 집을 세 얻거나 사는 데 있어서의 의사결정을 조사함으로써 의사결정이 여성의 가정 내 지위에 있어서 갖는 중요성을 검토하고자 한다. 본 연구에서 식료품이나 옷과 같은 일상생활에 기본적인 필수품 구입은 두 집단 모두 주로 여성이 결정했다. 가내노동여성의 97.8%와 가외노동여성의 95.6%가 식료품을 구입하는 책임을 맡고 있는 반면에 전자의 77.8%와 17.8%, 그리고 후자의 84.5%와 13.3%가 각각 의복을 혼자서 또는 남편과 함께 구입을 결정하였다.

　여성이 가장 중요한 가계 지출의 하나인 일상 필수품, 특히 식료품을 구입·준비·분배하는 데 대해 일반적인 책임을 진다는 것은 예상치 못한 것은 아니다. 식료품 구입의 의사결정이 여성에게 맡겨져 있다는 것은 가정 내에서 가장 중요한 경제적 결정에 대한 여성의 통제력을 의미한다고 할 수 있을 것이다. 집세, 전기세, 연료비, 수도세, 자녀의 학비와 같이 가정의 그밖의 많은 일상적인 비용 지출이 또한 여성의 영역에 속한다고 보면 이러한 통제력은 크다는 것을 알 수 있다. 이와 같이 여성은 이러한 비용 지출을 위하여 가계 수입의 상당한 부분을 할당한다.

　집이나 방을 구하거나 빌려주는 것과 같은 중요한 문제조차도 역시 남편보다는 아내가 처리할 가능성이 더 큰 것 같았다. 가내노동여성의 31.1%와 가외노동여성의 37.8%가 이러한 결정을 스스로 했으며, 이에 반하여 가내노동여성의 남편의 15.6%와 가외노동여성의 남편의 13.3%가 이러한 문제에 결정을 내렸다. 그럼에도 불구하고 우리나라에서는 남편과 아내가 공동 결정을 내리거나 남편의 관여하는 정도가 식료품이나 의복을 구입하는 경우보다 더욱 두드러졌다(가내노동여성 가정의 44.4%와 가외노동여성 가정의 35.6%). 가외노동여성이 어느 집이나 방을 사거나 세를 얻을 것인가를 혼자서 결정할 가능성이 조금 더 많다 하더라도 여성의 노동형태와 거처를 구하는 데의 비용 지출 사이에 상관관계가 있다고 보기는 어렵다.

<표 14>　　　　　　직업별 내구재 구입자　　　　　(단위: %)

	가내노동자	가외노동자
아내	2.2	35.5
남편	22.2	6.7
아내와 남편	73.4	57.8
구매 안함	2.2	0.0
계	100.0	100.0

p= .00022

　　두 집단 사이의 주요한 차이는 내구 소비재를 구입할 때의 의사결정이었다. 즉 가내노동여성 가정의 2/3와 가외노동여성 가정의 절반 이상이 남편과 아내의 공동 결정으로 내구 소비재를 구입하였다. 가외노동여성이 전기·전자제품을 구입할 책임을 단독으로 질 가능성이 더 많은 것 같다(<표 14>). 가내노동여성의 1/3이 이러한 의사결정에서 배제되었으나 가외노동여성의 경우 6.7%만이 그러하였다.

　　우리나라 여성이 보통 집을 세 놓거나 구하거나 내구소비재 구입을 제외한 가정의 금전 지출을 한다는 사실로 해서 의문이 생긴다. 즉 일상 필수품을 구입하는 것, 집을 구하는 것, 그리고 내구 소비재를 사는 것 사이에 왜 차이가 나는가?

　　내구 소비재의 구입이 다른 경우와 다른 점은, 시간적 제약을 받을 필요 없이 불규칙적으로 산다는 것에 있다. 이는 즐거운 일이다. 게다가 내구 소비재는 예를 들면 텔레비전 수상기, 세탁기, 오디오·비디오 카세트 플레이어 등의 기계류이고 이는 남성이 여성보다 더 잘 아는 영역으로 간주되고 있다. 상대적으로 높은 비율의 가외노동여성들이 이를 구입하는 주된 이유는 그들이 몇 달에 걸쳐 분할하여 지불함으로써 자신의 수입으로 비용을 감당하는 것이 문제가 되지 않기 때문이다.

　　이와 대조적으로 각종 요금, 학비, 식료품이나 피복비 등의 일상적 비용은 매월 수입에서 일정 금액이 지불되거나 구입한다. 그러므로 최소한

도의 예산 안에서 특별한 의사결정이 전혀 필요하지 않거나 한정된 예산 안에서 처리함으로써 여성의 재량에 맡겨지는 부분이 많지 않았다.

결정할 것이 아무 것도 없다. 줄 것 주고 나면 남는 것이 아무 것도 없다(가내노동여성 90).

여성은 가족을 위한 모든 지출 비용을 감당하기 위하여 자신의 수입을 늘려야 할 책임을 전적으로 떠맡고 있다. 여성이 일상 필수품을 구입하기 위하여 돈을 쓴다는 것은 남편에게는 충분히 못한 수입으로 살림을 꾸려 나가는 부담에서 벗어날 수 있다는 것을 암시한다. 살 집을 구하는 것은 남편이 관여하기를 원하지 않는 또 하나의 성가시고 귀찮은 일인 것 같다. 한정된 돈을 가지고 집을 구할 때 선택의 범위는 한정된다. 우리나라 에서 집이나 방을 빌려주거나 구하는 일은 계절적이어서 통상 봄과 가을 에 일어나며, 따라서 일정한 시간 안에 처리되어야 한다. 다시 말해 일정 한 시간 안에 집중적으로 노력을 기울어야 하며 남편은 집을 보고 결정 할 만큼 충분한 시간을 내지 못하는 것 같았다.

대부분의 여성이(가내노동여성의 68.9%와 가외노동여성의 73.3%) 주택 문제에 관한 의사결정을 가족을 위한 책임으로 간주하는 데 비하여 그밖 의 여성(가내노동여성의 17.8%와 가외노동여성의 24.4%)은 자신들이 한 일에 자부심을 느꼈다. 살 집을 구하는 데 단독으로 결정을 내린 여성들 가운데에 두 집단에서 각각 4명이 가족을 위한 이러한 책임을 수행하는 데 있어 잘못을 저질렀다고 남편으로부터 비난을 받았다.

남편이 해외에 나가 있는 동안 집을 샀다. 그런데 등기상에 나타난 집 의 대지면적이 그전 집 주인이 집을 팔 때 말한 것보다 적다는 것을 알 고 남편은 이혼하겠다고 위협하면서 욕했다(가내노동여성 32).

남편은 내가 더러운 집을 빌렸다고 뭐라고 한다(가내노동여성 6).

새필리오스-로스차일드에 따르면 여성의 힘이란 다음과 같이 정의된다.

다른 여성과 남성의 태도를 지배하거나 변화시키는 여성의 능력과,
남성이나 나이가 더 많은 여성이 반대할지라도 그들 생에 있어서 중요
한 사안들을 스스로 결정하는 능력이다(Safilios-Rothchild, 1982: 117).

우리나라 여성은, 남편이 반대하면 결정을 내릴 수 없기 때문에 그리
고 잘못했을 때에는 남편의 비난을 받기 때문에 판에 박힌 일상 필수품
을 구입하거나 살 집을 구하는 의사결정에 있어서 진정한 힘을 가지고
있다고는 말할 수 없다. 우리나라에서의 가정 관리는 남편의 묵시적인 또
는 명시적인 권위 아래에서 행해지기 때문에 반드시 여성의 힘을 뜻하는
것 같지 않다. 조형 역시 전통적으로 우리나라 여성들이 자기 가족을 위
해서 희생하여왔고 자신이나 그밖의 사람들을 위하여 돈을 낭비하지 않
는다는 가정 아래, 우리나라 여성들은 남편으로부터 부여받은 힘을 가질
수 있다고 주장하였다(1992: 27). 박민자 또한 아내는 남편에게 귀찮은 일
을 도맡아 처리한다고 주장했다. 남편은 중요하지 않은 일은 아내가 하기
를 원하든 원하지 않든 상관없이 아내에게 떠맡긴다(1992: 92).[10]
성가신 일에 대해 권한 없이 하는 의사결정은 힘이 아니라 집안의 허
드렛일의 일부이다.[11] 의사결정이 힘과 연관되어 있는 것이 아니라 대개
의무(decision-making obligation)와 관련되어 있다. 의사결정에 관한 전술한
연구 논문들은 의사결정이 힘이라는 가정에 근거를 두었다. 그러나 그것

---

10) 관리라는 의미에 우리나라 남편들은 수입을 관리하는 것 외에도 가사노동
    을 하고 자신에 대한 시중을 드는 것도 포함시킨다(권희완, 1992: 66, 44).
11) Pahl(1980: 331) 또한 동일한 점을 주장했다.

이 보다 힘있는 사람에 의하여 감독 받지 않고 내려지며 그 의사결정이 즐거운 것이 될 때만이 의사결정은 힘이 될 수가 있다.

4. 평가와 태도

여성 자신 및 남편과의 관계에 대한 여성 스스로의 평가와 경제활동하는 여성에 대한 남편의 태도여하는 여성의 지위를 측정하는 데 있어 중요한 척도가 된다. 경제활동 참여에 대한 여성의 자기 인식과 자신의 수입을 갖는 아내에 대한 남편의 존경은 여성의 가정 내의 지위의 상이한 여러 측면을 보여줄 수 있다. 남편에 대한 여성의 만족도는 남편의 행실과 태도의 모든 면을 포괄적으로 평가해주고 남편과의 관계의 여러 특징을 보여줄 수 있을 것이다.

1) 자부심과 남편의 인정

여성의 가정경제에 대한 기여는 부부관계를 재정립하는 기회를 마련해 줄 수 있다. 경제활동에 참여하는 아내에 대해 남편이 비교적 높은 존경심을 보이고 있으며 여성은 자신이 돈 버는 것에 대한 자부심과 자존심을 갖는다는 것이 각각 여러 학자들에 의하여 제시되었다(Moser, 1989: 18; Feinstein, 1979: 74; Safa, 1981: 431; Cragg and Dawson, 1981: 5-6; Charles, 1983: 8, 12; Stone, 1983: 37; Allen and Wolkowitz, 1987: 71; Fernandez-Kelly and Garcia, 1989: 178).

그러나 이들이 돈벌이하는 모든 여성에게 나타나는 것 같지는 않다. 첫째로, 비교적 높은 수입을 버는 여성은 스스로를 긍정적으로 평가할 가능성이 큰 경향이 있다. 높은 수입을 얻는 가외노동여성의 2/3와 낮은 수

<표 15>   직업별 수입에 대한 본인의 감정   (단위: %)

	가내노동자	가외노동자
자부심	42.2	64.4
책임감	53.4	29.0
둘 다	0.0	2.2
없음	4.4	4.4
계	100.0	100.0
	(n=45)	(n=45)

p= .09562

입을 얻는 가내노동여성의 40%가 <표 15>에서 볼 수 있는 바와 같이 자신의 수입 때문에 자부심을 가진다고 밝혔다.

내가 (돈을 벌고 살림을 잘 살아서) 집 살 때 진 빚을 갚고 있다(가내노동여성 12).

내가 돈 버는 것이 자랑스럽다. 처음에는 내 돈은 쓰지 않았다. 남편이 돈 버는 것은 당연하다(가내노동여성 10).

내가 번 돈으로 전기밥솥을 샀다(가내노동여성 42).

가외노동여성들은 다음과 같이 말했다.

내가 돈을 벌고 살림살이를 잘해서 집을 살 수 있었다. 나는 그게 자랑스럽다(가외노동여성 23).

내 수입으로 우리 식구 생활비를 대고 있다. 게다가 내 돈으로 새 칼라텔레비전 세트와 비디오 세트를 샀다(가외노동여성 6).

다른 한편 가내노동여성의 절반 이상과 가외노동여성의 1/3이 자기들의 경제활동참여를 단순히 가족에 대한 책임의 일부로 간주했다.

부업(가내노동)으로는 푼돈이 생길 뿐이다. 너무 적어 자부심을 가질 수 없다(가내노동여성 9, 16).

내 돈은 간단히 없어져 남는 것이 없어 내가 번 돈에 대해 자부심을 느끼지 못한다(가외노동여성 25).

따라서 비교적 높은 수입을 얻는 가외노동여성은 수입이 낮은 가내노동여성보다 자신들의 돈벌이에서 자긍심을 가질 가능성이 더 큰 경향이 있다. 그러나 그들의 자긍심이 남편 앞에서 명백히 표현되거나 남편과의 관계에서 영향을 미친다는 것을 반드시 의미하는 것은 아니다.

여성이 스스로를 어떻게 느끼든지 아내의 경제활동 참여와 관련하여 아내에 대한 남편의 태도가 여성의 가정 내 지위를 측정하는 데 더 중요한 것 같다. <표 16>에서와 같이 두 집단에서 각각 오직 1명의 남편만이 아내를 '존경'하고 있다. 이 여성은 경제적으로 어려운 가정경제에 자신들이 기여하고 있는데 대해 남편들이 고맙게 생각하고 있다고 확신했다.

<표 16>　　　　　　직업별 아내에 대한 남편의 태도　　　　(단위: %)

	가내노동자	가외노동자
존중함	2.2	2.4
안됐다고 생각함	37.8	52.4
변화 없음	48.9	38.1
더 권위적	11.1	7.1
계	100.0	100.0
	(n=45)	(n=42)[a]

p= .57504

a: 무배우 3명의 가외노동여성 제외.

　　남편이 손을 다쳤을 때 내 벌이로 식구들을 부양했다. 그후로 남편은
나의 돈벌이를 가볍게 보지 않는다(가내노동여성 28).

　　가내노동여성의 남편 약 1/3과 가외노동여성 남편 약 절반이 돈벌이하
는 아내에 대해 '미안하게 느끼고 있다'. 남편은 첫째로 가족을 부양할 책
임을 제대로 이행해야 하나 자신들의 능력 부족으로 인하여 아내가 돈을
벌어야 한다고 생각하기 때문에, 그리고 둘째로 아내가 적은 돈을 벌기
위해 너무 힘들게 일하고 있다고 생각하기 때문에 연민을 보인다는 것이
다. 남편에 대하여 다음과 같이 말했다.

　　내가 몇 푼 벌려고 앉아서 일하는 것을 보고서 내가 불쌍하게 보이더
라고 남편이 말했다(가내노동여성 18).

　　푼돈을 벌고자 내가 너무 열심히 일하는 것으로 남편에게 보였던 것
같았다. 남편은 자기가 돈을 잘 못 벌어서 내가 일하고 있다고 생각한다.
마음이 아프다고 말했다(가내노동여성 11).

　　그러나 가내노동여성 남편의 약 절반과 가외노동여성 남편의 약 1/3은
아내에 대한 태도에 어떠한 변화도 보이지 않았다. 아내의 수입과 관련하
여 자신들의 태도를 바꾸지 않는 남편들은 주로 가정경제에 대한 아내의
기여를 무시하는 듯했다. 가내노동여성의 경우는 그들이 버는 돈이 너무
적어서 자신들에 대한 남편의 태도에 어떠한 영향을 끼칠 수 없는 것 같
았다. 상당한 액수의 수입을 올리는 가외노동여성의 경우는 아내가 남편
의 가족 부양능력을 의심하고 있는 것으로 남편들은 생각하는 것 같았다.
이는 우리나라 외에 다른 나라들(Safilios-Rothchild, 1990: 222)에서도 사실
이며 남편은 아내가 가정 내에서 자신들의 권위와 우월함에 도전할까봐

두려워하는 것 같았다. 남편은 아내의 수입이 얼마인지 알지 못한 채 '여자 벌이는 쥐 벌이', '하찮다'라고 말하면서 아내의 수입이 너무 적다고 생각하고 그 수입에 관심이 없는 체하였다. 아내의 수입은 대개 흔적 없이 사라져버리는 것 같아 남편이 이를 무시하기란 쉽다. 남편이 아내의 수입을 무시하는 것이 아내가 수입을 가지는 것에 대한 남편의 열등감을 해소하는 가장 좋은 해결책으로 보인다.

그는 내 수입에 관해서 아무 말도 하지 않는다(가내노동여성 15).

우리가 결혼할 때는 아무 것도 가진 것이 없었다. 숟가락에서부터 모든 것을 내 스스로 사야 했다. 그런데도 남편은 '집안살림에 당신이 얼마나 보탬이 되었냐'고 퇴박을 준다. 남편은 내가 보탠 것에 대해 전혀 고마워하지 않는다(가내노동여성 1).

가내노동여성들이 가정에 자신이 기여한 것을 거리낌없이 말하면 남편은 노여움을 탄다.

내가 얼마나 돈을 많이 벌었는지 남편에게 말했더니 남편은 '당신 수입 있다고 나에게 자랑하는 거냐'라고 화를 내었다(가내노동여성 15).

내가 내 수입으로 무엇 무엇을 샀다고 말하면 남편은 '뽐내지 마라, 니가 뭐 산 것 말 안 해도 된다'고 말하면서 나를 퇴박을 주었다. 남편은 내가 식구들을 위해서 한 것에 대해 결코 고맙게 생각하지 않는다(가내노동여성 32).

가외노동여성들 역시 남편이 자신들의 돈벌이를 경시한다고 불평했다.

내 손은 거칠고 시꺼멓다. 남편은 손을 깨끗이 씻지 않는다고 뭐라고 한다. 하도 험한 일 을 많이 해서 손이 거칠어지고 꺼멓게 되었는데 더럽다고 그런다. 남편은 내가 돈 버느라고 얼마나 힘들게 일하는지 모른다(가외노동여성 12).

남편은 내가 돈 버는 것을 당연하다고 생각한다. 내가 돈벌러 다니는 것이 남편에게는 아무런 특별한 의미도 없는 것 같다(가외노동여성 37).

남편이 돈을 안 갖다 주어서 내가 내 수입으로 혼자서 집안 살림 꾸려간다. 그런데 남편은 가끔 가다 내가 내 수입으로 뭐했는지 따진다(가외노동여성 45).

가내노동여성의 대부분과 가외노동여성의 거의 절반이 수입과 관련하여 남편으로부터 존경을 받지 못했다. 가내노동여성은 자신들의 수입이 낮아서 남편으로부터 제대로 인정받지 못할 가능성이 더 큰 것 같았다. 비교적 높은 수입이 있음에도 불구하고 일부 가외노동여성들의 남편은 아내가 가정경제에 기여하는 것을 높이 평가하지 않았다.

가외노동여성들의 경우 남편의 음주가 남편의 아내에 대한 태도에 영향을 미치는 것으로 보였다. '권위주의적'인 남편을 가진 가외노동여성 모두가 동시에 남편의 음주에 대하여서도 불만을 토로했다. 이는 행실이 좋지 못한 남편들은 아내가 높은 수입을 올리고 있음에도 불구하고 아내의 돈벌이를 평가해주지 않음을 보여준다. 남편의 행실 때문에 고생하고 있는 일부 가외노동여성은 남편이 알아주지도 않는데도 생계를 유지하기 위하여 열심히 일하지 않으면 안되었다.

아내의 경제활동 참여와 관련된 여성 자신의 인식과 아내에 대한 남편의 태도를 복합적인 표로 만들어보면 여성의 가정 내 위치를 보다 분명

<표 17>　　　　　직업별 여성의 자부심과 남편의 태도 변화　　　　　(단위: %)

	가내노동자	가외노동자
자부심 및 남편의 아내에 대한 존중이나 연민의 증가	22.2	35.7
자부심은 높아지지 않았으나 아내에 대한 연민 증가	20.0	19.1
실질적 변화 없음	37.8	16.7
상태가 전혀 나아지지 않음	20.0	28.5
계	100.0	100.0
	(n=45)	(n=42)[a]

p= .13526

a: 무배우 3명의 가외노동여성 제외.

하게 알 수 있다. 가정경제에 기여하는 데 대한 여성 자신의 평가와 돈 버는 아내에 대한 남편의 태도가 <표 17>에 비교되어 있다. 가내노동여성의 22.2%와 가외노동여성의 35.7%가 자부심도 가지며 동시에 남편으로부터 존중이나 동정을 받았다. 이는 남편에 대한 관계에서 그들의 지위를 향상시키는 것으로 보인다. 이에 더하여 가내노동여성의 20.0%와 가외노동여성의 19.1%가 자기들에 대하여 남편이 '미안하게 느끼고 있다'고 생각하거나 자신의 경제활동 참여가 '책임'이거나 '자부심을 느끼나 동시에 책임'이라고 생각하거나 또는 '아무런 느낌도 없다'고 했다. 이들은 가정 내의 지위를 약간 개선시킨 것으로 평가될 수 있다.

이와 대조적으로 가내노동여성의 37.8%와 가외노동여성의 16.7%는 경제활동 참여를 자신의 책임으로 간주하거나 스스로 특별한 느낌을 갖지 못하기 때문에 경제활동 참여의 결과가 그들 지위에 긍정적인 영향을 끼칠 것 같지는 않았다. 그밖에 일부 남편은 아내에 대한 태도를 변화시키지 않았거나 아내에 대하여 더욱 권위주의적으로 변하기까지 하였다. 가내노동여성의 20.0%와 가외노동여성의 28.5%가 이러한 상황에 있었다.

가내노동여성은 가정 내 자신의 지위를 향상시킬 가능성이 보다 적은 데 비하여 가외노동여성의 절반을 약간 넘는 숫자가 가정에서의 자신들

<표 18>	직업별 남편에 대한 만족도	(단위: %)
	가내노동자	가외노동자
만족	20.0	22.2
만족하지만 약간의 불만이 있음	28.9	2.2
만족도 불만도 없음	20.0	0.0
약간 불만족	15.6	20.0
불만족	6.7	20.0
아주 불만족	6.7	11.1
극도로 불만족	2.2	17.8
남편 없음	0.0	6.7
계	100.0	100.0
	(n=45)	(n=45)[a]

p= .00005

a: 무배우 3명의 가외노동여성 제외.

의 지위에 긍정적인 효과를 거둔 것으로 보인다. 그렇지만 가외노동여성
의 45.2%는 수입이 있음에도 불구하고 가정 내의 지위를 개선시킬 것 같
지가 않았다. 가외노동여성은 가정 내 지위의 개선이라는 점에서는 '개선
되거나' '개선되지 않은' 두 개의 집단으로 나누어졌다.

2) 남편에 대한 만족도

<표 18>은 가외노동여성이 가내노동여성보다도 남편에 대하여 약간
더 만족하고 있음을 보여준다. 즉 가내노동여성의 20.0%와 가외노동여성
의 22.2%가 자신의 남편에 대해 만족감을 표시하였다. 그러나 가내노동
여성의 거의 절반(48.9%)이 약간 만족하거나 무관심한 데 비하여 가외노
동여성의 경우는 겨우 2.2.%만이 그러하다고 응답했다. 그러므로 가내노
동여성이 남편에 대해서 만족을 느낄 가능성이 더 컸다. 이와 대조적으로
가외노동여성이 불만족의 범주, 즉 '약간 불만족', '불만족', '매우 불만족'
및 '극히 불만족'에 더 많은 응답을 하였다. 가내노동여성보다 2배 이상

의 가외노동여성이 만족을 느끼지 못했다. 특히 '극히 불만족'한 가외노동여성의 숫자가 가내노동여성에 비하여 8배나 더 많은 것 같았다.

만족을 느끼는 여성들은 남편에게 중요한 행실상의 문제점이 없는 것 같았으며 그들의 경제활동 참여와 관련하여 자부심을 갖거나 남편으로부터 존중받는 것으로 보인다. 그들이 만족을 느끼는 이유는 비슷하고 단순하며 간단했다. 그들은 남편이 근면하고 가족에게 충실하며 자신만을 사랑하기 때문이라고 말했다. 한편 남편에 대한 불만을 가진 여성들은 여러 가지 면에서 장황하게 설명했다. 남편의 행실과 태도와 관련하여 여성들의 불만이 이미 앞에서 제시되었다. 여성들이 말한 것을 조금 더 소개한다. 가내노동여성들은 다음과 같이 말했다.

남편과 같이 살기가 힘들다. 내가 여자라서 치르는 죄 값이다(가내노동여성 19).

남편 변덕에 장단 맞추기가 너무 힘든다(가내노동여성 16).

가외노동여성의 불만족은 더욱 절망적인 것 같다.

나는 아무 희망 없이 산다. 지쳤다(가외노동여성 45).

이혼하더라도 좋을 것 없을 것 같다. 남편을 참고 견디는 것이 아들 못 보는 것보다 더 낫다고 생각한다. 이 때문에 이혼 안 하고 살고 있다. 어떻게 살아갈까 생각할 때마다 눈물밖에 안 나온다(가외노동여성 42).

나는 죽을 때도 '돈' 하면서 죽을 것이라고 말한다. 남편은 돈도 안 벌어다 주면서 바람 피우고 술을 곤드레만드레 마신다. 아이들과 어떻게 살아갈까 걱정하면서 늙어간다(가외노동여성 29).

시어머니는 나를 달래려고 '여자는 전생에 죄가 많아서 그러니 남편
때문에 받는 고통을 참아야 한다'고 말한다. 또 (이혼하게 되면) 이혼녀
라고 사람들이 그러는 것이 무서웠다(가외노동여성 27).

남편을 포기했다. 사람들이 내가 어떻게 살았는지 알면 (나를) 바보라
고 할 거다. 자식들을 위해서 이렇게라도 살지 않을 수 없었다(가외노동
여성 2).

요약하면 남편과의 관계에서 스스로에 대한 여성 자신의 평가는 두 집
단 사이에 아주 상이하다는 것을 분명히 보여주었다. 즉, 가내노동여성들
이 일반적으로 긍정적이었으나 가외노동여성들은 일부 매우 긍정적인 집
단과 그밖의 매우 부정적인 집단으로 나누어진다. 가외노동여성들 사이
에 보이는 남편에 대한 만족도의 차이는 <표 17>과 일치하고 있다. 일부
가외노동여성들은 경제활동 참여로 인하여 자신들의 지위를 개선시킬 수
있었고 남편에 대하여 매우 만족하고 있는데 반하여 그밖의 여성들은 높
은 수입을 얻는데도 불구하고 지위를 변화시킬 수 없었고 남편에 대하여
매우 불만족스럽게 생각하였다. 이와 대조적으로 가내노동여성들은 가정
내의 지위는 향상시킬 수 있지는 않은 것 같으나 일반적으로 남편의 행
실에 대해 만족했다.

5. 결론

높은 수입을 얻는 여성 누구나가 그 돈을 힘으로 바꾼다는 것은 사실
이 아니다. 일부 가외노동여성은 높은 수입을 얻은 데도 불구하고 가정
내의 자신의 위치를 향상시키는 것 같지가 않았다. 그밖의 가외노동여성

들은 남편의 긍적적인 태도와 바른 행실 덕분으로 이미 좋은 상태를 유지해온 남편과의 관계에서 자신의 지위를 강화시킬 수 있었다. 바꾸어 말하면 가외노동여성들은 가정 내 지위라는 면에서 두 개의 하위집단으로 뚜렷이 나누어졌다. 가내노동여성은 가외노동여성의 하위 두 집단의 중간에 위치하고 있다.

상세히 말하면, 가외노동여성들 가운데는 두 개의 상반되는 하위집단이 있다. 자부심이 낮고 자신들을 제대로 인정해주지 않으면서 불성실하고 행실이 좋지 않은 남편을 두고 있으며, 가정 내 자신들의 지위를 개선시킬 가능성이 없는 가외노동여성들이 있었다. 이 여성들의 경우, 남편의 행실이 아내의 경제활동 참여로 개선될 것 같지 않다. 이 여성들은 남편 없는 여성과 아버지 없는 자식에 대한 사회적인 낙인이 강력한 사회에서 자녀들을 위하여 참고 견디었다. 더욱이 여성들의 수입이 남편으로부터 독립하여 살 수 있을 만큼 충분하지 못하였다. 남편이 실직하거나 수입이 적다 하더라고 그들은 만약 남편이 태도를 바꾸어보다 나은 수입을 얻기 위해 열심히 일하게 되면 그 혜택을 볼 수 있을 것이라고 기대하고 있다. 그들은 언제나 남편이 변하여 행실이 더 나아질 것이라고 꿈꾸고 있는 것 같다.

다른 하위집단의 가외노동여성들은 남편의 행실 문제로 괴로워하는 하는 것이 아니라 보다 장기적으로 생활수준의 향상을 추구하면서 일했다. 남편의 태도 면에서 여성의 가정 내 지위가 전자보다 이미 높았던 이 여성들은 자부심과 남편의 존중과 가사노동의 분담으로 이러한 자신의 지위를 강화하는 것 같았다.

요약하면, 노동여성 가운데 가장 높은 지위를 누리는 일부 가외노동여성은 행실이 올바르고 성실한 남편과 살고 있으며 그 남편과 자기 스스로 자신의 경제활동 참여에 대해 인정받았고 자부심을 가졌다. 다른 한편, 행실이 좋지 못하고 노동하는 아내를 제대로 인정해주지 않는 남편을 두었고, 또한 남편에 대하여 만족하지 못하는 그밖의 가외노동여성들은 노동여성들 가운데에서 가장 낮은 위치를 차지한다.

가내노동여성은 가외노동여성의 두 하위집단의 중간에 위치했다. 그들은 남편과의 관계에서 괴로움은 더 적을 가능성이 있지만 내구 소비재 구입에 있어서의 의사결정에서는 배제되었으며 또한 자부심을 갖거나 남편으로부터 존중받을 가능성도 더 적었다. 그러나 그들 남편의 행실은 일부 가외노동여성의 남편에 비하여서는 전체적으로 나았다.

그러나 가장 기본적이고 중요한 점은 기혼여성의 노동력과 그들의 노동조건이 남편에 의하여 통제되기 때문에 가정 내 여성의 지위는 주로 노동참여로 기인한 결과라기보다는 오히려 원인이다. 가정 내 여성의 지위는 남편이 아내의 노동력을 통제하는 한 경제활동 참여가 여성의 지위에 미치는 영향은 제한된 범위에 그친다.

제10장
변화와 정체

1970년대와 80년대에는 주로 낮은 연령층의 미혼여성들이 노동시장 참여의 주역이었으며 따라서 이들에 대한 관심이 높았으나 1990년대에 와서는 기혼여성의 노동참여가 주된 관심의 대상이 되어왔다. 특히 1997년 말부터 시작된 경제위기 이후에 구조조정에 따른 정리해고 과정에서 기혼여성들이 최우선적으로 노동시장에서 퇴출당하고 있어 이에 관한 사회적인 관심과 더불어 학문적인 관심의 대상이 되고 있다(장하진, 1998; 조순경, 1998; 이두옥, 1998).

경제위기 이후 정리해고제와 근로자 파견제 등의 도입으로 노동시장의 유연성이 높아져 임시직이나 시간제 근무형태가 늘어날 것으로 보여 이러한 직종을 중심으로 앞으로 기혼여성들의 노동력에 대한 수요가 경기회복과 더불어 빠르게 늘어날 것으로 보인다. 기혼여성의 입장에서도 남편의 고용이 불안정하거나 수입이 일정하지 않는 경우가 늘어나기 때문에 또는 실직한 남편을 대신하여 기혼여성, 특히 저소득층 기혼여성들이 적극적으로 노동시장 진입을 모색할 것으로 보인다.

따라서 기혼여성들의 노동시장 진입을 둘러싼 노동참여 형태와 전통적인 역할과 가족성원간의 갈등에 대한 논의는 또 다시 주요한 관심분야가 될 것으로 보인다. 특히 경제위기 이후 가족 해체에 대한 우려가 높아가고 있는 것과 관련하여 기혼여성의 노동참여와 그 역할 변화, 또한 여성의 노동시장 참여가 여성의 가정 내 지위에 어떠한 영향을 미치는가도 논의의 초점이 될 것이다.

이 장에서는 첫째 1990년대 중반 이후 기혼여성의 노동참여 여부의 결정, 전통적인 역할과의 갈등, 가족성원의 태도 및 노동참여와 관련한 여성의 가정 내 지위 등에 관한 최근의 연구내용을 살펴보고 앞에서 논의한 내용과 비교·검토하고자 한다. 기존 연구를 토대로 1990년대 후반의 변화를 짚어보고자 한다. 둘째, ㅅ 1동과 그 동네에서 살고 있는 주민, 특히 조사대상자들의 1991년 이후의 삶을 통해 변화한 것과 변화하지 않은 것들을 살펴보고자 한다.

1. 기혼여성의 노동참여와 전통적 역할에 관한 최근 논의

기혼여성의 노동참여에 있어서 주요 관심사는 기혼여성의 노동시장 진입과 퇴출에 관한 것이다. 특히 결혼과 출산이 기혼여성의 노동참여에 미치는 영향은 연구의 주요 관심사였다. 통계를 통해 보면 1980년대에 접어들면서 결혼·출산 시기에 퇴출하는 여성들의 규모가 축소되고 있다. 그러나 비록 최근에 와서 젊은 세대일수록 결혼·출산 시기에도 계속 취업하는 여성의 비율이 증가하고 있지만(한국여성개발원, 1997: 151), 아직도 결혼과 출산은 여성들이 노동시장으로부터 퇴출하는 중요한 요인이 되고 있다.

최근의 연구에서 여성의 어머니로서의 자녀양육 의무가 여성의 사회참여를 제약하고 있음이 밝혀졌다. 특히 남편이 아내에게 자녀양육의 전담자로서의 책임을 강하게 요구하기도 하였다. 그러나 여성자신들은 어머니가 자녀양육을 전담하는 것이 결코 아이의 인성 발달에나 어머니의 정서에 좋은 것만은 아니라는 신념을 강하게 가지고 있어 여성들은 자녀양육이 전적으로 여성의 사회참여에 걸림돌이 되고 있는 것은 아니라는 것을 주장하고 있음이 밝혀졌다(김경애 등, 1999: 62-64).

특히 자녀가 기혼여성의 노동참여에도 영향을 미친다고 밝혔는데, 김태홍은 다음과 같이 말한다.

> 임금근로자의 비율은 첫 자녀 출산과 더불어 더욱 떨어져 결혼 직후 25% 내외에서 출산 후 15% 내외 수준으로 하락하고 막내자녀 출산 직후에는 10% 이내로 떨어져 그 이후 생애 단계에서는 계속 그 수준을 유지하고 있다(1996: 39).

따라서 여성 "임금근로자는 결혼과 함께 계속 취업하기가 어렵고 또한 일과 육아를 병행하기 극히 곤란하다"(1996: 39)고 주장하였다. 그러므로 자녀의 출산과 양육은 여전히 여성들에게 취업을 제약하는 중요한 걸림돌로 작용함을 알 수 있다.

그런데 1990년대 중반에 와서도 우리나라 취업여성의 노동시장 퇴출은 출산보다도 결혼과 더불어 이루어지고 있다. 기혼여성들의 노동참여에 대한 형태와 노동참여를 뒷받침하는 정책에 관한 연구에서 "결혼 직전에는 전체 취업여성 중에서 64.6%가 임금근로자였는데 이들 여성 임금근로자의 대부분(74.9%)이 결혼과 더불어 노동시장을 퇴출하였다"(김태홍, 1996: 38)는 것이 밝혀졌다.

이경원이 서울시에 거주하는 19세와 59세 사이의 여성과 청소년(18세 이하) 자녀가 있는 취업주부 등 2천여명에 대한 설문지조사를 실시한 연구 결과에서도 조사대상자 중 경제활동을 하지 않고 있는 기혼여성 중에서 71.4%가 과거에 취업 경험이 있으며 경제활동을 그만둔 이유로 이들 중 44.8%가 결혼을 그 이유로 들었으며 이에 반해 출산과 어린 자녀 돌보기는 각각 8.2%와 7.7%를 차지하였다(이경원, 1997: 61). 이 연구를 통해서도 우리나라 기혼여성들은 출산이나 자녀양육보다는 결혼으로 인해 경제활동을 중단한 경우가 훨씬 더 많은 것을 알 수 있다.

장혜경·김영란의 연구에서도 그 차이는 미세하지만 자녀 출산보다 결혼으로 인해 일을 그만둔 여성들이 더 많은 것으로 나타났다(1998: 53). 이현송 등(1996)의 연구에서는 저소득층의 기혼여성의 경우 미취업 요인이 자녀양육보다 적당한 일이 없다는 것 때문으로 나타나 노동시장 재진입에서도 자녀양육의 부담은 취업에 있어서 큰 장애로 간주하지 않는 것으로 보인다. 같은 연구에서 어머니가 취업한 경우 자녀양육을 담당하는 대리자가 없다는 응답이 25.4%에 달하고 있다(이현송 등, 1996: 96).

최근까지도 기혼여성들은 취업을 반드시 해야 할 상황이면 제5장에서 나타났듯이 자녀들을 방치한 채 노동시장에 종사한다는 것을 확인하였다. 따라서 1990년대 후반 기혼여성의 노동참여에 대한 논의는 주로 기혼여성(주부)의 노동참여에 대한 욕구와 형태에 대한 실태조사와 기혼여성들의 노동참여를 뒷받침할 수 있도록 여성들이 해온 전통적인 역할, 특히 자녀양육의 부담을 덜어주기 위한 정책적인 문제를 중심으로 이루어졌다(김태홍, 1996; 이경원, 1997: 80).

출산과 자녀양육의 부담이 우리나라 기혼여성들의 노동참여에 대해 영향을 미치는 요인이지만 자녀양육의 책임은 기혼여성의 노동참여에 있어서 결정적인 요인은 아니라는 논의가 1990년 중반 이후에도 변화하지 않은 것을 알 수 있다. 출산이나 자녀양육 책임보다는 여성의 노동참여에 있어서 육체적으로나 시간적으로 크게 부담이 되지 않는 결혼으로 인해 기혼여성들이 노동시장으로부터 퇴출한다는 것을 확인했다. 이는 자녀 출산으로 인한 육체적·시간적인 부담 그 자체보다는 결혼 후에는 여성은 가정에 머물러야 한다는 이데올로기가 보다 강하게 작용한다는 것을 보여준다. 결혼과 출산으로 인해 직장을 그만두는 여성은 점차 줄어들고 있으나 1990년대 중반 이후에 와서도 그러한 이데올로기가 그다지 크게 변화하지 않은 것을 확인할 수 있다.

그러나 취업 여성의 자녀양육에 있어 보육시설을 이용하는 비율이 크게 증가한 것으로 나타났는데(김태홍 등, 1997: 123), 이는 정부가 부족한 노동력을 메꾸기 위해 기혼여성노동력을 노동시장에 끌어들이기 위하여 1990년대에 들어와 보육시설에 많은 예산을 투입하여(김경애, 1996) 보육시설이 늘어났고 자녀를 보육시설에 맡기는 데 대한 저항감도 상당히 감소한 때문이다.

제7장에서 결혼과 더불어 노동시장에서 퇴출하는 여성들의 결정에 가장 큰 영향을 미치는 요인은 남편이라는 것을 밝혔는데 김태홍의 연구(1996)에서도 남편의 태도가 기혼여성의 경제활동에 큰 영향을 미친다는 것을 주장하였다. 즉 남편이 아내의 경제활동에 대해서 부정적인 태도를 보이는 경우에는 대부분이 결혼과 더불어 노동시장을 퇴출하는 것으로 나타났으며 재취업에 있어서도 남편이 긍정적인 태도를 보이는 집단이나 중립적인 태도를 보이는 집단에 비해서 그 규모에 있어서 작고 재취업의 시기도 늦어진다. 이에 비해 남편이 긍정적인 태도를 보이는 집단은 결혼에 따른 노동시장 퇴출의 폭이 가장 적고, 첫 자녀 및 막내 자녀 출산 시기에도 경제활동 참가율이 약간 증가하는 추이를 보이고 있다(김태홍, 1996: 42-43). 한국여성개발원이 실시한 '여성의 취업실태조사'에서도 여성의 경제활동에 남편의 태도가 상당한 영향을 미치는 것으로 보고하였다. 또한 비경제활동 여성이나 실업 여성에게 있어서는 남편의 태도는 크게 변화하지 않았으나 취업하고 있는 여성의 남편의 태도는 긍정적으로 변화하였음을 보고하였다. 특히 임금과 근로조건이 좋은 직종에서 일하는 여성의 남편일수록 여성 취업에 대해서 긍정적인 태도를 보였다(한국여성개발원, 1997b: 127; 180).

서지원(1997)은 사무직 기혼여성의 출산 후 취업 지속 결정요인에 관한 연구에서도 남편 등 가족원의 정서적 지지 수준이 높을 경우 취업을 중단하지 않는다고 밝혔다. 이현송 등의 연구(1996)에서도 자세한 논의를 하지 않았지만 기혼여성의 취업에 긍정적인 영향을 미치는 요소로서 취업의 조건 및 동기와 더불어 '남편의 가족 역할 분담정도, 부인의 취업에 대한 남편의 태도 등에 의하여 영향을 받는 것으로 나타났다'. 동시에 취업 기혼여성에게 정신적인 부담이 되는 요인으로는 경제적 필요에 의하여 취업을 한 경우와 더불어 "남편의 가족 역할 분담정도가 낮은 경우, 그리고 남편이 부인의 취업을 원하지 않는 경우"(이현송 등, 1996: 107)로 밝혔다. 김경신 등(1996)의 연구에서는 결혼만족도 조사에서 직업에 대한 남편의 지지도가 중요한 요인으로 밝혀져 기혼여성의 취업에 남편의 지지 여부가 크게 영향을 미친다는 것을 시사한다.

한국여성민우회가 고양시와 서울의 노원구에 위치한 아파트에 살고 있는 중산층 주부들을 대상으로 실시한 조사에서도 여성들의 사회참여, 특히 경제활동 참여에 대해서 남편의 반대로 직업을 그만두어야 했던 사례들을 보고하고 있다(김경애 등, 1999: 57-60). 중산층의 경우 남편이 노골적으로 반대하기도 하나 스스로 남편이 좋아하지 않을 것 같아 결혼과 더불어 그만두기도 하였다. 또한 중산층 남편의 경우 '알아서 하라'고 하여 자율적인 선택의 가능성을 열어주는 것 같지만, 실제적으로 주부에게는 '강요된 요구'의 방식으로 작용한다는 것이다(김경애 등, 1997: 57). 한 사례는 '알아서 하라'가 왜 '하지 못하게 하는 것'으로 작용하는가를 다음과 같이 설명하고 있다.

나보고 말로는 (사회참여를) 알아서 해라 그래요. 그렇게는 하는데… 자기도 하는 말이 애 문제라든지 그런 게 자기한테는 딱 이런 일은 이렇게 할 것이다, 저런 일은 저렇게 할 것이라는 계획이 확실히 딱 서고 그런 여러 가지 마찰이 없을 것 같으면 하고 싶은 대로 해라 하는데 그게 사실 말로는 그렇지만 그 여건을 만들어가면서 도와줘야 하는데 내 혼자 몸으로 한다고 해 가지고 되는 게 아니잖아요. 내 혼자 나설 수 있는 게 없으니까 그걸 당연히 그래 봤자 못할 것이다 그런 걸 갖고 얘길 하는 것 같아요(김경애 등, 1999: 58에서 재인용).

중산층 기혼여성이 경제활동을 포함한 사회 참여를 시도할 때 남편은 '알아서 하라'는 자율적 선택의 언어만으로도 자신의 의사가 충분히 관철될 수 있음을 스스로 충분히 간파하고 있다. 남편이 여건이 갖추어져 있는가를 부인에게 상기시키는 것만으로도 주부의 사회참여를 자발적으로 포기케 하는 충분한 메시지가 담겨 있음을 알고 있다는 것이다(김경애 등, 1999: 58). 또한 표면적으로 부인의 경제활동을 찬성하는 경우에도 대부분의 남편들은 아내가 취업을 하게 되면 서비스를 제대로 받지 못해 불편해지는 것을 싫어하는 양면성을 보인다는 점을 많은 면접대상자들이 공통적으로 지적했다(김경애 등, 1999: 58). 여성의 사회 참여에 있어 중산층 여성들의 경우 직접적으로 남편이 아내의 사회활동을 반대하기도 하지만, 표면적으로는 찬성하나 사회활동을 하는 데 필요한 도움을 주지 않아 필요한 조건의 미비로 사실상 할 수 없게 만들기도 한다.

한국여성개발원(1997b: 131)의 연구에 따르면 남편이 아내의 취업을 반대하는 이유로 가사와 육아의 소홀 또는 자녀교육 때문을 든 경우가 60%를 상회하고 있어 가장 많으며, 남편이 보수적이어서라고 응답한 경우는 14.0%에 머무르고 있다. 그러나 '남편이 보수적이라서'는 응답의 의미가 무엇인지 이 연구에서는 밝혀지지 않았다. 가사와 육아의 소홀 때문이거나 자녀교육 때문으로 응답한 경우에도 남편의 성 역할 구분의 관념이 뚜렷하다는 점에서 보수적인데, 이것이 '남편이 보수적이라서'라고 직접 응답한 경우와 어떠한 차이가 있는지 분명하지 않다.

중산층 주부들에 대한 연구에서 결혼하자마자 직장을 그만둔 두 사례의 경우 '남편이 남자들과 함께 일하는 자신의 직업을 좋아하지 않아서 그만두었다'고 밝혔다(김경애 등, 1999: 60).

> 결혼 후 잠깐 골프 숍을 열었었는데 남편이 감시를 막 하는 거예요. 남편은 여자는 집에 있어야 한다고 생각하는 사람인데. 사회봉사조차도 여자가 밖에 나가서 돌아다니는 것 유난히 싫어해요. 여자는 유리그릇 같아서 깨진다고 하더라구요(김경애 등, 1999: 60에서 재인용).

> 전에 내가 인테리어 공부를 한다고 다녔을 때 저희 아빠(남편) 말이 공부를 하고 싶으면 하되 절대 6시 이후로는 안 들어오면 안 된다. 어떤 그런 말들을 하면서 우리 아빠(남편)는 그런 나름대로 많이 트였다고 생각하는 사람인데 그런 부분이 딱 나오더라구요. 그래 왜 그러냐니까 여자는 약하다, 약하기 때문에 요즘 세상이 얼마나 무서운 세상인데 니가 무슨 봉변을 당할지 모르는데 밤 늦게 작업을 하고 그런 걸 하려구 그러느냐 돈 필요 없다 그런 식으로… 그래 제가 굉장히 불만이었는데 또 사실은 완전히 부정할 수는 없는 부분이지만은 매사에 모두 그런 식으로 남자들 사고방식이 되어 있는지 대부분 남자는 그런 것 같아요. 바꾸려구 시도는 했지마는 그런데 안 듣더라구요(김경애 등, 1999: 60에서 재인용).

남편이 아내의 사회활동을 반대하는 것은 자신에 대한 서비스가 결여되는 것을 싫어하고 아내를 성적으로 통제하기 위해서라는 것은, 제7장에서 보듯이 빈민가족의 경우와 다를 바가 없었다.

빈민 취업여성들을 연구한 이두옥의 논문(1998: 53; 55)에 의하면 남편의 월 고정수입이 없어 생활의 불안정으로 인하여 취업한 사례의 경우 아내의 퇴근시간이 늦어지자 입사한 지 한 달 뒤부터 남편이 회사를 못 나가게 부인을 닥달하여 거의 매일 싸우다시피 하면서 회사에 다니고 있다고 한다. 남편의 고용상태가 불안정하여 취업한 사례의 경우에도 남편이 아내의 취업을 반대하고 있음을 밝혔다.

최근의 경제위기 이후 남편 대신 취업한 기혼여성들이 남편과의 관계에서 겪는 문제에 관한 사례를 신문에 싣고 있는데 이러한 기사에서도 기혼여성의 취업에 대한 남편의 태도를 읽을 수 있다. 남편이 회사원으로 일하다 외환위기 직후 권고 사직당하자 남편을 대신하여 식당 허드렛일을 하게 된 아내는 자신이 월급을 받아오자 남편이 자존심 상해하면서 "돈 떨어지면 내가 막노동이라도 하든지 확 죽든지 하면 되지 그까짓 일을 왜 하느냐"(『동아일보』, 1998. 2. 13)고 말해, 가정경제위기에서도 남편은 아내의 취업을 반대하고 있으며 아내의 취업이 가장으로서의 자존심을 상하게 한다고 생각하고 있다. 『동아일보』 1998년 4월 3일자에는 회사원이던 남편이 실직하자 아내가 파출부 일을 시작했는데 일감 때문에 집에 늦게 들어가자 남편은 '누구와 바람을 피우러 다니느냐'며 폭력을 쓰기 시작했다는 기사는데, 이는 남편이 아내의 외도에 대해 의심하면서 아내의 성을 통제할 수 없다는 데서 오는 좌절감으로 아내에게 폭력을 행사하기 시작한 것으로 보인다.

기혼여성의 노동시장 재진출에 관해서는 김태홍의 연구에 따르면 기혼여성의 재고용 제도에 대해 취업자 중에서 여성과 남성이 각각 80%, 60% 찬성하여 여성이 남성에 비해 20%나 많이 찬성하고 있다. 비취업 기혼여성들 중에서는 연령이 낮을수록, 교육이 높을수록 재취업을 원하는 비율이 높은 것으로 나타났다(김태홍, 1996: 65-67). 이두옥 연구(1998: 44)의 조사대상인 기혼여성의 재취업의 동기가 남편의 고용상태의 불안, 남편의 무직상태, 남편의 수입이 정규적이지 못한 것으로 나타났으며, 여지영(1995)의 연구에서도 남편의 소득이 저소득층 기혼여성의 취업 결정에 주요 요인으로 나타났는데 이러한 연구 결과는 제8장에서 논의한 바를 확인해주어 기혼여성의 취업 동기가 크게 변화하지 않았음을 알 수 있다.

가정 내 여성의 지위에 관해서는, 여성의 경제활동이 여성의 가정 내 지위를 높여주는 것인가 하는 점은 여전히 의문으로 남고 있다. 경제위기 이후에 남편의 아내에 대한 폭력이 증가하고 있음이 보고되고 있다(박인혜, 1998). 가정폭력방지법이 시행된 후 처음으로 남편이 안방 출입 금지 처분을 받은 사례의 경우에도 남편이 실직하자 아내가 취업을 하여 가계를 이끌어나가는데 남편은 직장 근무시간 이후의 회식 등으로 늦게 귀가하는 것을 비난하면서 아내를 의심하여 폭력을 휘둘러 아내에 의해 고발당하고 위와 같은 처분을 받았다. 이러한 사례를 통해서 여성이 실직한 남편을 대신하여 노동시장에 진출하여 가정경제를 책임지는 경우에도 남편은 아내에 대하여 존중하거나 배려를 하지 않고 오히려 폭력을 행사함으로써 여성의 경제활동이 여성의 지위를 자동적으로 올려주지는 못하고 있음을 알 수 있다.

가정폭력의 원인에 관한 이론 가운데 가정 폭력이 남편의 사회적 좌절로 인하여 표출된다고 보는 주장에서 볼 수 있듯이 부양자로서의 남성성의 결여, 자신을 대신해서 생계부양자로서 나선 아내에 대한 자존심의 손상, 아내에 대한 성적 통제에 있어서 무력해진 것에 대한 보상으로, 밖에 나가서 가족을 벌어 먹여 살리려고 애쓰는 아내를 사랑하고 위로하기보다는 오히려 아내에 대한 폭력을 증가시키는 것이다. 경제활동을 통해 가족의 생계를 유지하면서도 남편의 폭력에 희생자가 되는 여성에게는 경제활동 그 자체가 여성의 지위를 올려주기보다는 오히려 남편의 폭력에 구실을 제공하고 있는 셈이다. 이는 제9장에서의 논의를 확인해주고 있다.

남편의 성 역할 고정관념이 강하지 않고 평등적인 부부일 경우는 그렇지 않는 경우에 비하여 남편이 실직하고 아내가 대신 취업하여 가정경제를 이끌어나갈 때도 화목하게 지낼 수 있다는 연구 결과(장혜경·김영란, 1999)는 여성의 경제활동을 통한 수입 자체보다는 남편의 아내에 대한 태도 여하가 여성의 가정 내 지위에 크게 영향을 미친다는 사실을 확인해주고 있다.

한국여성개발원(1997a)이 실시한 여성취업실태조사의 결과에 따르면,

가사노동과 자녀양육의 부담에 있어서 취업여성의 74.8%가 어려움을 느끼고 있는 것으로 응답하였으며, 84.6%가 본인이 스스로 가사를 전담하고 있고 부부간의 역할 분담은 미약한 상태다. 장혜경·김영란의 연구(1999)에서도 취업 기혼여성 가정의 가사일은 집 안팎의 수리하기를 제외하고 시장보기, 식사준비, 설거지, 정리정돈, 세탁 및 옷 손질, 다림질, 쓰레기 처리 등은 여성이 주로 수행하고 있는 것으로 나타나 우리나라 취업 기혼여성들은 10여년 전이나 다름없이 취업과 더불어 가사노동을 수행하고 있음을 알 수 있다. 이는 이두옥의 연구(1998)에서도 나타나는데, 이 연구의 조사대상 취업 기혼여성들은 여전히 "직장을 나가니 집안일을 소홀히 한다는 소리를 듣지 않으려고 집에 있을 때보다 더 닦고 쓸고 하였으며 퇴근길에 시장에 들러서 시장을 보고 집에 와서 바쁘게 저녁식사, 빨래, 청소하는 데 3시간 이상 일하고 있다"(이두옥, 1998: 52).

> 내가 올 때까지 세 식구가 저녁 어떻게 해서 먹을 생각도 않고 그대로 있어. 저녁은 거의 매일 밤10시가 되어야 먹고. 나는 종일 일하고서도 힘들다 소리도 못하고. 집에 오면 어디 놀다가 온 죄인인 양 허둥지둥 밥하고, 청소, 빨래, 아이들 뒷치닥거리하기 바뻐. 잠을 밤 12시가 넘어서 자는 게 보통이지(이두옥, 1998: 53에서 재인용).

이 사례의 경우 남편이 반대하는데도 매일 싸우다시피 하면서 직장을 다니기 때문에 마음고생이 심하고 집에 와서도 힘들다거나 피곤하다는 말도 못하여 가사노동과 취업노동의 이중 노동에 시달리고 있다. 그 외의 사례에서도 남편이 아내의 취업을 반대하는 경우 집안일을 소홀히 한다는 소리를 듣지 않기 위해 집안일을 더 충실히 하고 있음이 나타난다(이두옥, 1998: 53, 55). 이러한 사례들에 비추어 여성이 경제활동을 통하여 수입을 갖는다 해도 남편의 지지와 존중을 얻지 못하면 여성의 가정 내 지위가 올라가는 것은 아니라는 제9장에서의 주장을 뒷받침하고 있다.

2. ㅅ1동의 여성들의 변화

ㅅ1동의 여성들

경제위기로 인하여 가난의 고통이 심화되고 있는 1999년의 현장조사에
서 그 지역에 아직 살고 있어 다시 만나거나 간접적으로 소식을 들을 수
있었던 사례는 총 90사례 중 13사례였다. 인터뷰 대상자들은 별 변화 없
이 살아가고 있는가 하면 어떤 인터뷰 대상자는 뜻밖에도 다른 삶을 살
고 있었다.

가외노동자 사례5는 첫 조사 당시에 인근 공장에 다녔는데 지금도 여
전히 공장에 다니며 토요일에도 밤 늦게까지 잔업을 하면서 열심히 살아
가고 있다. 공장에서 모든 잔업을 다해가면서 공터에 채소까지 가꾸어 부
식비를 줄이고 알뜰살뜰 살던 남편은 여전히 열심히 일하면서 그녀와 사
이좋게 지내고 있다. 그러나 남편은 공장작업 중 오른손이 마지막 두 손
가락과 손바닥 일부만 남긴 채 잘려나가 보상금 1,300만원을 받고 ㄷ 통상
을 그만둔 다음 전보다 적은 임금으로 소규모 공장에서 일하고 있다. 조
그마한 집에서 방 두 칸에 살면서 남은 방 한 칸을 세를 주어 수입을 늘
이고 저축한 돈을 빌려주고 사채 이자를 받아서 또 저축하면서 살았는데
경제위기로 인하여 세입자가 집세는 물론 관리비까지 내지 않고 있다고
한다. 그러나 아이들은 어느 새 훌쩍 커서 큰아이는 전문대에 진학했고
작은아이는 고등학생이 되어 교육비가 많이 드는 데다 장애자가 된 남편
이 공장에서 언제 해고될지도 모른다는 위기감으로 인하여 그 전보다 더
욱 열심히 일하고 있었다. 전형적으로 부부가 다 알뜰하고 화목한 가정을

이루었던 가외노동자 사례5의 가족은 여전히 열심히 살고 있었다.

　가외노동자 사례44는 다섯 딸 중에 두 딸이 결혼하여 아이도 낳고 또 출산 예정에 있다. 셋째딸과 넷째딸은 고등학교 졸업 후 직장에 다니고 있으며 다섯째딸도 고등학교를 졸업하고 직장을 구하고 있다. 막내 아들만 고등학교 2학년에 다니고 있어 경제적 여유가 조금 생겼다. 그래도 그녀는 여전히 다이아몬드로 톱을 만드는 공장의 검사과에서 일하고 있다. 평소에는 오전 8시부터 오후 5시 30분까지 일하고 일주일에 1~2회 오후 9시 30분까지 잔업하고 월 60~70만원을 받고 있다. 남편은 술 먹고 놀면서 아내를 의심하고 구타하였었는데 계속 술 마시고 도박을 일삼던 중 4년 전 고혈압으로 인한 뇌경색으로 쓰러져 지금까지 병원에 다니며 약 타 먹고 있다. 생활비와 약값 등은 그녀의 부담이다. 1999년 5월 다시 방문했을 때에는 일요일인데도 쉴 틈 없이 손수 담근 간장을 달이고 있었다.

　가외노동자 사례42는 그 남편이 일식 주방장으로 일을 하지만 성실하지 못해 수입도 없고 그녀에게 돈 벌어오라고 하면서도 걸핏하면 의심하고 구타를 일삼았는데 아들 하나 바라보고 참고 지냈다. 그녀는 가위 만드는 공장에 8년째 다니고 있으며 도급제라 의료보험 혜택도 없이 일하는 만큼 받는데 월 70만원쯤 번다. 남편은 힘들면 일을 그만두곤 하여 거의 일하지 않고 놀았다. 그런데 그녀의 아들이 고등학교 2학년이 되어 대학 들어갈 때가 되자 그녀 혼자서는 대학 뒷바라지는 못한다고 했더니 남편이 아들을 가르쳐야 한다는 생각에 월급은 작아도 꾸준히 일할 수 있는 직장을 찾아 서울에 있는 뷔페 식당에서 일하면서 일주일에 한 번씩 집에 들어온다. 그렇지만 아직 한 달이 되지 않았다. 가외노동자 사례42는 남편이 폭력적이지만, "생전 싫은 내색 안 하고 살았다. 말대꾸해본 적도 없고, 상대 안 하니까 폭력적 행동도 수그러들더라. 애 앞에서 참은 건 애 성격 버리고 장래 망칠까봐 그랬다. 마음 같아서는 막 나가고 싶지만 자식 하나 끝까지 잘되게 하려고 참았다. 진짜 고통스러운 세월이었는데 애가 크니까 대견하고 희망이 보이더라"라고 말한다. 아들 때문에 남편의 폭력을 참고 살았는데, 아들이 어릴 때 일하러 다니느라 돌보지도 못하고 혼자 밥도 찾아 먹지 않고 주위를 배회해서 걱정했었는데 이제 아들이 공부를 잘해서 자신의 고통이 보상을 받을 수 있을 것이라고 생각하고 있으며 남편도 아들을 위해 일자리를 찾은 남편이 생활태도를 바꾸기를 기대하고 있다. 가장 힘들게 살아가고 있던 사례 중의 하나였는데 10여년 만에 아들을 통해서 새로운 희망을 찾아가고 있었다.

가내노동자 사례16은 남편이 가정경제에 대해 책임을 지지 않으면서 자신이 집에 있을 때에는 부업도 못하게 했던 경우로 부업 일을 계속하다 미용기술을 배워, 요청이 있으면 집으로 방문하여 동네의 아이들 머리를 깎아주고 여성들의 머리 손실을 해준다. 이 일로 직장에 나가는 것만큼 벌어 생활을 유지하고 있다. 남편은 노동 일을 하다 1년 전 교통사고를 당해 무릎 수술을 수차례 받았는데 아직도 가해자와 합의가 되지 않았고 현재는 집에서 쉬고 있다. 두 아들은 현재 각각 고등학교와 중학교의 1학년생이다.

가내노동자 사례23은 당시 자신이 신문 배달을 해서 번 수입으로 먹고 살면서 남편의 월급을 저축하여 작은 집을 사고 행복해 했었다. 그 집을 산 이후 남편이 동네를 돌아다니며 집집마다 방문해야 하는 신문 배달을 못하게 하여 부부싸움이 자주 벌어졌고 남편이 의처증이 있다는 소문이 날까봐 그만둔 후 동네 안에 있는 공장과 술을 팔지 않는 식당에서 점심 시간에만 일하러 다녔었다. 그후 돈을 더 저축하여 그 집을 팔고 더 좋은 빌라로 이사하면서 이 동네를 떠났다. 지금은 시장에서 김밥가게의 주인이 되었다. 한 달에 두 번밖에 쉬지 않으며 거의 매일 하루 종일 혼자서 자리를 뜨지 못한 채 가게를 지키고 일하면서 건실하게 살아가고 있다. 그러나 남편은 여전히 아내가 집 밖에서, 더구나 장사하는 걸 못미더워하고 의심하여 장사를 그만두라고 해서 싸운다. 얼마 전에는 크게 싸운 다음 20일쯤 가게 문을 닫고 집을 나갔다 들어오기도 했다. 남편은 계속 다른 사람에게 가게를 넘기라고 조르고 있다.

가장 놀라운 변화는 가외노동자 사례30이었다. 가외노동자 사례30은 초등학교를 졸업하고 공장에 다니다 만나 결혼한 남편과 당시 이혼한 후 빚더미에 허덕이면서 생활설계사(보험외판원)로 근근히 살고 있었다. 그녀는 여전히 보험 생활설계사를 하고 있으나 당시의 모습과는 전혀 다르게 밝고 자신감이 넘쳤다. 미래가 불확실한 ㅅ1동의 가난한 주민들은 미래에 대한 불안함과 은행보다 월부금이 유리한 데다 생활설계사가 부금을 집으로 받으러 오기 때문에 은행 적금보다 보험 가입을 선호한다. 고객은 이러한 ㅅ1동의 주민들인데 이들을 대상으로 보험 가입을 권유하여 1998년 8월부터 한 달 월급이 1천여만원에 달하였다. 첫 인터뷰 당시 자신이 가족을 돌보지 않고 돈을 탕진하는 등 잘못하여 이혼했다고 시인하고 남편이 보고 싶다고 고백하였는데, 남편이 자신의 6촌 이종동생과의 관계를 청산하고 다시 합치자고 했을 때 순순히 응했다. 수입도 많고 자신이 번 돈으로 25평 아파트를 8천여만원에 샀다. 자녀들도 학교에 착실하게 잘 다니고 있어 행복해하고 자신감에 차 있다. 자신을 스스로 '성공했다'고 표현하였다.

그녀는 이혼 후 생계 유지와 빚 청산 때문에 생활설계사 일을 시작하였으나 재결합 이후에도 계속하고 있다. 남편은 재결합하기 전에 아내가 하는 생활설계사 일의 성격을 알았으며 아내의 일에 대한 통제나 간섭은 전혀 하지 않는다. 남편의 수입만으로는 엄두도 못 낼 아파트를 구입했을 때 남편이 '평생 제일 기뻤다'고 말했다는 것이다. 따라서 일 때문에 저녁 늦게 들어가는 것에 전혀 구애를 받지 않았다. (인터뷰도 오후 5시부터 6시 30분까지 이어졌는데 그 이후에도 친목 모임에 참석해야 한다는 것이었다.) 업적에 따라 보너스로 회사에서 해외여행을 보내주는데, 갈 기회가 있을 때마다 자유롭게 여행을 가기도 한다고 했다.

가외노동자 사례12도 생활설계사로 직업을 바꾸었다. 남편이 아내의 가외노동에 대해 별다른 통제를 하지 않았기 때문에 생활설계사로 직업을 바꾸는 데에는 큰 어려움이 없었다. 가외노동자 사례30만큼 수탁고를 올리지는 못하지만 월 2백만원에서 3백만원 사이의 수입을 올려 식당파출부 등을 할 때보다 훨씬 많은 수입을 올린다. 식당파출부로 까맣게 갈라졌던 손도 하얗게 되었고 또 임대아파트를 분양받아 이 동네를 떠났다.

가내노동자 사례1은 두 달 전까지만 하여도 남편이 10여년을 한결같이 ㄷ통상에서 새벽에 나가 밤 늦게까지 일하고 있었고 10년 전 그 자리에서 여전히 살고 있으면서 옷 수선가게를 하고 있었다. 그녀의 남편은 술을 좋아하지만 성실하여 하루도 공장에 빠지지 않고 모든 잔업을 다하면서 열심히 일했기 때문에 집에서 말이 없어 답답하게 여기기도 했지만 크게 불만으로 삼지 않고 열심히 생활하는 남편에 대해 감사하게 생각하였다. 운전 면허를 따고 중고차를 구입하여 주말이면 라면 몇 봉지와 가스 버너를 싣고 야외에 가족들과 나들이를 하게 된 것이 10년 전과 달라진 점이라 할 수 있었다.

그렇지만 그녀는 두 달 전부터 옷 수선가게는 당분간 휴업한다는 공고문을 붙여놓고 공장에 취직하여 아침 8시까지 출근하여 저녁 9시 이후에나 돌아왔다. 그녀가 공장에 나가기로 결정한 것은 딸이 전문대학에 입학하였고 아들이 고등학교에 들어가게 되어 학비 부담이 커지고 자녀양육과 가사노동의 책임 줄어들었기 때문이라고 말했다. 그러나 남편이 평생처음 공장 동료들과 술 먹고 어울려 공장의 여자 동료와 한 차례 외박을 했다는 사실을 고백하고 난 후 그녀는 크게 충격을 받았다. 남편은 평생처음 외도를 하고 이에 대해 양심의 가책을 느껴 불면에 시달리다 못해 아내에게 고백을 했지만 그녀는 배신감에 분노하면서 자기 비하에 빠지게 되었다. 그러면서 그녀는 남편을 의심하게 되었고 저녁이 되면 남편을 기다리느라 초조해지는 증상으로 시달리게 되었다. 그녀의 남편은 술을 좋아해 그 일 이후에도 거의 매일 술을 먹고 여전히 늦게 들어오자 차라리 자신도 밖에 나가 일하는 것이 낫겠다고 생각하고 밤 늦게까지 일하기로 결정한 것으로 주위에서는 추측하였다. 그녀는 복강경 수술의 후유증으로 인하여 생리기간 중에는 심하게 고통받았는데 그동안 상태가 좀 나아졌으나 다시 남편의 외도로 인한 충격으로 건강상태가 좋지 않은 상황에서 무리하게 공장에 다니고 있다.

오랫동안 가내 하청에 종사했던 가내노동자 사례32는 가내노동자 사례1의 남편의 소개로 그와 같은 공장에 다니고 있었다. 첫 면담 당시에는 택시 기사인 남편의 점심식사를 차려주어야 하기 때문에 집에서 부업을 하고 있었는데 지금은 집 밖에서 일자리를 구해서 일하고 있다. 그녀가 공장에 다니게 된 것은 남편과의 이혼 때문이었다. 그녀는 남편이 중동에 가 있을 동안 자신이 밤잠을 자지 않고 부업해서 먹고 살고 남편이 보내준 돈은 고스란히 모아서 구입한 집에서 여전히 살고 있지만 택시 기사였던 남편이 10년 전에도 바람을 피워 저금 통장을 들고 집을 나가 동네 점쟁이에게 다니며 의지하였는데, 마침내 남편이 바람을 피워 집을 나가 돌아오지 않자 집은 자신이 차지하고 아이들을 맡는다는 조건으로 이혼해버렸다. 남편과 이혼한 이후 생계를 책임져야 했기 때문에 공장에 다니기 시작했다.

그런데 남편이 갑자기 돌아와서 같이 살기 시작했다. 다시 일을 하기 위해 빚을 내어 개인택시를 샀으나 스트레스로 인하여 온 몸이 아파 신경정신과 치료를 받고 있으며 두 주일째 일을 못하고 있다. 돌아온 후 처음에는 애들에게 잘해 주었으나 남편은 자기가 소외당한다고 생각하고 차츰 더 강압적이 되었다. 아들이 깍듯이 인사하지 않는다고, 식탁에서 자기 자리에 앉았다고 화를 내면서 컵을 던지기도 한다. 그녀가 아들 편을 들면 '나쁜 년'이라고 욕하거나 공장에 일하러 다닌다고 돈밖에 모른다고 몰아세운다.

가내노동자 사례32의 남동생의 아내였던 가외노동자 사례33은 공장에 다니면서 술 먹고 늦게 집에 들어오자, 남편이 아내를 구타하게 되었고 아내는 마침내 공장에 다니다가 다른 남자와 '눈이 맞아' 집을 나가 이혼을 했다고 동네에 소문이 나 있었다. 남편이 폭력을 휘둘렀으나 주위 사람들은 그녀가 '맞아도 싸다'고 생각했다. 그러나 그녀와 연락을 취한 결과 남편의 폭력 때문에 가출하여 홀로 부산으로 내려가 식당 일을 하며 먹고 살았으나 큰아들이 감화원에 들어갔다는 소식을 듣고 아들을 돌보기 위해 인천으로 돌아왔다고 한다. 인천의 동네 시장의 입구에서 조그마한 식당을 친정어머니와 경영하면서 아들을 학교에 복학시켜 데리고 살고 있다.

가장 놀라운 사실은 가내노동자 사례33이 두 아이와 남편을 버리고 젊은 남성과 결혼하기 위해 집을 나가 이혼을 했다는 사실이다. 그녀는 남편에 의하여 강간당하고 감금당하여 '처녀성을 잃어버렸기 때문에' 결혼할 수밖에 없었고 결혼 후에도 남편이 직장생활에서 성실하지 않아 늘 불만이었지만 아이들을 공장 부설 탁아소에 맡기면서 열심히 일하였고 밝고 명랑하게 열심히 살아가려고 노력했는데 이혼하고 다른 남자와 재혼한 것은 놀라운 변화였다. 생계 유지를 위해 건설 현장의 식당에서 일하다 노동자로 일하는 남자와 만나 집을 나갔다. 그녀는 지금 새로 만난 남편과도 헤어져 혼자서 식당 일을 하며 살고 있는데 가끔 아이들을 불러서 만나고 옷도 사 입히고 한다. 전 남편은 여전히 별다른 일을 하지 않고 빈둥대고 있고 중학생이 된 두 자녀들은 스스로 가사노동을 해가면서 학교에 다니고 있다. 가내노동자 사례33의 남편의 형수(자녀들의 큰어머니)가 반찬을 해서 종종 보내주고 경제적으로 도움을 주기도 하였는데, 최근에는 학비를 면제받았고 학부모회 회원들이 주 1회 들러 집안 청소도 하고 반찬도 마련해준다. 이사하면 재결합한다는 소문이 나 있다.

연하의 남자와 도망가서 2년 동안 살다가 다시 합쳤던 가외노동자 사례37도 남편과 이혼하고 집을 나갔다. 남편이 아내를 못 믿어 멀리 일하러 못 가게 하고 그녀의 언니가 하는 공장이나 동네 공장에서 일하는 것만 허락하면서 아내를 통제했으나 그녀는 다른 남자와 혼외관계를 가지고 집을 나갔다. 그녀의 남편은 머리카락이 항상 노랗게 탈색되어 있을 정도로 공해가 심한 화학공장에 다녔는데 건강도 나빠지고 불경기로 인하여 공장의 일자리도 불안정하고, 아내의 가출로 인하여 자신의 남성성을 부인당하여 자존심을 지탱할 수 없고 아이들도 잘 키울 수 없어 고향인 전주로 이사갔다.

가내노동자 사례38도 첫 면담 당시 남편의 외도에 고민하면서 두통 때문에 매일 진통제를 먹고 있었으며 남편이 다른 여자와 외출할지도 모른다는 걱정에 퇴근시간에 맞추어 남편의 회사 정문으로 뛰어가곤 했었다. 그후 자신이 전기요 등을 파는 피라밋 조직에 가입하여 외판에 종사하다 다른 남성과 혼외정사에 빠지게 되어 가출하였다고 한다. 남편이 두 번이나 찾아 데려왔으나 다시 가출하였다.

소식을 다시 들을 수 있거나 다시 만날 수 있었던 13사례 중에 6사례가 성 문제로 부부간의 관계가 변화하였다. 공장에 다니던 조사대상자들 중 4명이 다른 남자와의 혼외 성관계로 집을 나가고 그후 이혼으로 이어졌다고 소문이 나 있다. 두 사례는 남편이 다른 여성과 혼외 성관계를 갖고 이로 말미암아 이혼하거나 부부간의 위기를 겪고 있다. 다른 남자와 혼외 성관계를 맺고 이를 계기로 이혼한 연구대상 사례들의 상대는 모두 직장에서 만난 남성이었고 남편의 혼외 성관계로 인하여 갈등을 겪고 있는 한 연구대상 사례 또한 남편의 상대 여성이 남편의 직장 동료였다. 남편이 아내의 노동참여를 통제하는 이유가 아내의 혼외 성관계에 대한 두려움 때문이었는데 10여년 사이에 이 두려움은 현실로 나타나 있었다.

한 사례는 혼외관계를 맺지는 않았으나 '바람이 나서 가출했다'고 주위 사람들은 생각했다. 이 사례를 통해 아내가 가출을 하고 이혼으로 이르게 되면 아내가 다른 남성과의 외도 때문인 경우도 있으나, 실제로는 사실이 아닌 경우라도 '아내가 바람이 났을 것이다'라고 주위에서 생각하고 있음을 알 수 있다. 여성이 가출하면 왜 가출을 했는가 하는 실제 이유를 밝히기보다는 여성이 가출을 통해서 자신의 전통적인 성 역할과 덕목을 거부하는 것에 대해 '바람이 났다'라고 규정함으로써 그 여성을 최대한 비난할 수 있는 구실을 삼는 것이다.

아내가 원해서 한 이혼의 경우를 통하여 남편의 경제적 무능이나 폭력 등을 여성들이 더 이상 참지 않고 있다는 것을 알 수 있다. 새롭게 만난 남성과 헤어진 경우에도 혼자 살더라도 다시 남편과의 관계를 회복하기를 거부하고 있는 것이다. 남편의 아내에 대한 성 통제가 점점 어려워지고 있다. 가외노동자 사례33의 경우 남편이 아내를 폭력으로 통제하려 했으나 실패하였고 가내노동자 사례38 경우도 아내를 두 번이나 찾아 데리고 왔으나 아내는 기어코 가출해버렸다. 여성들의 의식과 행동이 급격하게 변화하고 있음을 알 수 있다.

여성의 혼외정사와 이에 이어지는 이혼은 1990년대에 들어와서 여성들의 자의식이 발달하여 남편의 횡포와 가족에 대한 무책임을 참고 살면서 자식을 위해 희생하기보다는 자신의 행복을 추구하고 자신의 삶을 자식의 미래보다도 더 중요시한다는 변화를 엿볼 수 있게 한다. 여성의 의식과 가치관과 행동은 변화하고 있으나 남성들의 태도는 변화하지 않아 가정은 갈등이 증폭되고 가족의 해체로 이어지고 있다. 특히 최근에 우리 사회에서 저소득가정의 기혼여성은 이혼의 과정을 거치더라도 남편에게서 받아낼 것이 거의 없어 가출을 통해 혼인관계를 해소하고 있어 이들의 가출과 남은 자녀들의 문제는 심각한 사회문제로 등장하고 있다.

여성의 가정 내 지위에 있어서는 아내의 수입이 현저하게 많고 부부간의 사이가 좋은 경우, 가외노동자 사례30의 경우에서도 볼 수 있듯이 남편과 대등한 관계에서 가정을 꾸려간다는 것을 확인할 수 있다. 가외노동자 사례5의 경우에도 아내에 대한 남편의 기본적인 존중과 애정을 있기 때문에 그녀는 당당하다.

　가외노동자 사례44의 경우는 계속 공장에 다니면서 돈 벌어 가계를 홀로 책임지고 자녀들을 교육시키지만 남편은 여전히 술 마시고 도박하고 가사노동이나 자녀양육에 전혀 참여하지 않고 아내를 존중하지도 않아 자신의 고된 삶이 남편에 의해 제대로 평가받지 못하고 있다. 그러나 가내노동자 사례1은 공장에 다니면서 남편과 일정 정도 거리를 두고 있는 것에 만족하고 있다. 가내노동자 사례32의 경우는 생활비뿐만 아니라, 이혼했다 재결합한 남편이 빚 내어서 개인택시를 샀으나 아파서 일도 못하고 병원비가 필요하게 되어 공장에 다니는 데도 불구하고 남편은 '돈밖에 모르는 년'이라고 비난하고 있어 여성의 취업과 이를 통한 경제적 기여가 여성의 지위를 언제나 향상시켜주는 것은 아니라는 사실을 확인해 주고 있다.

제11장
결론

1. 주요 논쟁점의 요약

우리나라에서는 성별 노동분업이 엄격하게 적용되고, 남녀가 생활상 및 사회공간에서 분리되어 있으며, 남녀의 행동차이를 가르치는 전통적 유교이념이 여전히 행동문화로 받아들여지고 있다. 여성의 기본 임무는 집에 머무르면서 아내와 어머니로서의 역할을 하는 것이다. 유교이념에 바탕을 둔 전통적인 규범 및 행동과 여성의 유급노동 사이의 모순에도 불구하고 노동시장에 참여하는 기혼여성의 숫자는 현저히 증가했다. 우리나라의 경제발전에 따라 노동력이 부족하자 기혼여성의 노동시장 참여가 특히 서비스, 판매 및 생산 부문에서 현저히 늘어났다. 여성의 유급노동 증가에는 가내노동도 포함되며 기혼여성의 노동시장 참여는 미혼여성과는 차별화되었다.

1997년 말 경제위기 이후 공식부문의 노동시장에서 기혼여성들은 정리해고의 일차대상이 되어 퇴출되었으나 남편의 실직과 고용불안으로 인해 기혼여성들은 노동시장 진입을 시도하고 있다. 노동시장의 성별분업에 따른 '여성 직종' 중에서 노동시장의 위계구조에서 최하위를 차지하는 저임의 장시간노동, 또는 시간제 임시직 노동에 기혼여성들이 참여하고 있거나 진입을 시도하고 있다. 취업은 여성의 전통적인 역할과 양립하기 어려우며 따라서 그들은 전통적인 경계를 넘어 나아가야 한다.

기혼여성들은 노동시장에 참여할 것인가 아닌가. 여성의 가정 내 책임, 여성을 집안에 묶어두는 유교전통과 가정경제를 염두에 두면서 어떠한 직업을 택할 것인가에 대하여 결정을 해야만 한다. 본 연구는 결혼한 노동자계급여성의 노동시장 참여의 공급 측면에 영향을 미치는 요소들과 여성의 경제활동 참여가 그들의 가정 내 지위에 미치는 영향에 관한 것이다. 가내노동여성과 가외노동여성을 비교하였다. 이 연구의 조사결과는 다음과 같다.

(1) 자녀양육 책임은 여성 자신과 남편 모두에 의하여 기혼여성을 집안에 묶어두는 가장 중요한 이유 중의 하나로 생각되고 있다. 막내 자녀의 나이가 가장 큰 장애물인데 반하여 자녀의 수와 보육시설의 이용 가능성은 우리나라에서 경제활동에 참여하는 기혼여성들에게 크게 영향을 미치는 것으로는 보이지 않았다. 자녀의 나이 또한 기혼여성이 취업을 결정하는 과정에서 절대적인 장애물이거나 전적으로 영향을 미치는 것은 아니었다. 자녀양육은 중요한 요소이지만 기혼여성의 노동참여의 전적인 장애 요소로 설명될 수는 없는 것이다.

(2) 자녀양육과는 대조적으로 또 하나의 전통적인 여성의 가정 내 책임인 가사노동은 여성이 가외노동에 종사하는 데 있어서 중요한 요인이 되지 않았다. 가사노동 부담은 우리나라에서 여성의 노동시장참여에 아주 미미한 영향을 미칠 뿐인 것으로 보인다. 특히 가외노동여성의 남편은 가사노동을 분담해야 한다는 압력을 받고 있기는 해도 여성들이 가사노동과 경제활동 참여라는 이중 부담을 안은 채 일을 하고 있었다.

(3) 여성이 경제활동 참여를 결정하는 데에는 남편의 태도가 가장 중요

한 영향을 미치는 요소였다. 대부분의 남편은 아내가 집 안이나 밖에서 노동하는 것에 반대하였다. 이렇게 반대하는 이유로는 위에서 말한 자녀 양육과 가사노동 외에도 아내의 부정 가능성에 대해 두려워하거나 남편 자신들에 대한 시중이 소홀히 될까봐 우려하며 가족부양자로서의 자신의 권위를 세우기 위해서였다. 특히 부정을 우려하여 여성의 섹슈얼리티에 대한 통제가 가장 중요한 요인으로 보인다. 이러한 통제는 우리나라에서 기혼여성의 노동시장 참여에 관한 결정과 관련하여 가정 내 책임보다 더 중요하였다.

또한 남편이 아내가 집 안이나 밖에서 노동하는 것에 동의하더라도 직종의 선택과 노동조건 역시 남편에 의하여 통제를 받았는데, 이에 관해서도 아내의 섹슈얼리티에 대한 통제가 주된 문제였다. 섹슈얼리티 문제는 때로는 명시적으로, 흔히는 묵시적으로 여성의 노동시장 참여에 직접적으로 영향을 미치는 가장 중요한 것이었다.

(4) 우리나라에서 대부분의 남편은 아내의 노동시장 참여를 반대하는 것을 이상으로 여기지만 노동자계급에서는 남편이 가족을 부양할 능력이 없는 데에서 생기는 경제적 궁핍 때문에 아내가 경제활동에 참여하는 것을 허락하지 않을 수 없었다. 수입의 부족, 수입의 불확실성, 남편이 가정 경제에 도움을 못 주는 것 그리고 빚이 남편이 아내로 하여금 노동시장 참여를 허락할 수밖에 없도록 만드는 이유였다.

(5) 남편이 가족을 부양할 능력이 없다고 하여 남편이 자동적으로 아내가 취업하는 것을 허락하지는 않았다. 마찬가지로 여성은 남편이 자기들의 취업을 통제하는 것에 수동적으로 순응하지만도 않았다. 여성은 자신들에 대한 남편의 통제에 맞서 싸우기도 하고 저항하기도 하였다. 따라서 남편과 아내의 관계는 역동적이었는데, 남편은 아내를 통제하려 하고 아

내는 남편의 통제에 저항했다.

(6) 가정 내 여성의 지위를 남편과의 관계와 여성의 자기 인식이라는
견지에서 검토하였는데, 기혼여성의 노동력과 노동조건이 남편에 의하여
통제되는 것이라면 여성의 경제활동 참여가 그들의 지위를 결정하는 것
으로 볼 수는 없다. 근본적인 점은 남편이 아내의 노동력과 노동조건을
통제하기 때문에 그들의 경제활동 참여가 가정 내에서 남편과 관련한 그
들의 지위를 향상시키지 않는다는 것이다. 가정 내 여성의 지위는 주로
노동참여의 결과라기보다는 원인이다.

그럼에도 불구하고 경제활동에 참여하는 여성의 가정 내 지위는 세 개
의 집단으로 분류될 수 있을 것이다. 첫째로, 일부 가외노동여성은 한정
된 범위나마 그들의 지위를 향상시켰다. 이해심 있는 남편으로부터 인정
을 받으며 높은 자부심을 가진 이 여성들은 가정 내 지위를 강화하여 여
성들 중에서 가장 높은 지위를 누리는 것 같았다. 둘째, 이와 반대로, 남
편의 행실이 좋지 못하며 그러한 남편으로부터 가정경제에 기여하고 있
는 자신의 노고를 인정받지 못하고 있는 일부 가외노동여성은 노동여성
들 가운데에 가장 못한 처지에 있으며 경제활동 참여가 가정 내 그들의
지위를 개선시키는 것 같지가 않았다. 가정 내 그들의 종속적인 지위는
비교적 높은 수입에도 불구하고 기본적으로 영구화되었다. 또한 그들은
이혼을 기피하는 사회적 압력 때문에 결혼이라는 덫에 걸려 있다. 그들의
경제활동 참여는 가정 내의 가부장적 지배와 사회적 규범의 압력 하에서
살아남기 위한 필사적인 투쟁의 신호에 지나지 않는다. 따라서 가외노동
여성들이 두 개의 상반되는 하위집단으로 뚜렷이 나누어지는 것에서 여
성의 경제적 참여 그 자체가 여성의 지위를 자동적으로 개선시켜 주는
것은 아니라는 점을 보여주고 있다. 그것은 남편과의 관계가 이미 좋을
때에 그들의 지위를 개선시켜주는 것에 지나지 않는다. 셋째로, 가내노동

여성은 가외노동여성의 두 하위집단의 중간에 위치하는 것 같았다. 가내노동여성이 비교적 적은 수입을 벌 경우 그들의 경제활동은 그들의 지위에 별다른 영향을 주지 못한 것 같았다. 그러나 수입액수와는 상관없이 남편의 무책임한 행동 때문에 취업하고 있는 가외노동여성보다는 더 나은 것 같았다.

요약하면 가정 내 여성의 지위와 남편과의 관계는 일반적으로 여성의 노동시장 참여에 영향을 미치며, 여성의 노동시장 참여가 일반적으로 남편과의 관계와 관련하여 가정 내 여성의 지위를 획기적으로 바꾸는 것은 아니다. 여성이 높은 수입을 올리면, 남편과의 사이가 이미 좋은 여성의 경우, 여성의 지위를 강화시켜줄 뿐이다.

(7) 10여년 사이에 가장 뚜렷하게 변화한 것은 점점 더 많은 여성들이 자신을 희생하면서 참고 살기보다는 억압적인 가족관계에서 벗어나 자신의 행복을 추구하고 있다는 것이다.

이 연구 결과는 이론상 의미 있는 몇 가지 논점을 시사하고 있다.

(1) 남성이 남편으로서 여성의 노동참여에 있어 통제, 특히 여성의 섹슈얼리티를 통제한다는 점에서 여성의 노동참여에 대해 몇 가지 이론적 시사점을 던져주고 있다. 자녀양육이나 가사노동과 같은 집안일은 그것이 전형적으로 여성에 의하여 처리되기 때문에 남편과의 관계(Delphy and Leonard, 1992)[1]에서 논의되었으며, 가사노동에 관한 논의들은 자본주의와

---

1) Delphy와 Leonard는 가부장제에 대한 분석을 구축하기 위하여 맑스주의 개념을 사용하면서 여성들은 그들이 남편에게 제공하는 가사노동과 자녀양육에 대하여 공평한 대가를 받지 못하기 때문에 여성들은 남편에 의해서 착취당하고 있으며(1992: 14-24), 여성에 대한 가족적 억압의 주요하고 직접적인 수혜

의 관계에서 위치지워지는 여성의 지위와 관련하여 관심을 끌어왔다.

여성학자나 신고전학파, 또는 급진적 경제학자들은 여성(유급)노동에 관한 이론들을 전개하면서, 제1장에서 언급한 바와 같이 노동시장에서 여성의 참여율이 비교적 낮은 것과 여성에 대한 차별을 설명하기 위하여 여성의 가정 내 가사노동과 자녀양육에 초점을 두었다.

본 연구 역시 여성의 가사책임, 특히 자녀양육이 여성의 경제활동 참여에 대한 중요한 제약이라는 것을 시사하고 있다. 그러나 이 책은 여성의 노동력에 대한 남편의 통제가 우리나라 여성이 경제활동 참여를 결정하는데 있어서 더욱 중요하다고 주장한다. 가부장제와 자본주의에 관한 여러 이론에 따르면 여성의 노동참여를 실현함에 있어서 남성의 역할이 중요함을 강조한다.

제1장에서 언급한 바와 같이 하트만(Hartmann, 1981b)과 왈비(Walby, 1986)는 노동자로서의 남성, 특히 남성이 지배하는 노동조합이 노동시장에서 여성을 차별화하는 데 중요한 역할을 했다고 주장한다. 다른 한편 파인(Fine, 1992)과 하트만(Hartmann, 1976)는 자본가들이 노동시장을 분할함으로써 여성의 노동을 통제하고 있다고 강조한다. 그러나 본 연구는 남성이 남편으로서 아내의 노동시장 편입에 얼마나 영향을 미치는지를 보여주고 있다. 아내의 취업에 대한 남편의 태도 여하는 기혼여성이 노동시장에 참여하느냐 그리고 어떤 종류의 일을 택할 것인가를 결정함에 있어서 아주 중요하다. 이러한 주장은 또한 "여성의 가정 내 위치는 노동시장에서의 여성의 위치에 따라 주로 결정된다"(Walby, 1986: 70)는 왈비의 논지와는 상반된다.

본 연구에서는 여성의 노동시장 참여나 고소득이 자동적으로 여성해방을 가져오거나 가족 내에서 성관계의 변화를 가져오는 것은 아니다라는 것을 보여주었다. 엥겔스는 '전 여성을 공공산업에 참여'하게 하는 데

자는 남자라고 주장한다(1992: 18).

있어서 가정 내의 가부장적 통제를 무시하고 있다. 가부장제가 사적 부문에서는 여전히 존속하고 있는 것으로 보여지며 여성의 노동시장 참여에 대한 커다란 제약이다. 이는 공적 부문에서 확립되어지고 있는 가부장제에 대한 왈비의 주장과 대조를 이루고 있다(Walby, 1990: 24). 그러나 사적 부문에서의 가부장제는 여성에 의하여 도전받고 있다. 칸디요티(Kandiyoti)는 북아프리카, 중동 회교국 및 동남아시아를 포함하는 지역에서 전형적인 가부장제가 붕괴됨으로써 여성의 책임이 증가하고 또 한편에서는 여성이 남성에 의한 통제를 바라는 모순된 형태를 보이고 있다고 주장하고 있으나, 우리나라 여성은 그들의 남편이 행하는 통제에 적극적으로 저항해왔음이 분명하다.

우리나라 노동자계급의 가정에서 가부장제가 위협받고 있다. 그러나 유교이념은 아직도 남녀관계에 있어서 강력한 영향력을 발휘하고 있다. 또한 결혼한 적이 있으나 현재 남편이 없는 기혼여성을 홀로 된 여성이라고 낙인찍는 것도 경제적 궁핍과 함께 우리나라 가정 내에서의 가부장적 지배를 강력히 뒷받침하고 있다. 그러나 1990년대 후반에 와서 이러한 가부장제는 점점 힘을 잃고 있다. 이는 여성들이 더 이상 남편의 폭력이나 억압에 참지 않고 또 자신의 보다 나은 행복을 추구하기 위해 가출하고 이혼을 감행하여 가부장적 지배에 저항하고 있다. 이는 가부장적 가족을 지탱해 온 여성들이 희생을 거부하는 것으로 곧바로 가족 해체로 나타나고 있다.

기존 연구에서는 여성의 노동력을 통제하는 데 있어서 남편으로서의 남성의 역할이 여성의 집안일과 그로부터 남성이 얻는 혜택의 측면에서 논의되었다(Hartmann, 1981b). 성 통제의 중요성이 하트만(1981b)과 왈비(1990)에 의하여 지적되었지만 그들은 여성의 노동참여나 아내에 대한 남편의 통제라는 정확한 관점에서 논의를 전개하지는 못했다. 본 연구는 여성의 섹슈얼리티에 대한 남편의 통제가 남편이 기혼여성의 노동참여를 통제하는 주된 이유라는 증거를 제시하였다. 바꾸어 말하면 아내의 섹슈얼리티에 대한 남편의 통제는 여성의 가정 내의 책임보다 더욱 중요한 요소이며 여성의 노동시장 참여에 영향을 미친다.

(2) 여성의 노동력에 대한 남편의 통제는 기혼여성의 노동에 관한 논의에서 중요한 논점 중의 하나인 자본주의와 가부장제간의 관계에 대하여 몇 가지 시사점을 던져준다. 가내노동여성은 주로 밖에 나가 노동하는 것을 남편이 반대하기 때문에 집안에 묶이어 수입이 극히 적은 가내노동을 한다. 이는 남편의 여성노동력에 대한 통제가 가내노동여성과 같은 값싼 노동력을 제공함으로써 일부 자본가들에게 이익을 준다는 것을 의미한다. 그러나 남편의 통제로 여성들이 집안에 묶이는 것은 기혼여성을 노동자로서 집 밖에서 이용할 수 없는 자본가들에게는 장애물이 될 수 있다. 남편의 통제는 하트만(1981b: 19)이 주장한 것과 같이, 가부장제와 자본주의간에 긴장을 야기할 수 있다. 이와 반대로 남편이 아내가 가외노동에 참여하도록 허용해주는 것은 자본가들에게 보다 값싼 노동력을 이용할 기회를 주는 것이다. 따라서 여성의 노동참여에 대한 남편의 통제는 자본가들에게는 혜택인 동시에 장애물이라고 말할 수 있다.

(3) 본 연구는 또한 가정에 관한 논의에 대해 몇 가지 점을 시사한다. 첫째로, 우리나라 가정 내에서는 남편이 신고전파 경제학자와 맑스주의자들이 주장한 것처럼 "각 가족성원이 다른 가족성원의 복지에 사심 없이 헌신하는 순수하게 이타적인 자세로 행동"(Evans, 1989: 4)하지는 않는다. 바꾸어 말하면 최종적인 의사결정자인 가장으로서의 우리나라 남편들은 전통적인 신고전학파 견해가 주장하는 것처럼 개별 가족성원의 이익을 통합적인 효용 기능(joint utility functions) 안으로 포섭하지 않는 것 같았다. 오히려 그들은 이기적인 동기로 그들의 권위를 유지하기 위하여

아내의 노동참여로 가정 전체가 가질 수 있는 경제적 이익을 희생시켰다. 그러므로 남편은 신고전주의 경제학자가 주장한 것처럼 가정 전체의 이익을 위하여 가정의 목표를 설정하는 '자비로운 독재자'는 아니다.

둘째로, 노동력이 가정의 복지를 극대화하기 위하여 충분히 이용되지를 못하고 있음이 분명하게 보인다. 도시 빈민층에 관한 대부분의 우리나라 연구논문들은 도시빈민들이 생존을 위하여 가족성원의 참여를 극대화하며 어떠한 일에라도 '닥치는 대로' 종사한다고 주장한다(조은, 1990b: 179, 201; 이효재·지은희, 1988; 강인순, 1990; 154). 본 연구에서는 아내의 노동참여에 대한 남편의 통제를 주장함으로써 기존 연구의 주장을 비판한다. 경제활동 참여는 가정 전체의 경제적 이익에 따라서 언제나 결정되는 것이 아니라 오히려 가정 내에서 권력을 가진 사람의 이익에 따라서 결정된다.

셋째로, 본 연구에서 밝힌 여성의 노동력에 대한 남편의 통제와 여성의 저항은 가정 내에서도 생산과 관련하여 갈등이 있음을 분명히 말해준다. 센의 '협동적 갈등'(cooperative conflict) 모델은 생산과 협력, 그리고 분배와 갈등을 등식화한다. 그러나 본 연구는 남편이 아내의 노동력을 통제하고 그러한 통제에 대해 아내가 저항하고 있다고 밝힘으로써 캐비어의 주장을 지지하면서(Kabeer, 1991: 24), 생산에 있어서도 갈등이 있다는 증거를 제시한다. 그러나 캐비어의 증거는 농업부문에 관한 것이다. 본 연구는 산업부문의 여성의 경제활동 참여와 연관하여 생산에서 갈등이 있다는 것을 주장하여 이와 관련된 논의의 지평을 넓힌다.

넷째로, 가정 내에서의 남편의 지배에 대한 여성의 저항과 투쟁은 가정이 '홈 스위트 홈'(Home Sweet Home)처럼 화합의 단위이거나 장밋빛 모습만은 아니었음을 보여준다. 또한 맑스주의자의 가정에 대한 전통적인 묘사처럼 "내부적 갈등으로 인한 괴로움이 전혀 없는 이상적인 사회주의 사회의 축소판"(Folbre, 1986b: 6)도 아니다. 남편은 아내가 자신의 이익을 추구하는 것을 막고자 노력하지만 여성은 억압과 착취에 대하여 저항하고 투쟁한다. 가정은 그 구성원들, 특히 남편과 아내 사이의 이익 충돌의 무대이다(Whitehead, 1981: 92).

1990년대 말에 갑자기 경제위기를 맞이하면서 가장 먼저 떠오른 사회적 문제는 실업이다. 그러나 실업은 단지 남성과 여성의 실업의 문제에 그치지 않고 가족관계의 문제로 이어지면서 가족 해체로 연이어져 사회적 우려를 낳고 있다. 가족 해체를 방지하기 위해 대중매체는 남편 기 살리기 운동을 펼치면서 남편의 가부장권을 강조함으로써 여성들로 하여금 남편에게 더욱 순종하고 희생해야 한다고 주장하였다. 가정이 남편과 아내 사이의 이익이 충돌하는 무대이지만, 경제위기 이후 우리나라 사회는 아내의 남편에 대한 일방적인 복종을 요구하고 있다.

특히 아내의 취업을 둘러싸고 아내에 대한 남편의 통제와 아내의 저항으로 갈등하고 있으나, 실직한 남편이 전통적인 남성의 역할인 가족 생계의 책임을 지지 못하게 되었다 하더라도 아내는 전통을 고수해야 한다는 것이다. 다시 말해 실직상태에 있거나 고용상태가 불안정한 남편 대신에 가족의 생계 유지를 위해 노동시장 진입을 시도하는 여성들이 많아지고 있는 가운데, 가부장권이 강화된다는 것은 전통적인 남편의 역할인 생계 부양을 하지 못하는 남편일지라도 여성은 여전히 남편의 통제하에 있으며 따라서 여성의 노동시장 진입 여부와 노동참여의 형태 등에 대한 결정이 여전히 남편에 의해 이루어져야 한다는 것을 의미한다. 또한 여성의 노동시장 참여로 인해 전통적인 가사와 자녀양육의 책무가 줄어들지도 않을 것이며 남편 시중을 소홀히 해서는 안된다는 것을 함축하여 노동시장에 참여하는 여성들에게 노동의 이중적 부담을 강요한다.

여성은 남편 대신 돈벌이하면서 가정의 모든 전통적인 책무를 함께 수행하고 또한 남편 떠받들기를 강요하고 있는 것이다. 남편들은 어떠한 경우에도 자신의 가부장적 권위는 지켜져야 하는 것으로 생각한다. 따라서 아내가 직장에 나가서 힘들게 일하여도 자신은 가사노동이나 자녀양육의 책임을 나누려고 하지 않는다. 그러면서 아내가 자신에 대해 소홀하거나 자신의 통제에서 벗어날 경우 남편은 아내에 대해 서슴없이 폭력을 행사하여 경제위기 이후 가정폭력이 급격하게 증가하고 있다.

취업하고 있는 여성들은 남편의 기 살리기에 동조하고 싶어도 현실적으로 가능하지 않다. 그렇기 때문에 전통적인 역할 고정 관념에 빠져 있는 남편과 남편을 대신해서 가족 부양의 책임을 맡고 있는 아내의 경우 갈등이 초래된다. 본 연구의 사례에서도 나타나듯이 여성들은 가부장권에 대한 순종과 가족을 위한 희생을 거부하고 있고 따라서 이혼이 증가하고 있으며 가족이 급격하게 해체되고 있다. 남편 기 살리기 운동은 경제위기 이후의 가족 해체를 막지 못하고 있는 것이다.

가족의 해체를 막기 위해서는 남편과 아내의 관계가 새롭게 정립되어야 한다. 남편과 아내는 각각 역할의 변화를 인정해야 한다. 특히 남편의 경우, 아내의 자율성을 인정하고 아내의 가정경제에 기여하는 공헌을 인정해야 한다. 또한 부부가 공동으로 가사노동과 자녀양육의 책임이 있음을 인식하고 나누어야 할 것이다. 대부분의 여성들은 보다 나은 삶을 위해 기꺼이 나서서 일할 의사를 가지고 있다. 그러나 남편이 자신을 존중하고 인정할 때만이 가정을 위해 헌신할 수 있다. 부부 상호간의 존중, 특히 남편의 아내에 대한 존중이 요청된다.

2. 정책을 위한 제안

본 연구는 두 가지 점에서 정책적인 제안을 하고자 한다. 하나는 기혼여성의 노동참여에 관한 것이고 다른 하나는 성간의 관계에 관한 것이다.

(1) 우리나라의 괄목할 만한 경제성장은 노동집약적이고 수출지향적 산업을 통해 주도되었는데 이러한 산업의 발달은 풍부하고 값싸고 질 좋은 노동력에 크게 힘입은 바 있다. 그러나 1980년대와 1990년대에 노동력의 부족현상이 초래되자 기혼여성이 유망한 새로운 잠재적 노동력으로 등장했다. 또한 1998년 IMF 경제위기 이후에도 기혼여성들의 노동참여는 줄어들지 않을 전망이다.

기혼여성들의 경제활동 참여와 관련하여 몇 가지 제안을 할 수 있다. 즉 취학 전 어린이뿐만 아니라 방과후 초등학생들을 위한 어린이 보육시설이 기혼노동여성의 자녀를 위하여 마련되어야 한다. 보육시설은 저소득층이 저렴한 비용으로 이용할 수 있어야 한다. 이러한 시설은 여성의 전통적인 가정 내 책임이라는 과도한 부담을 덜어줌으로써 경제활동에 참여하고 있는 여성들에게 도움을 줄 수가 있다. 이는 또한 어린 자녀를 가진 기혼여성들의 경제활동 참여를 확대시키는 방안이 되기도 한다. 그러나 이것도 여성의 노동참여에 대한 장애물을 제거하기 위한 완전한 해결책은 아니라는 점을 인식해야 한다.

남성과 여성간의 권력관계에 더욱 주의를 기울여야 한다. 그것이 여성의 경제활동 참여를 결정함에 있어서 그리고 이와 관련하여 가정 내 여성의 지위를 향상시키는 데 결정적인 요소이기 때문이다. 니제홀트는 성간의 관계에서의 권력관계는 개발에 있어서 중요한 의제여야 한다고 주장했다(Nijeholt, 1992). 그녀는 예컨대 여성단체, 정당, 노동자단체, 연구기관, 프로젝트와 관련된 기초단체 및 그밖의 외부자금지원과 관련된 개발 촉진기구와 같은 가정 외의 기관에서 성간의 권력관계에 주의를 기울이고 있다.

그러나 가정 내에서 성간의 관계에서의 힘은 남성과 여성 모두에게 매우 중요하다. 가정은 사회의 기본단위이지만 구성원들 사이의 차별화된 이익 때문에 여러 가지 갈등 요소를 가지고 있다. 남편과 관련하여 여성에게 권력을 부여하는 것은 여성의 지위를 향상시키는 데 있어 가장 기본적이고 결정적인 것이다. 그러나 여성에게 권력을 부여한다는 것은 여성이 남성의 우위에 서야 한다는 것이 아니라 대등한 관계에서 서로 돕고 이해하는 관계로 발전해야 한다는 것이다.

(2) 이 책의 연구과제는 '여성을 위한 프로젝트'를 수행하는 과정에서 제기된 것이다. 그 프로젝트 수행에 있어서 근본적인 문제는 성간의 관계를 무시했다는 점이며 그러한 관계가 여성에게 있어서 얼마나 중요한지를 간과한 점이었다. "여성의 삶의 개선은, 어떤 사회에서든 남성과 여성이 서로 더불어 살고 있는 방식을 통해서 생각함으로써 이루어질 수 있으므로"(Young, 1991: 1), 남성과 여성의 문제, 바꾸어 말하면 성간의 관계가 주요 관심사가 되어야 한다.

그러므로 여성에만 초점을 맞춘 '여성문제'를 해결하기 위한 정책이나 프로젝트는 여성의 열등한 지위를 보상하거나 향상시키기 위해서 필요하지만 남편 및 남성과의 힘의 관계도 정책이나 프로젝트를 수행하는 과정에서 고려되어야 하고 어떻게 해서든지 변화시켜야 할 것이다. 더 나아가 부부, 미혼 남녀간 등 남녀관계의 재정립을 목표로 하여 의식과 행동 변화를 유도하는 정책이 더욱 강조되어야 할 것이다.

참고문헌

강명순, 1985, 『빈민여성 빈민아동』, 아침.

강인순, 1990, 「마산창원지역 노동자계급의 가족생활」, 여성한국사회연구회 편, 『한국가족』, 까치, pp.131-157.

경제기획원, 1971, 『경제활동인구연보』.

경제기획원, 1972, 『인구주택보고서』.

경제기획원, 1981, 『경제활동인구연보』.

경제기획원, 1982, 『인구구택보고서』.

경제기획원, 1983, 『고용구조에 관한 특별조사보고서』.

경제기획원, 1986, 『고용구조에 관한 특별조사보고서』.

경제기획원, 1989a, 『경제활동인구연보』.

경제기획원, 1989b, 『고용구조에 관한 특별조사보고서』.

경제기획원, 1990, 『경제활동인구연보』.

경제기획원, 1991, 『경제활동인구연보』.

경제기획원, 1992, 『인구주택보고서』.

권희완, 1992, 「부부관계의 인식에 관한 연구」, 여성한국사회연구회 편, 『한국가족관계』, 사회문화연구소, pp.35-70.

금재호, 1997, 「도시근로자의 실업실태와 정책과제」, 한국노동연구원 고용보험연구센터.

김경신·김오남, 1996, 「맞벌이 부부의 역할 기대 및 역할 갈등과 결혼만족도」, 『한국가정관리학회지』, 14권 2호, pp.1-18.

김경애, 1982, 「동학·천도교 남녀평등사상에 관한 연구」, 미간행 석사논문, 이화여자대학교.

김경애, 1997, 「김영삼 정권 가족정책 평가」, 『김영삼 정부 여성정책 평가

및 여성정책 발전방향 토론회 자료집』, 한국여성단체연합, pp.117-137.

김경애·김종미·이재인·박진경, 1999,『주부의 사회참여 활성화를 위한 방안 연구』, 한국여성민우회.

김수곤·심경옥, 1984,『여성노동 참여요인 분석』, 한국개발원.

김애령, 1987,「노동자가족의 생계유지와 여성노동에 관한 연구」, 미간행 석사논문, 이화여자대학교.

김은실, 1983,「한국도시빈민의 특징에 관한 연구―봉천동 철거민의 경우를 중심으로」, 미간행 석사논문, 서울대학교.

김태홍, 1996,『여성 재취업구조와 고용정책과제』, 한국여성개발원.

김혜경, 1985,「여성학적 관점에서 본 가내노동이론에 관한 연구」, 미간행 석사논문, 이화여자대학교.

노동부, 1991,『고용실태조사』.

노미혜·김영미·양성주·문유경, 1989,『한국가내노동연구』, 한국여성개발원.

노혜숙·한정신·전경옥·김영희·김영란, 1999,「한국주부의 사회참여 활동에 관한 연구」,『아세아 여성 연구』, 숙명여자대학교, pp.167-294.

동아일보 1988년 10월 12일자/ 1991년 3월 5일자/ 1991년 3월 7일자/ 1991년 3월 8일자/ 1991년 3월 9일자/ 1991년 7월 20일자/ 1991년 8월 1일자/ 1998년 2월 13일자/ 1998년 4월 3일자.

박경옥, 1989,「연탄」,『해님』, 36호, 인천: 십정동 해님공부방.

박계영, 1982,「철거민의 경제활동에 관한 연구」, 미간행 석사논문, 서울대학교.

박민자, 1992,「부부관계의 평등성」, 여성한국사회연구회 편,『한국가족의 부부관계』, 사회문화연구소, pp.71-109.

박용옥, 1976,『이조여성사』, 한국일보사.

변화순, 1992,「부부간의 갈등과 해소」, 여성한국사회연구회 편,『한국가족의 부부관계』, 사회문화연구소, pp.25-46.

상공회의소, 1993,『인천상공연감』.

서관모, 1986,「한국사회계급구조에 관한 사회통계연구」,『산업사회연구』, 한울, pp.34-56.

서지원, 1997,「사무직 기혼여성의 출산 후 취업지속 결정요인」, 미간행 석사논문, 서울대학교.

손덕수·이미경, 1983, 『한국의 빈민여성』, 기독교사회문제연구소.

안순덕·김양희·이영세·이민진·제갈정, 1991, 『여성의 의식과 생활상태에 관한 연구』, 한국여성개발원.

안순덕·변화순, 1988, 『빈민지역의 아동보호체계와 환경에 관한 연구』, 한국여성개발원.

여지영, 1995, 「도시 저소득층 기혼여성의 취업결정요인에 관한 연구」, 미간행 석사논문, 서울대학교.

유장수, 1986, 「한국가내노동자연구」, 미간행 석사논문, 서울대학교.

이경원, 1997, 『서울시 기혼여성 노동인력 활용』, 서울시정개발연구원.

이두옥, 1998, 「정리해고 과정에 나타난 주부사원의 노동경험 세계」, 미간행 석사논문, 계명대학교.

이미영, 1986, 「기혼여성노동자의 성격에 관한 연구」, 미간행 석사논문, 이화여자대학교.

이옥경, 1985, 「조선시대 정절 이데올로기의 형성기반과 정착방식에 관한 연구—이데올로기 비판론의 재구성화를 통하여」, 미간행 석사논문, 이화여자대학교.

이현송·정경희·한경혜·이혜경·강혜규, 1996, 『여성의 경제활동과 가족복지』, 한국보건사회연구원.

이효재, 1986, 「한국 여성의 노동주기연구」, 『논총』, 12집, 한국정신문화연구소, pp.42-67.

이효재·조형, 1976, 「1970년대 한국여성노동참여의 추이」, 『논총』, 27집, 한국정신문화연구소, pp.267-293.

이효재·지은희, 1988, 「한국노동자계급의 생활상태: 노동력 재생산과정을 중심으로」, 『한국사회학』, 22집, 한국사회학회, pp69-97.

인천공부방, 1991, 『해님』, 42호, 11·12월

인천공부방, 1992a, 『해님』, 45호, 5·6월.

인천공부방, 1992b, 『해님』, 46호, 7·8월.

인천일보, 1991, 『인천연감』.

장필화·조형, 1991, 「한국의 성문화: 남성의 성문화를 중심으로」, 『여성학논집』, 8집, 이화여자대학교 한국여성연구소, pp.127-170.

장하진, 1998, 「여성고용현황과 실업대책」, 『경제위기와 여성고용정책』, 한

국여성연구소, pp.1-25.

장혜경·김영란, 1998, 『취업주부의 역할 분담과 갈등 요인에 관한 연구』, 한국여성개발원.

전방지, 1986, 「한국 비공식부문의 성격과 관한 연구」, 미간행 석사논문, 이화여자대학교.

정강자, 1998, 「정부의 실업대책, 방향 전환이 필요하다」, 『평등』, 11호, 한국여성민우회, pp.25-27.

정세화·김경애·이수자·허향, 1983, 「여성자립을 위한 현장연구1-도시빈민여성을 중심으로」, 『여성학논집』, 제4권, 이화여자대학교 한국여성연구소, pp.38-78.

정진화, 1992, 「경제활동과 고용구조에 있어 여성의 참여」, 『여성연구』, 8집, 한국여성개발원, pp.77-107.

조선일보 1991년 3월 30일자/ 1991년 6월 3일자/ 1991년 7월 20일자.

조순경, 1989, 「한국여성노동시장 분석을 위한 시론」, 『여성』, 3집, 창작과비평사, pp.98-130.

조순경, 1998, 「민주적 시장경제와 유교적 가부장제」, 『한국여성학』, 제15권 1호.

조옥라, 1990, 「도시·농촌지역 빈민가족 비교연구」, 여성한국사회연구회 편, 『한국가족론』, 까치, pp.283-299.

조은, 1990, 「도시빈민가족의 생존전략과 여성」, 여성한국사회연구회 편, 『한국가족론』, 까치, pp.178-206.

조은, 1991, 『탁아시설요구에 관한 보고서』, 21세기위원회.

조은·조옥라, 1988, 『재개발지역주민의 성격에 관한 연구』, 서울대학교.

조형, 1985, 「비공식부문에서의 여성노동」, 『한국여성과 노동』, 이화여자대학교, pp.28-46.

조형, 1992, 「가부장직 사회의 부부관계의 성격」, 여성한국사회연구회 편, 『한국가족의 부부관계』, 사회문화연구소, pp.19-34.

조혜란, 1990, 「도시재개발지역내 일상생활과 주민운동에서의 여성과 남성」, 미간행 석사논문, 이화여자대학교.

조혜정, 1986, 「가부장제의 변혁과 극복」, 『한국여성학』, 2집, 한국여성학회, pp.136-201.

천현숙, 1986, 「공단지역 기혼여성노동의 특성에 관한 연구」, 미간행 석사 논문, 연세대학교.

최명숙, 1998, 「여성실업자들은 어디에 있는가」, 『평등』, 11호, 한국여성민 우회, pp.20-23.

통계청, 1998, 『1997 경제활동인구연보』.

하은진, 1992, 「내 엄마」, 『해님』, 45호, 인천: 십정동 해님공부방.

한국여성개발원, 1986a, 『여성관련 사회통계 및 지표』.

한국여성개발원, 1986b, 『여성사회지표』.

한국여성개발원, 1991, 『여성백서』.

한국여성개발원, 1997a, 『1997 여성통계연보』.

한국여성개발원, 1997b, 『여성의 취업 실태조사』.

한국일보 1981년 1월 3일자

한국통계협회, 1991, 『한국의 사회지표』.

한국통계협회, 1992, 『한국의 사회지표』.

한명숙, 1986, 「조선시대 유교적 여성관의 원리론적 고찰」, 미간행 석사논 문, 이화여자대학교.

Allen, Sheila, 1983, "Production and Reproduction: the Lives of Women Home-workers," *The Sociological Review*, vol.31. pp.649-665.

Allen, Sheila and Carol Wolkowitz, 1987, *Homeworking: Myth and Realities*, London: Macmillan Education.

Anker, Richard and Catherine Hein, 1986, "Introduction and Overview," Richard Anker and Catherine Hein(eds.), *Sex Inequalities in Urban Employment in the Third World*, London: Macmillan, pp.1-62.

Anthias, Floya, 1983, "Sexual Divisions and Ethnic Adaptation: The Case of Greek-Cypriot Women," Annie Phizaeklea(ed.), *One way Ticket*, London: Routledge & Kegan paul, pp.73-94.

Barron, R. D. and G. M. Norris, 1976, "Sexual Divisions and the Dual Labour Market," Diana Leonard Barker and Sheila Allen(eds.), *Dependence and*

Exploitation in Work and Marriage, London: Longman, pp.47-69.

Beach, Betty, 1989, "The Family Context of Home Shoe Work," Eileen Boris and Cynthia Daniels(eds.), *Homework*, Urban: University of Illinois Press, pp.130-146.

Beauvoir, Simone De, 1953, *The Second Sex*, H. M. Parshley(trans.), London: Jonathan Cape.

Beechey, Veronica, 1977, "Some Notes on Female Wage Labour in Capitalist Production," *Capital and Class*, no.3, Autumn, pp.45-66.

Beechey, Veronica, 1983, "What's so special about women's employment? A Review of Some Recent Studies of Women's Paid Work," *Feminist Review*, vol.15, pp.23-45.

Beechey, Veronica, 1986, "Women's Employment in Contemporary Britain," Beechey Veronica and Elizabeth Whitelegg(eds.), *Women in Britain Today*, Milton Keynes, Philadelphia: Open University Press, pp.77-131.

Beneria, Laurdes and Martha Roldan, 1987, *The Crossroads of Class and Gender*, Chicago: University of Chicago Press.

Bisset, l. and U. Huws, 1984, "Sweated Labour: Homeworking in Britain Today," *Low Pay Unit Pamphlet*, London: Low Pay Unit.

Boserup, Ester, 1970, *Woman's Role in Economic Development*, London: A George Allen and Unwin.

Bowles, Gloria and Renate Duelli Klein(eds.), 1983, *Theories of Women's Studies*, London: Routeledge and Kegan Paul.

Brannen, Julia and Peter Moss, 1988, *New Mothers at Work: Employment and Childcare*, London, Sydney, Wellington: Unwin.

Brannen, Julia and Peter Moss, 1991, *Managing Mothers—Dual Earner Households after Maternity Leave*, London: Unwin Hyman.

Braybon, Gail, 1981, *Women Wokers in the First World War: The British Experience*, London: Croom Helm.

Brown, M, 1974, "Sweated Labour: A Study of Homework," *Low Pay Phamphlets I*, London: Low Pay Unit.

Buechler, Judith-Maria, 1986, "Women in Petty Commodity Production in La Paz,

Boliovia," June Nash and Helen Safa(eds.), *Women and Change in Latin America*, Massachusetts: Bergin and Garbey Publishers, Inc. pp.165-188.

Chang-Michell, Philwha, 1988, "Women and Work: A Case Study of A Small Town in the Republic of Korea," Unpublished Ph. D. Dissertation, Brighton: Sussex University.

Chant, Sylvia, 1991, *Women and Survival in Mexican cities: Perspectives on gender, labour markets and low-income households*, Manchester: Manchester University Press.

Charles, Nicola, 1983, "Women and Trade Unions in the Workplace," *Feminist Review,* no.15, pp.3-22.

Cho, Kyung-Won, 1990, "A Critical Examination of the Confucian View of Women's Education," *Korean Social Science Journal*, vol.XVI, Seoul: Korean Social Science Research Council, Korean National Commission for UNESCO, pp.94-104.

Cho, Hyoung, 1986, "Labor Force Participation of women in Korea," Sei-Wha Chung(ed.), *Challenges for Women*, Seoul: Ewha Womans University Press, pp.150-172.

Cho, Hyoung, 1987, "Women's Labour Participation and Their Status in the Economy: Republic of Korea and Hong Kong," United Nations(ed.) *Women's Economic Participation in Asia and the Pacific*, Bangkok: United Nation, Economic and Social Commission for Asia and the Pacific, pp.223-248.

Cho, Uhn, 1990, "The Situation of Economic Growth, Inequality and Poverty in Korea: From A Gender Perspective," The 20th World Conference of Society for International Development in Amsterdamm May 6-9, 1991.

Cho, Uhn and Hagen Koo, 1983, "Capital Accumulation, Women's Work, and Informal Economics in Korea," *Working Paper 21 on Women in International Development*, Ann Arbor: Michigan State University.

Choi, Dong-Kyu and Dai Young Kim, 1976, "Women's Contribution to Household Income and Structure of Women's Employment in Korea," *Economic Bulletin for Asian and the Pacific*, vol.XXVII, no.1, June, pp.100-111.

Cockburn, Cynthia, 1983, *Brothers: Male Dominance and Technological Change*, London: Pluto.

Coulson, Margaret, Branka Maga and Hilary Wainwright, 1975, "The Housewife and Her Labour Under Capitalism, A Critique," *New Left Review*, no.89, pp.59-71.

Cowan. Ruth Schwartz, 1989, *More Work for Mother: The Ironies of Household Technology from the Open Hearth to the Microwave*, London: Free Association Books.

Craig, Christine, Jill Rubery, Roger Tarling, and Frank Wilkinson, 1982, "Labour Market Structure, Industrial Organisation and Low Pay," University of Cam -bridge, Department of Applied Economics, Occasional Paper no.54, Cambridge: Cambridge University Press.

Cragg, Arnold and Tim Dawson, 1981, *Qualitative Research among Homeworkers*, Research Paper no.21, London: Department of Employment.

Crine, Simon, 1979, "The Hidden Army," Pamphlet, no.11, London: Low Pay Unit.

Delphy, Christine, 1984, "The Main Enemy," *Close to Home*, London: Hutchinson, pp.57-77.

Delphy, Christine and Diana Leonard, 1992, *Familiar Exploitation*, Cambridge: Polity Press.

Dex, Shirley, 1985, *The Sexual Division of Work*, Brighton: Wheatsheaf Books.

Dobash, R. Emerson and Russell. P. Dobash, 1992, *Women, Violence and Social Change*, London and New York: Routeledge.

Elson, Diane and Ruth Pearson, 1981, "Nimble Fingers Make Cheap Workers: An Analysis of Women's Employment in Third World Export Manufacturing," *Feminist Review*, no.7, pp.87-107.

Engels, Fridrick, 1884, *The Origin of the Family, Private Property and the State*, New York: International Press.

Evans, Alison, 1989, "Women: Rural Development, Gender Issues in Rural Household Economics," Discussion Paper 254, Brighton: Instutute of Development Studies, Sussex University.

Fernandez-Kelly, Partricia and Anna Garci'a, 1989, "Hispanic Women and Homework: Women in the Informal Economy of Miami and Los Angeles," in Eileen Boris and Cynthis Daniels(eds.), *Homework*, Urbana: University of Illinois Press, pp.165-182.

Feinstein, Karen, 1979, *Working Women and Families*. Beverly Hills: Sage.

Fine, Ben, 1992, *Women's Employment and Capitalisat Family*, London and New York: Routledge.

Field, Frank, 1976, "Seventy Years on : A New Report of Home working," *Low Pay Bulletin*, no.10,11. August-October, London: Low Pay Unit.

Folbre, Nancy, 1984, "Household Production in the Philippines: A Non-neoclassical Approach," *Economic Development and Cultural Change*, vol.32, no.2, pp.303-330.

Folbre, Nancy, 1986a, "Heart And Spades: Paradigms of Household Economics," *World Development*, vol.14, no2, pp.245-255.

Folbre, Nancy, 1986b, "Cleaning House: New Perspectives on Households and Economic Development," *Journal of Development Economics*, no.22, pp.5-40.

Gardiner, Jean, 1976, "Political Economy of Domestic Labour in Capitalist Society," Diana Leonard Barker and Sheila Allen(eds.), *Depencence and Exploitateion in Work and Marriage*, London and New York: Longman, pp.109-120 .

Gelsthorpe, Loraine, 1990, "Feminist Methodologies in Criminology: A New Approach or Old Wing in New Bottles?," Loraine Gelsthorpe and Allison Morris (eds.), *Feminist Perspective in Criminology*, Milton Keynes, Philadelphia: Open University Press.

Greater London Council, 1985, *The London Industuial Strategy*, London: Greater London Council.

Green, Susan S., 1983, "Silicon Valley's Women Workers: A Theoretical Analysis of Sex-Segregation on the Electronics Industry Labor Market," Nash June and Maria Patricia Fernandez-Kelly(eds.), *Women Men and the International Division of Labor*, N.Y.: State University of New York Press, pp.273-331.

Hakim, Catherine, 1979, "Occupational Segregation, A Comparative Study of the Degree and Pattern of the Differentation Between Men and Women's Work in Britain, The United States and Other Countries," Research Paper, no.9, London: Department of Employment.

Hakim, Catherine and Roger Dennis, 1982, "Homeworking in Wages Councils Industries: A Study Based on Wages Inspectorate Records of Pay and Earnings," Research Paper, no.37, London: Department of Employment.

Hartman, Heidi, 1976, "Capitalism, Patriarchy, and Job Segregation by Sex," *Signs,* vol.1, no.3, pp.137-169.

Hartman, Heidi, 1981a, "The Unhappy Marriage of Marxism and Feminism: Towards a More Progressive Union," Lydia Sargent(eds.), *Women and Revolution: The Unhappy Marriage of Marxism and Feminism*, London: Pluto Press, pp.1-41.

Hartman, Heidi, 1981b, "The Family as the Locus of Gender Class and Political Struggle: The Example of Housework," *Signs*, vol. 6, no.3. pp.366-394.

Himmelweit, Susan and Simon Mohun, 1977, "Domestic Labour and Capital," *Cambridge Journal of Economics*, no.1, March, pp.15-31.

Hoodfar, Homa, 1988, "Household Budgeting and Financial Management in a Lower-Income Cairo Neighborhood," Daisy Dwyer and Judith Bruce(eds.), *A Home Divided*, Stanford: Stanford.

Humphrey, John, 1984, "The Growth of Female Employment in Brazilian Manufacturing Industry in the 1970's.," *Journal of Development Studies*, vol.20. pp.224-247.

Humphrey, John, 1987, *Gender and Work in the Third World*, London: Tavistock.

Jayaratne and Stewart, 1991, "Quantative Methods in the Social Science: Current Feminist Issues and Practical Strategies," Mary Margaret Fonrow and Judith A. Cook(eds.), *Beyond Methodology*, Bloomington and Indianapolis: Indiana University Press, pp.85-106.

Jephcott, Pearl, 1962, *Married Women Working*, London: George Allen and Unwin.

Joekes, Susan, 1985, "Working for Lipstick? Male and Female Labour in the Clothing Industry in Morocco," Haleh Afshar(ed.), *Women, Work and Ideology in the Third World*, London: Tavistock, pp.183-213.

Johnson, K. T. de Graft, 1978, "Factors Affecting Labour Force Participation Rates in Ghana, 1970," Guy Standing and Glen Sheehan(eds.), *Labour Force Participation in Low-Income Countries*, Geneva: International Labour Office, pp.123-128.

Johnson, Laura, 1982, *The Seam Allowance*, Toronto: Women's Educational Press.

Kandiyoti, Deniz, 1988, "Bargaining with Patriarchy," *Gender & Society,* vol.2, no.3, London: Sage, pp.274-290.

Kabeer, Naila, 1991, "Gender, Production and Well-Being: Rethinking the Household Economy," Discussion Paper 288, Brighton: Institute of Development

Studies, Sussex University.

Kim, Young-ock, 1987, "The Position of Women Workers in Manufacturing Industries in South Korea: a Marxist Feminist Analysis," *Working Paper-Sub Series on Women's History and Deveolpment*, no.6, Hague: Institute of Social Studies.

Klein, Viola, 1965, *Britain's Married Women Workers*, London: Routledge and Kegan Paul.

Kuhn, Sarah and Barry Bluestone, 1987, "Economic Restructuring and the Female Labor Market: The Impact of Industrial Change of Women," Laurdes Beneria and Catherine R. Stimpson(eds.), *Women, Households, and the Economy*, New Brunswick: Rutgers University Press, pp.3-32.

Lopata, Helena Znaniecki, 1971, *Occupation Housewife*, Westport, Connecticut: Greenwood Press.

Martin and Roberts, 1984, "Women and Employment, A Lifetime Perspective: The Report of 1984," London: Great Britain, Department of Employment.

Mies, Maria, 1983, "Towards a Methodology for Feminist Research," Bowles, Gloria and Renate Duelli Klein(eds.), *Theories of Women's Studies*, London: Routledge and Kegan Paul, pp.117-139.

Mies, Maria,, 1985, *The Lace Makers of Narsapur*, London: Zed Press.

Mies, Maria,, 1986, *Patriarchy and Accumulation on an World Scale*, London: Zed.

Mincer, Jacob and Solomon Polachek, 1974, "Earnings of Women," *Journal of Political Economy*, vol.82, no.2, part 2, pp.s76-s108.

Morris, Lydia, 1990, ,"The Household and the Labour Market," C. C. Harris(ed.), *Family, Economy and Community*, Cardiff: University of Wales Press, pp.79-97.

Moser, Caroline, 1981, "Surviving in the Suburbios," Kate Young and Caroline Moser(eds.), *Women and the Informal Sector*, IDS Bulletin, vol.12, no.3, Brighton: Sussex University, pp.19-29.

Moser, Caroline, 1989, "The Impact of Recession and Structural Adjustment Policies at the Micro-Level: Low Income Women and their Households in Guayaquil, Ecuador," mimeo.

Moser, Caroline_and Kate Young, 1981, "Women of the Working Poor," Kate Young(ed.) *Women and the Informal Sector*, IDS Bulletin, vol.12, no.3, Brighton:

Sussex University, pp.54-62.

Mott, Frank L.(ed.), 1982, *The Employment Revolution: Young American Women in the 1970's,* Cambridge, Massachusetts and London, England: MIT press.

Mueler, Eva, 1982, "The Allocation of Women's Time and Its Relation to Fertility," Richard Anker, Mayra Brvinic and Nadia Yossef, eds., *Women's Roles and Population Trends in the Third World,* London: Croom Helm, pp.55-86.

Munachonga, Monica, 1988, "Income Allocation and Marriage Options in Urban Zambia," Daisy Dwyer and Judith Bruce(eds.), *A Home Divided,* Stanford: Stanford University Press, pp.173-194.

Nijejolt Geertje Lycklama a, 1992, "Women and The Meaning of Development: Approaches and Consequences," Silver Jubilee Paper 7, Brighton: Institute of Development Studies.

Oakley, Ann, 1974, *The Sociology of Housework,* Bath: Martin Robertson.

Pahl, Jan, 1980, "Patterns of Money Management within Marriage," *Journal of Social Policy,* vol.9, part III, pp.313-335.

Pahl, Jan, 1989, *Money and Marriage,* London: Macmilian.

Palley, Marian Lief, 1990, "Women's Status in South Korea: Tradition and Change," *Asian Survey,* vol.XXX, no.12, University of California, pp.1136-1153.

Park, Chungsun, 1991, "Sex- Role Attitudes and Employment Status As Predictors of Perceived Life Satisfaction Among Married Women in Korea," *Korea Journal of Population and Development,* vol.20, no.1, July, Seoul: Seoul National University, pp.23-39.

Park, Se-Il, 1988, "Labor Issues in Korea's Future," *World Development,* vol.16, no.1, pp.99-119.

Park, Young Jin, 1990, "Korean Patterns of Women's Labor Participation, 1960-1990," *Korea Journal of Population and Development,* vol.19, no.1, Seoul: Seoul National University, pp.71-90.

Pecht, Waldomira, 1978, "Participation of Married Women in the Urban Labour Market in Selected Latin American Countries: Chile, Costa Rica, Ecuador and Venezuela," Guy Standing and Glen Sheehan(eds.), *Labour Force Participation in Low-Income Countries,* Geneva: International Labour Office, pp.27-42.

Peek, Peter, 1978, "A Stimultaneous Equation Model of Household Behavior," Guy Standing and Glen Sheehan(eds.), *Labour Force Participation in Low-Income Countries*, Geneva: International Labour Office, pp.75-86.

Pennignton, Shelley and Belinda Westover, 1987, *A Hidden Workforce*, London: Macmilian.

Phizacklea, Annie, 1988, "Gender, Racism and Occupational Segregation," Sylvia Walby(ed.), *Gender Segregation at Work*, Milton Keynes, Philadelphia: Open University Press, pp.43-54.

Pleck, Joseph, 1985, *Working Wives, Working Husband*, London: Sage.

Porter, Marilyn, 1982, "Standing on the Edge: Working Class Housewives and the World of Work," West Jackis(ed.), *Work, Women and the Labour Market*, London: Routledge and Kegan Paul, pp.117-134.

Pyle, Jean, 1990, "Female Employment and Export-led Development in Ireland: Labour Market Impact of State-Reinforced Gender Inequality in the Household," Sharon Stichter and Jane Parpart(eds.), *Women, Employment and the Family in the International Division of Labour*, London: The Macmillan Press, pp.137-160.

Robinson, John P., 1980, "Household Technology and Household Work," Sarah Fenstermaker Berk(eds.), *Women, and Household Labor*, Beverly Hills, London: Sage Publications, pp.53-68.

Rosa, K, 1989, "Women Worker's Strategies of Organzing and Resistance in thd Sri Lankan Free Trade Zone, FTZ," IDS Discussion Paper 266, Brighton: The Instutute of Development Studies.

Safa, Helen I., 1981, "Runaway Shops and Female Employment: The Search for Cheap Labor," *Signs,* vol.7, no.2, Winter, pp.418-433.

Safilios-Rothschild, Constantina, 1982, "Female Power, Autonomy and Demographic Change in the Third World," Richard Anker, Mayra Buvinic and Nadia Youssef(eds.), *Women's Roles and Population Trends in the Third World*, London: Croom Helm, pp.117-132.

Safilios-Rothschild, Constantina, 1990, "Socio-economic Determinants of the Outcomes of Women's Income—Generation in Developing Countries," Sharon

Stichter and Jane Parpart(eds.), *Women, Employment and the Family in the International Division of Labour*, London: The Macmillan Press, pp.221-228.

Safilios-Rothschild, Constantina and Marcellinus Dijkers, 1978, "Handling Unconventional Asymmetries," Rhona Rapoport and Robert Rapoport(eds.), *Working Couples*, London: Routledge and Kegan Paul, pp.62-73.

Roh, Mihye, 1988, "Women's Employment," *Women's Studies Forum*, Seoul: The Korean Women's Development Instaitute, pp.47-96.

Scott, Alison MacEwen, 1990, "Patterns of Patriarchy in the Peruvian Working Class," Sharon Stichter and Jane Parpart(eds.), *Women, Employment and the Family in the International Division of Labour*, London: The Macmillan Press, pp.198-220.

Seccombe, Walby, 1975, "Domestic Labour-Reply to Critics," *New Left Review*, no.94, pp.85-96.

Sen, A., 1987, "Gender and Co-operative Conflicts," World Institute for Development Economics Research Wides Working Paper, no.18, Helshinki.

Sen, Gita and Chiranjib Sen, 1985, "Women's Domestic Work and Economic Activity: Result from National Sample Survey," *Economic and Political Weekly*, vol.XX, no.17, April 27, pp.ws49-56.

Song, Byung Nak, 1990, *The Rise of the Korean Economy*, Oxford: Oxford University Press.

Standing Guy and Glen Sheehan, 1978, "Economic Activity of Women in Nigeria," Standing Guy and Glen Sheehan(eds.), *Labour Force Participation in Low-Income Countries*, Geneva: International Labour Office, pp.129-136.

Standing, Hilary, 1991, *Dependence and Autonomy: Women's Employment and the Family in Calcutta*, London and New York: Routledge.

Stanley, Liz and Sue Wise, 1983, *Breaking Out*, London: Routledge.

Stanley, Liz and Sue Wise, 1993, *Breaking out Again*, London: Routledge.

Standing, Guy and Glen Sheehan, 1988, "Economic Activity of Women in Nigeria," Guy Standing and Glen Sheehan(eds.), *Labour Force Participation in Low-Income Countries*, Geneve: International Labour Office, pp.129-136.

Sticher, Sharon, 1988, "The Middle Class Family in Keyna: Changes in Gender

Relations," Sharon Stichter and Jane Parpart(eds.), *Patriarchy and Class: African Women in the Home and Workforce*, Boulder, Colorado: Westview Press, pp.177-203.

Sticher, Sharon, 1990, "Women, Employment and the Family: Current Debates," Sharon Stichter and Jane Parpart(eds.), *Women, Employment and the Family in the International Division of Labour*, London: The Macmillan Press, pp.11-71.

Stone, Karen, 1983, "Motherhood and Waged Work: West Indian, Asian and White Mothers Compared," Annie Phizaklea(ed.), *One Way Ticket*, London: Routledge and Kegan Paul, pp.33-52.

Stubbs, Cherrie and Jane Wheelock, 1990, *A Woman's Work in the Changing Local Economy*, Aldershot, Bookfield, Hongkong, Singapore, Sydney: Avebury.

The National Committee of the Status of Women, 1971-75, *Status of Women in India*, New Delhi: Allied Publishers Private Limited.

United Nations, 1986, *The World Survey on the Role of Women in Development*, New York: United Nations.

Vanek, Joann, 1980, "Household Work, Wage Work, and Sexual Equality," Sarah Fenstermaker Berk(eds.), *Women and Household Labor*, Beverly Hills, London: Sage, pp.275-291.

Walby, Sylvia, 1983, "Patriarchal Structures: the Case of Unemployment," Eva Gamarnikow, David H. J. Morgan, June Pruvis, and Daphne E. Taylorson (eds.), *Gender, Class and Work*, London: Heinemann, pp.149-166.

Walby, Sylvia, 1986, *Patriarchy at Work*, Oxford: Polity Press.

Walby, Sylvia, 1990, *Theorising patirarchy*, Oxford, U.K. & Cambridge, U.S.A: Blackwell.

Whitehead, Ann, 1981, "I'm hungry, mum: The Politics of Domestic Budgeting," Kate Young, Carol Wolkowitz and Roslyn McCullagh(eds.), *Of Marriage and the Market*, London: CSE Books, pp.88-111.

Wilson, G., 1991, "Thoughts of the Cooperative Conflict Model of the Household in Relation to Economic Method," IDS Bulletin, vol.22, no.1, pp.33-36.

Working Family Project, 1978, "Parenting," Rhona Papoport and Robert Papoport (eds.), *Working Couples*, London: Routledge and Kegan Paul, pp.74-88.

Yoon, Hyungsook, 1990, "Gender and Personhood and the Domestic Cycle in Korea Society(1)," *Korea Journal*, vol.30 no.3, March, Seoul: The Korean National Commition for Unesco, pp.39-47.

Young, Kate, 1991, "Household Resource Management," Gender and Third World Development, Module 6, Brighton: Institute of Development Studies.

Youssef, Nadia H, 1972, "Differential Labor Force Participation of Women in Latin America and Middle Eastern Countries: The Influence of Family Characteristics," *Social Forces*, vol.51, pp.135-153.

Youssef, Nadia, 1974, *Women and Work in Developing Societies*, Westport, Connecticut: Geenwood Press.

Youssef, Nadia, 1982, "The Interrelationship Between the Division of Labour in the Household Women's Roles and Their Impact of Fertility," Richard Anker, Mayra Buvinic and Nadia Youssef(eds.), *Women's Roles and Population Trends in the Third World*, London: Croom Helm, pp.173-201.

Zavella, Patrticia, 1987, *Women's Work and Chicano Families*, Ithaca: Cornell University Press.

풀빛신서 167
한국여성의 노동과 섹슈얼리티

초판 인쇄   1999년 6월 25일
초판 발행   1999년 6월 30일

지은이   김경애
펴낸이   홍 석
펴낸곳   도서출판 풀빛
등 록   1979년 3월 6일 제8-24호
주 소   120-193
        서울특별시 서대문구 북아현3동 176-87 능안빌딩 3층
전 화   02-363-6972(영업)   02-362-8900(편집)
팩 스   02-393-3858
통신ID   pulbitco(하이텔·천리안·나우누리)
E-mail   pulbitco@nownuri.net

ⓒ 김경애, 1999

ISBN 89-7474-064-8   03330

값 15,000원